基督教文化研究丛书

主编 何光沪 高师宁

九编 第 **9** 册

落幕：美国新教在华传教事业的终结
（1945~1952）

陈 铃 著

花木兰文化事业有限公司

国家图书馆出版品预行编目资料

落幕：美国新教在华传教事业的终结（1945～1952）／陈铃
著 —— 初版 —— 新北市：花木兰文化事业有限公司，2023〔民
112〕
序 2+ 目 2+230 面；19×26 公分
（基督教文化研究丛书 九编 第 9 册）
ISBN 978-626-344-224-5（精装）
1.CST：基督教 2.CST：传教史 3.CST：中国
240.8   111021868

ISBN-978-626-344-224-5

9 786263 442245

基督教文化研究丛书
九编 第九册

ISBN：978-626-344-224-5

落幕：美国新教在华传教事业的终结
（1945～1952）

作　　者 陈　铃
主　　编 何光沪、高师宁
执行主编 张　欣
企　　划 北京师范大学基督教文艺研究中心
总 编 辑 杜洁祥
副总编辑 杨嘉乐
编辑主任 许郁翎
编　　辑 张雅淋、潘玟静　美术编辑 陈逸婷
出　　版 花木兰文化事业有限公司
发 行 人 高小娟
联络地址 台湾 235 新北市中和区中安街七二号十三楼
　　　　 电话：02-2923-1455／传真：02-2923-1452
网　　址 http://www.huamulan.tw 信箱 service@huamulans.com
印　　刷 普罗文化出版广告事业
初　　版 2023 年 3 月
定　　价 九编 20 册（精装）新台币 56,000 元

落幕：美国新教在华传教事业的终结
（1945～1952）

陈铃 著

作者简介

陈铃，男，1983 年生，浙江新昌人。历史学博士，副教授。现任教于杭州电子科技大学马克思主义学院。主要研究方向为中西文化交流史、中国现当代文学史。博士论文先后获得 2014 年度台湾政治大学"第三届思源人文社会科学博士论文奖"历史学门优等、2014 年上海市研究生优秀博士学位论文。在《世界宗教研究》、《中共党史研究》、《世界历史》、《东岳论丛》等学术刊物上发表论文多篇。长期为上海"澎湃新闻"旗下的"私家历史"和"上海书评"供稿。

提　　要

　　美国新教在华传教事业的结束，是近代中国基督教史上的一个标志性事件。它的结束，并非出于自愿，也不仅只有单纯的宗教意义，而是国际冷战格局的形成、新中国的成立、中美关系的倒转等一系列重大政治事件的副产品。在此期间，政教关系、差教关系、中国教会内部关系这三组变量发生剧烈的变动，最终呈现出一个完全不同以往的新局面。——中国教会内部完成一次大的权势转移，中国教会割断与美差会及传教士的一切联系。中共通过对基督教采取社会改造和思想改造的双重手段，不仅肃清了教会内部的西方影响力，而且成功地实现了对基督教的国家化管理。拙著试图对上述历史内容还原和探讨。

　　拙著正文共分为六章。第一章简单回顾过去百余年来美国新教在华传教事业的发展历程。第二章写战后美国新教在华传教事业的复员和短暂发展。第三章写美国传教士对国共内战的因应以及中国教会的内部分化。第四章写中共参与主导的三自革新运动是如何将基督教纳入反帝爱国的政治话语体系的。第五章写 1950 年 12 月形势突变之后，中共如何全面肃清基督教内的美国影响力。第六章写美差会及传教士撤离中国大陆，以及传教士对在华传教事业成败得失所作的反思。

"基督教文化研究丛书"总序

何光沪 高师宁

　　基督教产生两千年来,对西方文化以至世界文化产生了广泛深远的影响——包括政治、社会、家庭在内的人生所有方面,包括文学、史学、哲学在内的所有人文学科,包括人类学、社会学、经济学在内的所有社会科学,包括音乐、美术、建筑在内的所有艺术门类……最宽广意义上的"文化"的一切领域,概莫能外。

　　一般公认,从基督教成为国教或从加洛林文艺复兴开始,直到启蒙运动或工业革命为止,欧洲的文化是彻头彻尾、彻里彻外地基督教化的,所以它被称为"基督教文化",正如中东、南亚和东亚的文化被分别称为"伊斯兰文化"、"印度教文化"和"儒教文化"一样——当然,这些说法细究之下也有问题,例如这些文化的兴衰期限、外来因素和内部多元性等等,或许需要重估。但是,现代学者更应注意到的是,欧洲之外所有人类的生活方式,即文化,都与基督教的传入和影响,发生了或多或少、或深或浅、或直接或间接,或片面或全面的关系或联系,甚至因它而或急或缓、或大或小、或表面或深刻地发生了转变或转型。

　　考虑到这些,现代学术的所谓"基督教文化"研究,就不会限于对"基督教化的"或"基督教性质的"文化的研究,而还要研究全世界各时期各种文化或文化形式与基督教的关系了。这当然是一个多姿多彩的、引人入胜的、万花筒似的研究领域。而且,它也必然需要多种多样的角度和多学科的方法。

　　在中国,远自唐初景教传入,便有了文辞古奥的"大秦景教流行中国碑颂并序",以及值得研究的"敦煌景教文献";元朝的"也里可温"问题,催生了民国初期陈垣等人的史学杰作;明末清初的耶稣会士与儒生的交往对话,带来了中西文化交流的丰硕成果；十九世纪初开始的新教传教和文化活动，更造成了中国社会、政治、文化、教育诸方面、全方位、至今不息的千古巨变……所有这些，为中国（和外国）学者进行上述意义的"基督教文化研究"提供了极其丰富、取之不竭的主题和材料。而这种研究，又必定会对中国在各方面的发展，提供重大的参考价值。

就中国大陆而言，这种研究自 1949 年基本中断，至 1980 年代开始复苏。也许因为积压愈久，爆发愈烈，封闭越久，兴致越高，所以到 1990 年代，以其学者在学术界所占比重之小，资源之匮乏、条件之艰难而言，这一研究的成长之快、成果之多、影响之大、领域之广，堪称奇迹。

然而，作为所谓条件艰难之一例，但却是关键的一例，即发表和出版不易的结果，大量的研究成果，经作者辛苦劳作完成之后，却被束之高阁，与读者不得相见。这是令作者抱恨终天、令读者扼腕叹息的事情，当然也是汉语学界以及中国和华语世界的巨大损失！再举一个意义不小的例子来说，由于出版限制而成果难见天日，一些博士研究生由于在答辩前无法满足学校要求出版的规定而毕业受阻，一些年轻教师由于同样原因而晋升无路，最后的结果是有关学术界因为这些新生力量的改行转业，后继乏人而蒙受损失！

因此，借着花木兰出版社甘为学术奉献的牺牲精神，我们现在推出这套采用多学科方法研究此一主题的"基督教文化研究丛书"，不但是要尽力把这个世界最大宗教对人类文化的巨大影响以及二者关联的方方面面呈现给读者，把中国学者在这些方面研究成果的参考价值贡献给读者，更是要尽力把世纪之交几十年中淹没无闻的学者著作，尤其是年轻世代的学者著作对汉语学术此一领域的贡献展现出来，让世人从这些被发掘出来的矿石之中，得以欣赏它们放射的多彩光辉！

2015 年 2 月 25 日
于香港道风山

自 序

改革开放后，中国大陆的基督教史研究重新兴起，迄今近三十年。在此期间，有关美国新教在华传教事业的研究始终是各家兴趣之所在，研究范围涉及传教士人物、教育、医疗、社会慈善、宣教关系等各方面，可谓成果斐然。学界对于美国新教在华传教事业研究的不足之处在于，对其前中期的历史活动着墨甚多，但对其后期在华的历史活动则知之甚少，关于美国新教在华传教事业究竟是怎样在中国大陆被迫结束这一情况更是语焉不详。进一步说，因受特殊时期的国际国内政治的影响，美差会及传教士退出中国大陆这一历史事件被赋予强烈的意识形态色彩，传教事业本身也被视为"美帝国主义对华文化侵略"的有机组成部分，以至于事件本身的起因、过程及影响至今云山雾里。因此有必要对此作一番新的梳理与审视。

美国新教在华传教事业的结束，是近代中国基督教史上的一个标志性事件。它宣告西方新教在华差传时代的落幕，预示着中国教会独自走向艰难探索时期。它的结束，并非出于自愿，也不仅只有单纯的宗教意义，而是伴随着国际冷战格局的形成、新中国的建立、中美关系的倒转等一系列重大政治事件。在这一过程中，中国共产党和基督教、美差会和中国教会、中国教会内部关系这三组变量发生了剧烈的变动，最终呈现出一个完全不同以往的新局面。而这个新局面的形成，实质上是新中国成立之初大规模社会改造和思想改造的局部的集中反映。对于上述历史内容的还原和探讨正是本文的题中之义。美国传教士最终不得不全面撤离中国大陆。在此基础上，中国教会彻底清除了内部的美国影响，大大提升了对新中国的国家认同，走上爱国爱教的新道路。

　　拙著正文共分为六章，叙述基本按照纵向的时间顺序。第一章简单回顾过去百余年来美国新教在华传教事业的发展历程，并和其它国家作比较分析，归纳出其特点。第二章即进入主题，勾勒出抗战末期中美教会领袖为战后基督教复员所作的前期规划工作，接着描写战后美国新教在华传教事业的复员和短暂发展。第三章则写进入内战后，美国新教在华传教事业遇到重重危机，特别是在政治上陷入被动，中国教会内部出现分化，但最终美差会及传教士选择留在中国的经过，里面涉及到国共两党对基督教的态度和政策。第四章写反帝爱国和三自革新运动的缘起，主要论述中共参与主导的三自革新运动是如何将基督教纳入反帝爱国的政治话语体系之内的，在此期间的政教关系、差教关系和教会内部关系均发生剧变。第五章写1950年12月形势突变之后，中共开始全面肃清基督教内的美国影响力，各项教会附属事业被相继处理改造的过程。这一章重点触及控诉运动的发起和大致经过。同时为让读者深入理解教会附属事业遭受处理改造的内在脉络和历史意义，笔者还特别考察了《田家》停刊风波以及上海基督教出版业走向联合的前因后果这两个个案，试图说明曾受美国津贴的基督教文字出版事业是如何走向萎缩的。最后一章主要写美差会及传教士如何撤退，以及传教士对在华传教事业成败得失所作的反思，并对当时被关押在中国的卫理公会传教士卓伟的有关情形作了个案探讨。

　　拙著的完成只是本人在史学界的"初试啼声"，尽管经过仔细修订，疏漏之处在所难免，故请有心的专家和读者多多指教。

目

次

自　序
研究综述……………………………………………… 1
第一章　近代美国新教在华传教事业的历史演变…11
　　一、入华与建基………………………………11
　　二、发展的黄金期……………………… 14
　　三、非基运动、国共政治以及日本帝国主义
　　　　的冲击 ……………………… 17
第二章　战后传教事业的复员和发展 ………… 21
　　一、对中国战后教会事工的规划 ……… 21
　　二、美国传教士返华…………………… 26
　　三、教产地接收………………………… 29
　　四、社会事工的较快恢复 ……………… 31
　　五、中国教会内部美国势力的增强 ………… 38
第三章　内战时期的措置与抉择 ……………… 43
　　一、美国传教士对国共内战的因应 …… 43
　　二、中国教会的内部分化 ……………… 59
第四章　反帝爱国与三自革新运动的缘起 ……… 71
　　一、走进新时代………………………… 71
　　二、三自革新运动的发起与基督教内部的
　　　　权势转移 …………………………… 80

三、南京学生反美控诉运动 …………………… 107

四、差会渐失控制力——以中华基督教会

　　为例 ………………………………………… 111

第五章　全面肃清基督教内的美国影响力 ……… 117

一、对教会及附属事业的初步处理 ………… 117

二、教会的控诉运动 …………………………… 129

三、《田家》停刊风波的历史考察 …………… 148

四、上海基督教出版业走向联合的前因后果· 158

五、革新后的吃饭问题——以基督复临

　　安息日会为例 ……………………………… 177

第六章　在华美国传教士的撤退与反思 ………… 185

一、传教士的撤离及再布置 ………………… 185

二、一个传教士间谍 …………………………… 194

三、集体性的总结与反思 …………………… 199

结　语 ……………………………………………… 209

参考文献 ………………………………………… 213

后　记 ……………………………………………… 227

研究综述

　　在近代西方各国兴起的对华传教活动中，美国基督新教占有重要的一席之地。大批美国在华传教士不仅传播基督教信仰，而且办理了众多的教会学校、医院、慈善机构等社会事工。他们的传教利益遍布中国各地，成为美国在华软实力的重要象征。新中国成立初期，随着中共全面倒向苏联以及抗美援朝运动的兴起，美国对华传教事业被迫中断，传教士也陆续撤离中国大陆。此后，学界围绕这一议题的研究渐次出现，且日益丰富。现拟对六十年来国内外关于美国新教在华传教事业终结的相关学术成果，作一较为系统深入的梳理，主要分为以下几个方面来进行介绍：

1. 中国共产党对基督教的政策研究

　　毋庸置疑，中国共产党对基督教的政策是导致美国新教在华传教事业结束的最关键因素。国外与港台对这方面的研究起步较早。早在 20 世纪 60 年代，美国卫理公会来华传教士章文新就出版了一本名为《共产党中国里的教会》[1]的著作。章文新回国后仍然非常关注中国教会的最新发展情况，本书即以此为研究对象，对中国教会十年历程以及西方对此的态度作了一个综合的评述。1976 年，美国学者唐耐心的论文《无望的和平：美国传教士与中国共产党（1948-1950）》[2]则指出：新中国成立前后，美国教会中的一部分人士仍然相信教会与共产党政权是可以并存的，他们甚至督促美国政府早日承认新中

1　Francis Price Jones, *The Church in Communist China: A Protestant Appraisal*, New York, Friendship Press, 1962.

2　Nancy Bernkopf Tucker, "An Unlikely Peace: American Missionaries and the Chinese Communists, 1948-1950", *The Pacific Historical Review*, Vol.45. No.1(Feb., 1976).

国，虽然这种努力最后并没有扭转中美关系的走向。美国学者魏克利的博士论文《寻找共同点：新教基督教，三自运动和中国的统一战线》[3]则对新中国的基督教三自爱国运动和中国共产党的统战政策之间的关联作了深刻的分析。到了八九十年代，港台本地成长起来的学者对政教关系的研究兴趣也始终未见减少。如赵天恩的《中共对基督教的政策》[4]、邢福增与梁家麟的《五十年代三自运动的研究》[5]都对 20 世纪 50 年代中国共产党对基督教的态度和政策有相应的论述。邢福增的《基督教在中国的失败？——中国共产运动与基督教史论》[6]一书则更加深入地对建国初期"三自革新运动"、"控诉运动"、中共处理教会学校和传教士撤退分别作了专题论述。特别是书中第四部分"中国关门——来华传教士的撤离与反思"，涉及到许多美国新教差会与传教士的情况。

2000 年以后，随着学术环境的宽松，大陆学者也将兴趣点转移至此，但侧重点有所不同。陈始发的《新中国宗教政策的历史考察》[7]、何虎生的《中国共产党的宗教政策研究》[8]、陈金龙的《中国共产党和中国的宗教问题：关于党的宗教政策的历史考察》[9]这三本著作从政策层面对新中国成立前后中共的宗教政策有一定的概括总结。

此后，大陆学界陆续有更为深入细致的研究问世。华东师范大学刘建平的博士论文《红旗下的十字架：新中国对基督教和天主教的政策演变及其影响（1949-1955）》[10]可说是研究新中国成立初期中共基督宗教政策的力作。该文认为新中国成立后，中共借用中国教会历史上已经发展起来的"三自"的血统形式，全力引导和推动了旨在彻底切断中国基督教和天主教与西方世界联

3　Philip LauriWickeri, *Seeking the Common Ground: Protestant Christianity, the Three-self Movement and China's United Front.* Maryknoll, N.Y.: Orbis Books, 1988.

4　赵天恩：《中共对基督教的政策》，香港：中国教会研究中心，1983 年。

5　邢福增、梁家麟：《五十年代三自运动的研究》，香港：建道神学院，1996 年。

6　邢福增：《基督教在中国的失败？——中国共产运动与基督教史论》，香港：道风书社，2008 年。2013 年，该书又出增订版，里面新增中国基督教文字出版事业在建国初的消亡这一章节。

7　陈始发：《新中国宗教政策的历史考察》，北京：中国经济出版社，2001 年。

8　何虎生：《中国共产党的宗教政策研究》，北京：宗教文化出版社，2004 年。

9　陈金龙：《中国共产党和中国的宗教问题：关于党的宗教政策的历史考察》，广州：广东人民出版社，2006 年。

10　刘建平：《红旗下的十字架：新中国对基督教和天主教的政策演变及其影响（1949-1955）》，博士学位论文，华东师范大学，2008 年。

系的革新运动。通过此举，中共新政权不但实现了割断两教与西方世界联系以巩固新生政权的目标，而且完成了对中国教会的初步改造。赵晓阳的《割断与帝国主义的联系：基督教三自革新运动的初始》[11]一文则认为，中共把握中国基督教会与帝国主义历史联系的关键点，以及因抗美援朝而出现的社会新局面，以割断中国教会与帝国主义的联系为突破点，领导中国基督教会成功开展了三自革新运动，同时团结大多数信教群众，激发起广大基督徒的民族自尊心和自信心。刘建平的《新中国成立初期周恩来对中国基督教问题的认识与实践》[12]一文说明周恩来在引导中国基督教走上独立自主道路上的重要作用，比如他力主中国教会割断与西方帝国主义国家之间的联系；坚持宗教信仰自由，反对搞反宗教运动；充分肯定中国基督教界进步分子的积极作用。刘建平的另外一篇论文《周恩来与建国初期中国基督教反帝爱国运动的发起》[13]则论述了新中国成立初期中国基督教界的反帝爱国运动和周恩来关于基督教问题三次谈话的关系。杨奎松的《新中国成立初期清除美国文化影响的经过》[14]一文论述了中共如何阻断美国的宗教影响和接办美国津贴的教会学校的过程。

2. 美国基督教在华差会史研究

早在 1953 年，耶鲁大学的克莱顿·莱西就已完成一篇名为《共产党中国里的新教差会》[15]的博士论文。该博士论文可谓别具一格，作者是一位刚回美国的在华传教士，他的父亲为中国大陆最后一任卫理公会会督力宣德，论文指导者则是研究在华传教史和中国问题的专家赖德烈，曾经也来过中国传教，同时这篇论文准备于 1951 年这个西方在华传教事业即将结束但又未完全退出的敏感时刻，因此显得特别有分量，可以说是最早作出的对西方在华传教事业结束的总结与概括。当然，该论文很明显受到当时冷战思维的影响，最重要的是

11 赵晓阳：《割断与帝国主义的联系：基督教三自革新运动的初始》，《中共党史研究》，2009 年第 3 期。
12 刘建平：《新中国成立初期周恩来对中国基督教问题的认识与实践》，《党的文献》，2010 年第 3 期。
13 刘建平：《周恩来与建国初期中国基督教反帝爱国运动的发起》，《宗教学研究》，2012 年第 1 期。周恩来关于基督教问题三次谈话的其他研究，参见赵晓阳：《周总理与北京基督教会代表的三次谈话》，《北京党史》，2010 年第 3 期；刘建平：《三次谈话与三自爱国运动——从周恩来与基督教界民主人士的三次谈话说起》，《中国宗教》，2011 年第 4 期。
14 杨奎松：《新中国成立初期清除美国文化影响的经过》，《中共党史研究》，2010 年第 10 期。
15 Creighton Lacy, *Protestant Missions in Communist China*, Yale University, Ph D., 1953.

因为论文的写作时间和事件本身的结束时间过近，导致论文材料和观点不可避免的无法做到全面深入、客观公允。此外，论文中很多中国的地点、人名都是隐去的，这也影响了论文内容的直观性。

1970 年，罗杰·欧西的博士论文《美国基督教福音信义会在华差会政策研究》[16]代表西方学界对在华差会的研究开始兴起，论文有一章专门写 1945-1949 年期间的差会情况。罗伊·苏斐娄的博士论文《美国路德会在华的差会事业史（1913-1952）》[17]则是以美国路德会在华差会为研究对象，作者正是该差会在华的传教士。因此，作者能接触到该差会在中国的大部分传教士，也熟知中国的情况，再加上他本人也是 1949 年 8 月才离开中国的，所以他的论文带有一些反思性色彩，不过他对差会最后几年在中国的情况并没有着重叙述。

1981 年，加内特·海内格尔的博士论文《美国公理会在华差会：传教士的经验和态度（1911-1952）》[18]以美国公理会（美部会）在华差会的历史为研究对象。作者并没有简单地就事论事，而是探讨传教士在不同阶段塑造美国大众和政府关于中国形象的作用。在四十年代末，公理会传教士曾做出试图让美国政府承认中华人民共和国的努力，但最终宣告失败。1992 年格莱德·琼的著作《美国归正会在华传教史》[19]讲述了美国归正会在中国宣教的历史，书中的最后两章就是关于归正会中国差会从抗战结束后直至 1951 年退出的经过。1994 年诺曼·克里夫的博士论文《山东新教传教史（1859-1951）》[20]则论述 1859-1951 年基督教新教在山东传教的历史，论文的最后一部分论述了山东各新教差会在撤离山东前的传教情况。1997 年，汤普森·布朗出版名为《泥作之舟与超人之力：美国长老会在华传教史（1837-1952）》[21]的著作。作者的父母都是美南长老会在华传教士，他本人也从事传教及宗教教育等工作，这就为他写美长老会在华传教士的历史提供了基础和便利。书中有较小的篇

16 Roger Keith Ose, *A History of The Evangelical Lutheran Church of America's Mission Policy in China*, 1890-1949, New York University, Ph D., 1970.

17 Roy Arthur Suelflow, *The Mission Enterprise of the Lutheran Church-Missouri Synod in Mainland China 1913-1952*, The University of Wisconsin, Ph.D., 1971.

18 Janet E.Heininger, *the American Board in China: The Missionaries' Experience and Attitudes, 1911-1952*, The University of Wisconsin, Ph D., 1981.

19 Gerald F.De Jong, *The Reformed Church in China, 1842-1951*, Grand Rapids, Michigan, Wm.B.Eerdmans Publishing Co, 1992.

20 Norman Howard Cliff, *A History of the Protestant Movement in Shandong Province, China, 1859-1951*, University of Buckingham, Ph D., 1994.

21 G.Thompson Brown, *Earthen Vessels and Transcendent Power: American Presbyterians in China, 1837-1952*, Published by Orbis Books, Maryknoll, New York, U.S.A, 1997.

幅记录美长老会传教士在战后重返中国、差会和中国革命以及最终的撤退等
事件。值得一提的是，作者在写这段历史的同时，将视野投放到了改革开放
后的中国教会。

2005 年，科特·塞勒斯的博士论文《多重接触：在江苏如皋的传教故事
（1921-1966）》[22]，记述了美国归正教会来华差会在江苏如皋传教的故事。该
差会于 1921 年进入如皋，一直到 1950 年才被迫撤出。论文对内战和建国初期
的归正会如皋差会有比较丰富的叙述，同时对归正会所建立的当地中国教会
在"文革"前的命运也作了比较性研究。

3. 美国在华传教士人物研究

这方面的早期研究开始于返回美国的在华新教传教士，他们作为这台不
久前谢幕的戏的主角，自然有话要讲。一本是 1953 年出版的美卫理公会传教
士卓伟的《和上帝一起在红色中国》[23]这本书取材于他在中国的亲身经历，从
1946 年重返中国开始写起，主要部分则是他于 1950 年被人民政府逮捕后在狱
中的两年经历，包括他在狱中的所思所想、如何接受思想政治教育。大部分书
稿实际上是在监狱中偷偷写好的。虽然如此，作者的笔调相对来说还是客观
的。另一本就是司徒雷登的《在华五十年》[24]，该书是司徒雷登的个人回忆录。
司徒雷登生于浙江杭州，其父母均为美国南长老会传教士。他的生平横跨中国
整个 20 世纪上半叶，曾在杭州郊区传教，又在金陵神学院任教，后任燕京大
学的首任校长，太平洋战争爆发后受日军关押，战后又出任美驻华大使，1949
年黯然回国，晚景凄凉。他的离去，代表着美国在华传教运动的失败已成定局。
毛泽东的《别了，司徒雷登》一文让其广为人知。研究司徒雷登其人其事，对
理解以他为代表的美在华传教士群体及其事业有重要意义。另外还有美国卫
理公会来华传教士章文新的自传《岁月如流》[25]，中国内地会的美国传教士韩
宾琏的自传《韩婆婆传——不同凡响的一生》[26]，美国卫理公会来华传教士范

22 Kurt D.Sells, *"Many Points of Contact": the Story of Christianity in Rugao, 1921-1966*, Vanderbilt University, Ph.D., 2005.

23 Francis Olin Stockwell, *With God in Red China: The Story of Two Years in Chinese Communist Prisons*, New York, Harper Brothers, 1953.

24 John Leighton Stuart, *Fifty years in China: the memoirs of John Leighton Stuart, missionary and ambassador*; New York, Random House, 1954.

25 章文新著、陈锡麟译：《岁月如流》，香港：基督教文艺出版社，1969 年。

26 韩宾琏著、潘燕译：《韩婆婆传——不同凡响的一生》，台北：校园书房出版社，1985 年。

天祥的传记《颖调致中华：范天祥传——一个美国传教士与中国的生命交流》[27]等，书中都写到了这些传教士最后在华的日子。

与此同时，美国国内陆续出现专业的传教士人物研究。首先是传教士的群体研究。1974 年，布鲁斯·格里纳韦的博士论文《来自中国新教传教士的传教情报》[28]利用几千份美国在华新教传教士写给国内的差会总部、亲密朋友等的信件，揭示了传教士在 1930-1950 年这二十年间方方面面的情况，具有很高的可看性和可信度。在论文中，有关于传教士在四十年代末进行中国工场重建的情况、传教士对这一时期国共两党态度的转变、新中国成立后仍留在中国大陆的传教士的个人情况以及他们对新政权的观感，都给人很大的启发。保罗·瓦内斯基的博士论文《双重改变：以美国新教在华传教士为中心》[29]则是从文化人类学的角度出发，探讨了一个重要的问题，就是中国文化对那些长期在中国居住的美国新教传教士的具体影响，富有新意。因为多数人可能会从传教士给中国带来了什么影响的角度来考虑问题。在论文中，作者为深入了解中国文化对传教士的影响，采取了两种进入路径：首先是从已有的传教士档案入手；其次是找到数十位曾长期在华的传教士，进行了面对面的访谈。今天看来，作者的第二种工作已具有难得的历史价值。1977 年，保罗·瓦格的著作《传教士、中国人和外交官》[30]全面深入地回顾了美国新教在华传教运动的历史，包括它的兴起、曲折、成就以及最后的失败。书中有两章专门叙述最后十年在华传教运动的逐渐衰弱，最后一章则总结分析了传教运动失败的原因。当然，作者多是站在本国和传教士的立场来看问题。

其次，美国来华传教士的个体研究。1988 年，塞缪尔·丘的博士论文《宗教教育和在华差会中的改革——毕范宇的生平及工作》，以美长老会在华知名传教士毕范宇为研究对象，重点写了他在中国进行的宗教教育和乡村改革等活动，也写了他和国民党的密切关系，对共产主义的看法。直至 1953 年，毕

27 范燕生著、李骏康译：《颖调致中华：范天祥传——一个美国传教士与中国的生命交流》，香港：基督教文艺出版社，2010 年。

28 Bruce Stephan Greenawalt, *Missionary Intelligence from China American protestant Reports, 1930-1950*, The University of North Carolina, Ph D., 1974.

29 Paul Voninski, Reciprocal Change: *the Case of American Protestant Missionaries to China*, Syracuse University, Ph D., 1975.

30 Paul A.Varg, Missionaries, *Chinese, and Diplomats: the American Protestant Missionary Movement in China, 1890-1952*, New York，Reprinted by Princeton University Press, 1977.

范宇才被驱逐出境。作者对这段历史多有叙述。[31]邵玉铭的《一个美国传教士在中国：司徒雷登和中美关系》[32]则论述了司徒雷登在中国纷繁复杂的历史，书中涉及到司徒雷登告别中国及其晚年对传教事业和中共的思考。本书可以说是目前研究司徒雷登的代表作，有很多可取之处。1998年，玛丽·扎卡里尼的博士论文《作为传统和挑战的中美关系：高医生在中国（1908-1950）》[33]，以美国卫理公会女传教士艾丽·盖勒在华进行传教和开展医药事业的经历为研究对象，揭示了中美友谊的传统以及遭受的挑战。论文利用私人信件，对1949年前后艾丽·盖勒在南昌的活动有较为详细的叙述。2004年，杰妮特·麦考尼的博士论文《传教士的多棱镜：一位在华女传教士推销中国的策略》[34]，以在福州的美国卫理公会女传教士蒲星氏（Elizabeth Fisher Brewster, 1862-1955）为主要研究对象，尽管她不为人所知，但她却在中国整整呆了67年（1884-1951），经历了从清末到新中国建立这样长的时间跨度，使得她本人就是一段传奇。作者将这位女传教士置身于中美文化交汇的中心，她对中国的理解，以及在此基础上为获得美国国内对其差会在华传教事业的支持所开展的宣传，无不带有互动之下的斑斓色彩，呈现出美国在华传教事业的内在多样性。

中国大陆学界方面，顾长声先生的《传教士与近代中国》[35]和《从马礼逊到司徒雷登：来华新教传教士评传》[36]是中国大陆改革开放后研究来华新教传教士的先声，前者主要侧重描述外国传教事业的整个过程，后者侧重于对传教士的人物评析，前者还专门写到传教士战后的来华与最终的撤退。当然，因为成书较早，书中仍带有较为强烈的意识形态色彩。姚民权和罗伟虹合著的《中国基督教简史》[37]一书的末尾也涉及到美国新教传教士的最后撤出。齐小新的

---

31 Samuel Hsueh-hsin Chiow, *Religious Education and Reform in Chinese Missions: the Life and Work of Francis Wilson Price (1895-1974)*, Saint Louis University, Ph D., 1988.

32 Shaw Yu-Ming, *An American Missionary in China: John Leighton Stuart and Chinese-American Relations*, Cambridge, Mass, Harvard University Press, 1992.

33 Maria Cristina Zaccarini, *The Sino-American Friendship as Tradition and Challenge: Dr. Ailie Gale In China, 1908-1950*, State University of New York, Ph D., 1998.

34 Janet Rice McCoy, *Through the Missionary's Lens: One Woman's Rhetorical Strategies to Promote China*, Bowling Green State University, Ph D., 2004.

35 顾长声：《传教士与近代中国》，上海：上海人民出版社，1981年。

36 顾长声：《从马礼逊到司徒雷登：来华新教传教士评传》，上海：上海人民出版社，1985年。

37 姚民权、罗伟虹：《中国基督教简史》，北京：宗教文化出版社，2000年。

《口述历史分析：中国近代史上的美国传教士》[38]利用美国所藏的一批来华传教士口述史料，分析了 19 世纪末至 20 世纪上半叶美国传教士在华的活动，在文章立意和研究方法上都较有新意，书中有一小节描述一群美国传教士离开中国前夕的所见所闻及内心感受，但是比较简单化。

4. 中国基督徒领袖和知识分子研究

美国传教士退出中国大陆，必然涉及到同时期中国基督徒领袖和知识分子的反应。2002 年，乔可怡的博士论文《"厚生"：德本康夫人、吴贻芳和金陵女子文理学院（1915-1951）》[39]，围绕由美国各差会支持建立的金陵女子文理学院的建校、发展及撤并，重点记述了德本康夫人和吴贻芳这一中一西两位校长的事迹。值得一提的是，作者利用吴贻芳的个人档案材料，详细记述了内战期间和解放初期吴贻芳的心路历程，包括她对学生运动的看法、对国共两党的态度、和美国方面的往来、对学校的建设思路等，为我们还原了这位身处特殊时期的中国教会女性领袖的行止。另外，2004 年加拿大艾尔伯特大学大卫·卢瑟可的博士论文《为了中国的基督徒医生：齐鲁大学医学院毕业生的专业精神及其自我牺牲》[40]，以美长老会参与创办的齐鲁大学下面的齐鲁医学院的毕业生群体为研究对象，作者将视角投向了原本留学北美的齐鲁大学医学院学生，在新中国成立后出于各种原因继续"流亡"北美的特殊经历，通过解读他们当时留下来的书信，使读者得以从新角度来思考传教运动结束带来的多重影响。

香港方面一直比较注重对中国教会人物的研究。早期的多是 1949 年前后赴港台的一些中国教会知名人士的回忆录或个人叙述，如梁小初的《未完成的自传》[41]、王国显的《行过了死荫的幽谷》[42]等。近年来，则有麦炳坤的博士论文《中国基督教会与社会主义运动：基督教知识分子的反应与调适之路（1945-1954）》[43]，梁家麟的《吴耀宗三论》[44]，邢福增的《中国基要主义者

38 齐小新：《口述历史分析：中国近代史上的美国传教士》，北京：北京大学出版社，2004 年。

39 Mary Jo Waelchli, *Abundant life: Matilda Thurston, Wu Yifang and Ginling College, 1915-1951*, The Ohio State University, Ph D., 2002.

40 David Luesink, *"Christian Physicians for China": The Professionalism & Self-Sacrifice of Cheeloo Medical Graduates, 1917-1980*, University of Alberta (Canada), Ph D., 2004.

41 梁小初：《未完成的自传》，香港：基督教文艺出版社，1969 年。

42 王国显：《行过了死荫的幽谷》，香港：晨星书屋，1974 年。

43 麦炳坤：《中国基督教会与社会主义运动：基督教知识分子的反应与调适之路（1945-1954）》，博士学位论文，香港中文大学，1996 年。

44 梁家麟：《吴耀宗三论》，香港：建道神学院，1996 年。

的实践与困境——陈崇桂的神学思想与时代》[45]等新的著作面世。上述著作揭示出，在大时代变换的复杂环境下，这些中国基督教领袖与知识分子作出的个体抉择和神学思索。

大陆方面，作为历史见证人的沈德溶所著的《在三自工作五十年》[46]对吴耀宗、刘良模这些基督教三自爱国运动领导者有所忆述，着力表现出他们爱国爱教的一方面，可是说是相当难得的史料。

5. 美国基督教在华高等教育研究

从晚清至民国，美国基督新教在中国创立了大规模的高等教育机构，包括燕京大学、圣约翰大学、齐鲁大学等十三所知名的教会大学。50年代初，这些教会大学被新政权接收改造，并最终在高等院校的院系调整中彻底消失。从1954年开始，之前负责联系这些教会大学的中国基督教大学联合董事会（退出中国大陆后，改称"亚联董"），陆续推出由其主持编写的中国教会大学系列丛书。[47]这套丛书的编写者基本上是曾在教会大学服务过的教育传教士，每本书的末尾都讲述了教会大学在抗战结束后艰难复员、国共内战中面临的乱局，乃至新中国成立后遭撤并的过程。因此，这套丛书里的一些观点也许片面，却为推动美国基督教在华高等教育的相关研究作出了贡献，也起到保存史料的作用。

1982年，Chang Chung-Ping 的博士论文《台湾东海大学发展中"亚联董"的作用（1955-1980）》[48]，讨论了亚联董在1955-1980年间在台湾东海大学发展中所起的作用。1955年，应在台湾一些基督教领袖的要求，亚联董委派其总干事芳威廉协助建立东海大学，这所大学被视作之前中国大陆十三所基督

45 邢福增：《中国基要主义者的实践与困境——陈崇桂的神学思想与时代》，香港：建道神学院，2001年。

46 沈德溶：《在三自工作五十年》，上海：中国基督教两会出版部，2000年。

47 在章开沅、马敏的主持下，华中师范大学东西方文化交流研究中心曾组织翻译并出版这批丛书。在1999年由珠海出版社出版的《中国教会大学史研究丛书》第一辑中，就包括《金陵女子大学》、《华中大学》、《华西协和大学》、《福建协和大学》、《齐鲁大学》、《之江大学》、《东吴大学》这七本译作。在2005年由珠海出版社出版的《中国教会大学史研究丛书》第二辑中，还收录了《沪江大学》、《燕京大学》、《华南女子大学》、《圣约翰大学》，以及《基督教高等教育在变革中的中国（1880-1950）》这五本译作。但笔者尚未见到《金陵大学》和《岭南大学》的中译本。

48 Chang Chung-Ping, *The United Board for Christian Higher Education in Asia in the Development of TungHai University in Taiwan, 1955-1980*, Southern Illinois University at Carbondale, Ph D., 1982.

教大学办学精神在台湾的延续，其经费也由亚联董提供。1955 年至 1970 年间，大学基本在亚联董所制订的框架内实施办学，此后逐渐走向自主化。这篇论文说明亚联董从中国大陆退出后一直守在中国的南大门，伺机而动的实质。1982 年，汉德尔·卢克的博士论文《美国复临安息日会在华所办高等教育史》[49]，探讨了美国复临安息日会在中国大陆及之后迁往香港、台湾办理教会教育的历史，当时其所办教育即为目前台湾的三育基督学院和香港三育书院的前身。这篇论文在细节上有很多值得关注的地方，如办学目的和宗旨、当时香港儿童和青年激增对学校的影响、特别是香港学校和大陆的关系（新中国成立初期甚至有大陆的青年经共产党允许到香港求学，学校也培养他们，希望他们学成后回大陆服务）。这些在香港的学校一直试图保持中国本土的特色，以便培养出来的学生能留在华人社群服务。论文附有作者对在港、台办校的当事人进行采访的打印稿，其中有许多 1949 年前后在香港办校和大陆之间的种种关联，表明当时中国的南大门是开放的，尽管时间并不长。1991 年，杰弗瑞·特雷克斯勒的博士论文《融合教会灵魂的教育："耶鲁海外传教会"和其民主理念》[50]，论述了"耶鲁海外传教会"，即现在的雅礼协会，在中国举办教育、医学事业的过程。——它为适应中国社会，逐渐减弱宗教色彩，直至完全世俗化。作为一个组织，到 1951 年它最终退出中国大陆，随后在香港和钱穆创立的新亚书院建立了合作关系。论文细致讲述了它如何选择新亚书院作为合作者的过程，令人眼前一亮。关于雅礼协会的类似研究，有华中师范大学赵厚勰的博士论文《雅礼会在华教育事业研究（1906-1951）》。[51]另外，陶飞亚、吴梓明的《基督教大学与国学研究》[52]一书，对 1949 年后执教于教会大学的中国学者在政治和学术上的转变作了恰如其分的叙述与分析。

---

49 Handel Luke, *A History of Seventh-Day Adventist Higher Education in the China Mission, 1888-1980*, Andrews University, Ph D., 1982.

50 Jeffrey Alan Trexler, *Education with the soul of a church: the Yale Foreign Missionary Society and the Democratic ideal*, Duke University, Ph D., 1991.

51 赵厚勰：《雅礼会在华教育事业研究（1906-1951）》，博士学位论文，华中师范大学，2006 年。

52 陶飞亚、吴梓明：《基督教大学与国学研究》，福州：福建教育出版社，1998 年。

第一章　近代美国新教在华传教事业的历史演变

一、入华与建基

1830 年，裨治文和雅裨理来到中国广州，自此拉开美国教会对华传教运动的帷幕。但当时的中国仍实行闭关锁国政策，传教士的工作受到极大限制，也无法深入到中国内地。两次鸦片战争打开了美国新教向中国传教的方便之门。美国教会正是通过《望厦条约》、《天津条约》和《北京条约》等一系列不平等条约，获得在中国内地自由传教的特权。

在传教条约的保护下，美国新教在华传教事业取得长足发展。比如，美北长老会在中国被迫开放前，已在新加坡等周边地区传教。当 1843 年五口通商时，差会正式进入中国。1844 年 6 月，麦嘉缔（D.B.McCartee）来到宁波，该地成为美北长老会在华东的重要传教中心之一。以宁波为依托点，1850 年，美北长老会进入上海，1854 年，进入杭州。1861 年，倪维思（J.L.Nevius）、盖利（S.R.Gayley）、丹福斯（J.A.Danforth）及他们的家人到达山东。此后，山东也逐渐发展成为美北长老会传教的核心区域。1863 年，丁韪良（W.A.P.Martin）到达北京。1869 年，丁韪良被任命为京师同文馆总教习，进一步增强美北长老会在华北的力量。到 1874 年，北长老会已建有 3 个教区、9 个总堂。[1]其它如公理会、圣公会、浸信会、浸礼会、归正会、美南长老会、

---

[1] 〔加〕季理斐编著，刘家峰等译：《基督教差会在华百年史》，华中师范大学中国近代史所，2010 年 10 月，未刊稿，304-308 页。

监理会等，都在鸦片战争到 19 世纪末这一时期内奠定了各自的发展基础。

在传教过程中，为了扩大基督教的影响力，尽量吸收更多的中国信徒，美国在华各个宗派差会还大力发展文字、医药和教育事业。在文字方面，形成了写作、出版和发行的完整知识生产传播链条，出版物的种类也日益丰富，有报纸、期刊、书籍、单张，等等。知名报刊有 1832 年 5 月出版的《中国丛报》（*Chinese Repository*），美以美会传教士裴来尔于 1867 年在福州创办的《教务杂志》（*The Chinese Recorder*），1868 年创刊的《中国教会新报》（*The News of Churches*，即后来的《万国公报》）等。著名的印刷机构有美北长老会的美华书馆（The American Presbyterian Mission Press），1860 年迁往上海后，逐渐发展成为西方传教士在华开办的规模最大，设备最齐全的出版印刷机构。在医药方面，引进了较为先进的西方医学技术，开始建立专门医院。1835 年，美公理会传教士伯驾在广州开办新豆栏医局，这也是中国本土第一所西医诊疗机构。1880 年，美圣公会医学博士文恒理（H.W.Boone）至上海，与汤蔼礼(Elliot Heber Thomson)、吴虹钰二教士合作创建同仁医院（St.Luke's Hospital）。[2]大型医院的作用不止于治病救人，还开展医疗教育活动。在教育方面，从刚开始的初级学堂一步步发展至中高级学校，而且有专门的女子学校、聋哑学校等，形成了较为完备的近代教育体系。在 19 世纪的最后 20 年，有五个基督教教育中心在中学基础上增加了大学部，成为中国近代高等教育的雏形，其中三个在华北，两个在华东。1882 年，美北长老会传教士在山东登州创办文会馆（Tengchow College）。1888 年，美以美会在北京开办汇文书院（Peking University）。1889 年，公理会又在北京附近的通州创办潞河书院。而在华东地区，1879 年，美圣公会在上海创办圣约翰书院（St.John's College），1893 年，美长老会在杭州成立育英书院（Hangchow Presbyterian College）。到 19 世纪末，前 4 所学校都达到高等学院的标准，第 5 所则还是一个初级学院。这些学校就是第一批中国基督教大学。[3]美传教士所办的这些文字、医药和教育事业，虽然其初衷是为福音传播，但确实有力地促进了中国的近代化。

19 世纪 80 年代开始，美国又掀起一次宗教复兴运动。当时正值美国资本主义的海外扩张达到高潮，因此，"扩张主义的野心和宗教复兴相结合，改造

2　《中华圣公会年鉴》，上海市档案馆藏（以下简称"上档藏"），U104-0-2，第 14 页；《中华圣公会概况》，上档藏，U104-0-1，第 16 页。

3　〔美〕芳卫廉著，刘家峰等译：《基督教高等教育在变革中的中国（1880-1950）》，珠海：珠海出版社，2005 年，第 10-11 页。

社会的行动和拯救异教徒相结合"，使得美国社会出现历史上规模最大的海外传教高潮。美国各新教差会派出大量来华传教士。[4]就在这一时期，以高等教育机构的青年学生为基础的学生志愿海外传教运动正式形成，并提出著名口号——"在这一代将福音传遍全世界"（Evangelization of the World in This Generation）。[5]此后，许多美国学生志愿者被派往中国传教。到19世纪末期，在华新教传教士群体中，美国传教士和英国传教士开始平分秋色。1890年，在华传教士举行第二次大会，共445名传教士和3名中国代表参加会议，其中美国传教士代表就占到半数以上。会议选举的主席也是英美各一，"以照顾到两个大国传教士的竞争"。[6]

19世纪90年代，因为甲午战争的失败和列强瓜分中国狂潮，维新变法运动兴起，朝野上下掀起一股西学热。在运动中，像林乐知、李佳白这样的美国传教士和李提摩太等英国传教士"试着引导这次思潮或改革，不仅使它导致物质和思想上的改革，而且还使它促进宗教和伦理方面的建设"。[7]但是这场改革并没有持续多久，很快遭到保守力量的反击。与此同时，更加危险的社会动荡正在酝酿。1899年12月2日，美国公理会传教士明恩溥（Arthur H.Smith）向驻京美国公使馆发出电报，"拳民叛乱在山东、直隶两省迅速蔓延。枪杀、放火、暗杀之事有增无已，其明显目标在杀害基督教徒，驱逐所有外国人。除非四国公使联合起来，使用压力，否则庞庄、临清、济南府的美国人，认为形势是毫无希望的。"[8]在义和团运动中，山东因有巡抚袁世凯的保护，美传教士和信徒受难人数较少。而在直隶、山西两地，因为裕禄、毓贤等人对拳民的袒护，美传教士和信徒被杀者甚众。——在直隶开平有美以美会教友45人被杀；1900年7月30日，山西太谷公理会传教士6人被杀。[9]这场运动最终以外国联军的武装干涉、清廷签订《辛丑条约》而告终。事后，受到损失的美差

4　姚民权、罗伟虹：《中国基督教简史》，北京：宗教文化出版社，2003年，第133页。

5　赵晓阳：《美国学生海外传教运动与中华基督教学生立志传道团》，《宗教学研究》，2008年第3期，第210页。

6　姚民权、罗伟虹：《中国基督教简史》，北京：宗教文化出版社，2003年，第143页。

7　〔美〕赖德烈著，雷立柏等译：《基督教在华传教史》，香港：道风书社，2009年，第417页。

8　麻海如：《华北公理会七十五年》，天津：华北公理会，1935年，第64页。

9　杨森富编著：《中国基督教史》，台北：台湾商务印书馆，1984年，第242-244页。

会及传教士得到了一定的经济赔偿。[10]

二、发展的黄金期

20 世纪前 20 年，是美国新教在华传教事业发展的黄金期。义和团运动所造成的结果并没有减少美国教会对中国的传教兴趣。

对于那些于 1900 年以前入华的美国差会来说，义和团运动虽然带来不同程度的损失，但大体来说都迅速恢复，陆续开展各自的传教工作。比如在暴乱中严重受害的美公理会，很快在直隶地区得以恢复，传教士回到他们的传教站，先前被解散的信徒又重新聚拢。公理会在山西地区的传教事业几乎完全被毁坏，所以重建过程缓慢，直到 1905 年才有第一批愿意重新在山西定居的传教士来到太谷。同时，1900 至 1914 年，仍然有为数不少的代表不同宗派的差会入华。大的宗派有美国信义宗，首批奥古斯塔钠大会（Augustana Synod）的传教士于 1905 年入华，他们与湖北的鸿恩会有过短暂合作，后来选择河南许昌作为传教中心。小的宗派的有来复会，他们于 1901 年决定去华传教，不久后派遣第一批传教士，稍后神召会等也派人来华传教。[11] 发展速度最快的是 1902 年入华的基督复临安息日会。到 1910 年，该会在苏、粤两省建立了新总堂，传教士足迹遍布 11 个省。[12] 还有许多来华的是不属于任何差会的独立传教士。此外，一些来华的差会是为了一个特殊的任务而组织的团体。比如上海的"希望之门"（又称济良所），主要用来收容失足妇女。另外一个是由耶鲁大学毕业生创立的雅礼会，成立于 1902 年，最初目的是在华创办一个高等教育机构。[13] 雅礼会主要在湖南发展，创办了学校和医院。

最引人注目的当属男青年会和女青年会。男女青年会只是教会的外围组织，但是它们恰好能填补一般教会所不注意的空白点，而且无论是在领导力量和经济来源上都较为强调本土化。在 20 世纪初的中国，男女青年会具有一定的社会影响力，一大原因是它们的各种活动项目能广泛吸引民众的注意力，这

---

10 关于赔偿的详情，可参见〔美〕赖德烈著，雷立柏等译：《基督教在华传教史》，香港：道风书社，2009 年，第 444 页。

11 〔美〕赖德烈著，雷立柏等译：《基督教在华传教史》，香港：道风书社，2009 年，第 482-483 页、504-505 页。

12 中华续行委办会调查特委会编，蔡咏春等译：《1901-1920 年中国基督教调查史料（修订）》，北京：中国社会科学出版社，2007 年，第 789 页。

13 〔美〕赖德烈著，雷立柏等译：《基督教在华传教史》，香港：道风书社，2009 年，第 510-511 页。

一点是其它差会所不能相比的。以上海男青年会为例，早在 1903 年，该会的阅报室内除原设《上海日报》、《中国青年会报》、《天津青年会报》等，还拟新添《新民丛报》、《江苏杂志》、《浙江潮》等报刊杂志。[14]可以说开一时风气之先。男女青年会别开生面的组织模式和活动内容，使其在中国的城市和学校中发展势头良好。自 1900 年以后，男青年会平均每年增设新会所 1 所以上。从 1910 至 1920 年的十年间，按宣教事业的发展速度排列，男青年会居第 3 位，女青年会居第 4 位。[15]青年会在以后的中国基督教发展进程中，扮演着相当重要而又特殊的角色。

从 1905 年至 1920 年，美国在华各主要差会的教务进步显著。仅按受餐信徒人数来计，1905 年，美浸礼会、美浸信会、公理会、美以美会、监理会、北长老会、南长老会这几大差会拥有的受餐信徒人数分别为 4709、5049、9573、15216、1754、16972、1752，到了 1920 年，上述差会所拥有的受餐信徒人数分别增长至 10016、24334、15011、42720、8932、40220、7041。[16]从每个差会的前后数字对比来看，虽然各自原有的基础不一，但在 15 年中，都实现了信徒人数上的跨越式发展。值得一提的是，一战的爆发打破了西方各国在华传教势力的原有格局。——英国和欧洲大陆的新教差会受到很大的削弱，而美国在传教事务上的影响力显著增加。随着美国在一战中国际地位的跃升，无论是天主教还是新教的传教事业，都必须转向美国以获得资助。而且，美国在决定传教目标、政策和方法方面也有了更大的权威。最容易体现美国教会在西方新教对华传教运动中地位的是，美籍传教士人数的增长。1905 年，大约 45% 的新教传教士是英国人，而 35% 的传教士是美国人，但 1922 年，相应的数字是 18% 和 51%。[17]一战让英国教会元气大伤，其"龙头老大"的地位逐步被美国超越。但是，当时英国差会的传教地面积仍占中国传教地总面积的一半以上，美国的传教地面积则仅占三分之一。[18]

14　《上海青年会报》第一卷第二册，光绪二十九年八月十二日。

15　中华续行委办会调查特委会编，蔡咏春等译：《1901-1920 年中国基督教调查史料（修订）》，北京：中国社会科学出版社，2007 年，第 789 页。

16　中华续行委办会调查特委会编，蔡咏春等译：《1901-1920 年中国基督教调查史料（修订）》，北京：中国社会科学出版社，2007 年，第 833-837 页。

17　〔美〕赖德烈著，雷立柏等译：《基督教在华传教史》，香港：道风书社，2009 年，第 580 页、649-650 页。

18　中华续行委办会调查特委会编，蔡咏春等译：《1901-1920 年中国基督教调查史料（修订）》，北京：中国社会科学出版社，2007 年，第 128 页。

　　这一时期，中国教会自立和合一的倾向也趋于明显。1910 年，在英国爱丁堡召开的世界宣教大会提出"各差会单独活动而能够完成宣教使命的时代已经过去"，号召各差会在传教地区要协调行动，重视当地教会的作用，成立超越宗派界限的联合组织，协调欧美各传教组织的工作与关系，在民族独立运动高涨的形势下，研究调整对亚非拉地区与西方关系密切的地区的传教活动与方针。[19]此后，在华的各个美差会，以及美差会和其它西方国家的新教在华差会之间，在教务和社会事工方面加强了联合。——西方新教对华传教事业愈来愈像一个整体，而美国差会及传教士在其中起到重要的组织协调作用。1912年 4 月 26 日，英、美、加拿大圣公会在华十一教区主教及信徒代表聚集上海，成立中华圣公会总议会，议决宪章规例，并组织中华圣公会传道部为统一办事机关。[20]1913 年，全国基督教大会在上海召开，由穆德主持，各教会中西领袖120 人参加，会上成立了中华续行委办会。[21]这个中华续行委办会就是全国协进会的前身。1920 年夏秋之间，信义宗各差会在河南鸡公山召开大会，成立中华信义会，并订立宪章，组成书报部。[22]也是在这一时期，一批中国基督教领袖应运而生，开始为中国教会发出独立的声音，知名的人物有诚静怡、余日章、王正廷等人。

　　为今后中国社会带来持续深远影响的是这一时期基督教教育事业的进步。1905 年，清廷废科举、兴新学，各地新式学校蓬勃发展，新型知识分子与学生群体也应运而生。外部形势的变化促使各差会深感重视教育、联合办学并将新式学校的学生纳入传教范围的必要性。1907 年，在上海举行的传教士大会也着重提出教会要大力发展基督教教育。如果说 1900 年以前基督教教育的宗旨主要在于教育信徒儿童，其后它的范围就扩大到中国民众的普通生活中。美国各差会最强调教育事业，1920 年左右，它们拥有全国教会初级小学学生总数的一半以上、高级小学生的三分之二、中学生的三分之二以上。[23]美国各

19　赵晓阳：《青年协会书局与中国基督教文字事业》，《中国社会科学院近代史研究所青年学术论坛》（2004 年卷），北京：社会科学文献出版社，2005 年，第 435 页。

20　《中华圣公会概况》，上档藏，U104-0-1，第 14 页；《中华圣公会年鉴》，上档藏，U104-0-2，第 16 页；CR, Vol.43(1912), No.4, pp. 250-252.

21　《中华续行委办会述略》，上档藏，U123-0-6-171，第 1 页。

22　罗运炎：《中国美以美会》，《中华基督教会年鉴》，第十一期（上）（二），1929-1930，第 10 页。

23　中华续行委办会调查特委会编，蔡咏春等译：《1901-1920 年中国基督教调查史料（修订）》，北京：中国社会科学出版社，2007 年，第 135 页。

差会办理的教会大学，如以后为人熟知的之江大学、福建协和大学、金陵女子大学、沪江大学以及燕京大学等，基本上在这一阶段完成定型，成为中国现代高等教育的重要组成力量。

三、非基运动、国共政治以及日本帝国主义的冲击

从 1922 年延续至 1927 年的"非基运动"给基督教造成很大的冲击。这场运动分为好几个阶段，往往是前一个浪头刚停歇，下一个浪头就猛扑过来。一开始是 1922 年为抗议世界基督教学生同盟在北京借清华大学为会所召开第十一届大会，一部分学生和知识分子、国共两党的党员形成"非基同盟"，对基督教大加鞭挞。非基同盟产生的背景，主要有两点：一是新思潮运动的一种结果，反对基督教的理由，多以马克思的唯物史观和信仰科学万能为出发点，后来才走到反帝国主义的路上；二是中国在巴黎和会上外交失败的结果，人们普遍认为帝国主义是不怀好意的，而基督教又是自帝国主义国家传来。[24]随后是1924 年"非基同盟"的重建[25]和教育权利收回运动，接着是 1925年的五卅运动、1926-1927 年的北伐运动。——在人员、社团、策略和刊物上都存在明确的前后传递继承关系。中国共产党、国民党和沙文主义者（中国青年党）发现利用反基督教和教育权利收回运动做政治主题是扩大对知识分子政治号召力的手段。因此，各个政党为 1924 年的运动提供公共刊物、组织技巧和领导力量。在精心推进运动的过程中，它们支持并提供经验给未来的领导骨干，同时它们运用多种手段积极争取各类不同群体的组织加入它们的事业。[26]

在非基运动前后，美国新教在华传教事业也适时调整与变动。首先是合一运动的继续推进。1922 年 5 月，首次中国基督教全国大会在上海召开，穆

24　王治心：《中国基督教史纲》，上海：世纪出版集团，2007 年，第 204-205 页。

25　1924 年 6 月，"非基督教同盟"在上海重建。国民党人吴稚晖和中共党人柯伯年是同盟发起人，吴还是"同盟"章程的起草人。在成立大会上，国民党人吴稚晖作《基督教在西洋之状况》的演说，并当场通过"同盟"章程，推选出由唐公宪、李春蕃(即柯伯年)、张秋人、高尔伯等 5 人组成的组织委员会。在"同盟"中较有影响的国共两党人物还有廖仲恺、汪精卫、邹鲁、杨贤江等。参见郭若平：《国共合作与非基督教运动的历史考察》，《中共党史研究》，2008 年第 2 期，第 54 页。

26　本资料来源于中国基督教史研究专家狄德满（R.G. Tiedemann）教授于 2008 年在上海大学担任客座教授时的授课讲义的第八章内容"*Christianity and the Chinese National Revolution*"。笔者在硕士期间曾翻译该章，名为《基督教与中国国民革命》（未刊）。

德参会。会议将中华续行委办会改组为"中华全国基督教协进会"，选出两位中国基督教人士余日章和诚静怡分别任会长及总干事。全国基督教协进会在形式上具有典型的合一性质，它之所以能成立，离不开美国差会及传教士的鼎力支持，许多美国新教系统的宗派教会都参与其中。在合一运动方面最为重要的成就应当是1927年中华基督教会全国总会的成立。该会由诚静怡任会长，许声炎任副会长，总干事为美北长老会传教士高伯兰（Asher Raymond Kepler）[27]。中华基督教会全国总会的成立，同样和美国差会及传教士有莫大关系，尤其是美北长老会、南长老会和公理会从中作出重要贡献。其次，是加强中国教会的本色化。何谓本色教会？简单说，就是让教会更为中国化，走上自立自养自传的道路。这方面作出的努力或尝试有很多。1928年2月，中国浸礼会在沪江大学召开大年会，组成"浙沪浸礼议会"，教育、医务事业归中国教会管理，并成立校董会及医务部。执行委员会也相应改组，全由华人组成。是年春，议会鲍哲庆干事获邀赴美与北美差会及各地浸礼教会，直接接洽移交手续。议会与北美差会，彼此以同情互助为原则，签订合同。次年4月，在浙江金华召开议会大会，正式通过该项合同。于是差会将全部事业，完全移交议会。[28]

从1927年到1930年，是基督教与新政权重新调整关系的时期。虽然1927年3月曾发生不愉快的"南京事件"，美国传教士文怀恩被害，内地传教士纷纷撤离中国，或从内地转移到沿海大城市，但随着南京国民政府的建立和稳固，国民党和基督教双方的关系趋于好转。1927年5月13日，国民党中央执行委员会政治会议第九十三次会议上，决议要求国民政府"训令民众，不可误解打倒帝国主义而为排外排教之性质，利用任何势力压迫或侵害中外人民信仰之自由"。随即蒋介石通令所属"一体遵办"。[29]同年12月1日，蒋介石和宋美龄结婚。一直以来，宋家是热心的基督徒，宋氏三姐妹的父亲宋耀如，就是美监理会的传道。1930年10月23日，蒋介石本人也在宋太夫人府上，请景林堂牧师江长川牧师受洗归主。[30]除了蒋介石，在当时的国民党高层中，

---

27 高伯兰（1879-1942），美国北长老会教士。1901年来华，在南京、宁波、湘潭、北京等地传教。辛亥革命时在汉口从事红十字会工作时曾负伤。

28 鲍哲庆：《浙沪浸礼议会》，《中华基督教会年鉴》，第十一期（上）（二），1929-1930年，第34页。

29 陶飞亚：《"文化侵略"源流考》，《文史哲》，2003年第5期，第34页。

30 《中华归主——中华全国基督教协进会月刊》，第111期，1930年12月1日，上档藏，U123-0-65-160，第12页。

孔祥熙、冯玉祥、王宠惠、张之江等人，都是基督徒。因此，美差会及传教士对国民党的认同度逐步提升也就不足为奇。

从 30 年代开始，基督教和国民党之间展开了友好的往来与密切的合作，期间自然离不开美国新教在华势力的支持。1931 年 12 月 2 日，蒋介石在京特邀京沪各教会中西领袖，对于国计民生教政诸方面加以咨询。[31]1934 年 6 月，时值金陵女子文理学院毕业典礼，蒋介石和宋美龄夫妇亲自到场，并作简短的见证词。[32]1935 年 4 月，上海美华圣经会特制一部《新旧约圣经》赠与国民政府主席林森。林对教会代表说：基督教对中国文化贡献颇大，特别是在造就青年、破除迷信、提倡平等诸方面；宣教师克己牺牲的精神更令人佩服；教会学校从此务要按照所规定的章程和计划进行，以使教会和国家社会都能合作。[33]1936 年 4 月，蒋介石在南京聘任美传教士牧恩波（George W.Stepherd）为新生活运动顾问。7 月 1 日，有青年会背景的黄仁霖被任命为新生活运动总干事。[34]双方的这种关系不断加深，一直延续到国民党败退台湾前夕。

相反，基督教和中共之间的关系却较为对立。1930 年 8 月 14 日，中共对目前时局的宣言中提出"没收一切教堂、庙宇及各种公地"。同日颁布的苏维埃土地法在第一章《土地之没收及分配》中对此作了法律的规定。1931 年 6 月，中共中央关于加强苏区反帝工作的决议提出："对于反基督天主教问题，应该不只限于驱逐牧师教士出境、或加以逮捕，而是应当动员群众作反帝国主义的革命斗争。"[35]在这种政策下面，美传教士和中国基督徒欲在中共控制的范围内自由活动，也就相当困难。而当时美传教士对中共的态度也以负面居多。抗战爆发，这种局面才有所改观。

在整个 30 年代，日本对中国的战略威胁愈来愈大。这种威胁也不利于美国新教在华传教事业的发展。1932 年 1 月 28 日，日军炮轰吴淞闸北后，战区内之楼房多被轰毁，难民流离失所，以至扶老携幼相率逃入租界。沪上基督教机关遂假青年会、慕尔堂及大陆商场等处，暂作难民收容所，以收容遭难

---

31 张苏：《中国教会大事记》，《中华基督教会年鉴》，第十二期，1931 年，第 188 页。

32 薛朝广：《20 世纪前半期来华新教传教士群体探析》，吉林大学硕士学位论文，2006 年，第 32 页。

33 《田家半月报》，第二卷第十期，民国二十四年五月十五日，第 8 页。

34 汪思涵：《1934-1937 年间的新生活运动与基督教——以〈教务杂志〉为中心》，《中国社会经济史研究》，2007 年第 4 期，第 71 页。

35 陶飞亚：《抗战时期中共对基督教会的新政策》，《文史哲》，1995 年第 5 期，第 10-11 页。

同胞。[36]1932 年 5 月，"一二八"之役经调查：以闸北、江湾、吴淞三区为限，共被焚毁教堂十九，学校十八，医院二，文字机关五，慈善机关三；损坏教堂十六，学校七，慈善机关四，教友私人住宅至少四千八百户，直接间接损失之数更巨。[37]到了 1937 年 7 月中日全面战争爆发之后，教会的活动空间实际上被分为日本占领区、"自由中国"和共产党游击区这三块地区。大量的教会团体、基督教机构迁往西南地区，特别是集中于重庆和成都这两大城市。在 1941 年 12 月 8 日太平洋战争爆发之前，留在日本占领区的美英所属的教会团体和基督教机构仍有一定的行动自由。不过，早在 1939 年，华北地区的英美教会就开始受到日方排斥。在山西、河北、山东、河南等地，起初是专门对付英国人，不让中国人买英国货，不让中国人进英国人所主持的礼拜堂等，后对美国人也同样对待，在河南的开封、陈留、新乡等处，查封美国教会所办学校，强迫他们将教会房屋出卖，捣毁礼拜堂，街上贴满"打倒西洋恶魔"、"打倒美国"、"西洋人不赶走，远东不安宁"的种种标语。[38]到了 1941 年 12 月底，日占区的大批英、美传教士被关进日军集中营，教会活动几近瘫痪。

---

36 《真光》第三十一卷第三四号，民国二十一年四月，第 104 页；张苏：《中国教会大事记》，《中华基督教会年鉴》，第十二期，1931 年，第 189 页。

37 张苏：《中国教会大事记》，《中华基督教会年鉴》，第十二期，1931 年，第 190 页。

38 《田家半月报》，第六卷第二十一期，民国二十八年十一月一日，第 5 页。

第二章　战后传教事业的复员和发展

　　七七事变后，美国新教在华传教事业颇受影响，传教士或避或走，教会学校等社会事工也多迁至内地，但彼时美日关系尚未完全恶化，传教士尚可勉强维持。等到太平洋战争爆发，美日成为交战国，日占区的美国传教士遭到拘禁与遣返，产业也受侵占与毁坏。少数美国传教士和中国基督徒一起在华西苦撑危局，重庆和成都成为"自由区"中国教会的活动中心。随着战争优势逐步倒向同盟国一方，美国新教在华传教事业的复员工作即被提上议事日程。

一、对中国战后教会事工的规划

　　当战争态势走向明朗化之际，美国教会开始谋划战后中国的教会事工。这也是美国新教在华传教事业战后复员的开端。负责此事的，美国方面主要是北美国外宣教事业协会"亚东委员会"[1]，中国方面则主要是中华全国基督教协

1　北美国外宣教事业协会（the Foreign Missions Conference of North America）主要由美国教会主导，加拿大教会只占其中一小部分，是负责派出来华传教士的教会联合机构。早在1925年，这个新教机构就支持4492位传教士来华服务，这个数字相当于当时所有在华新教传教士总数的58%，亦相当于北美派驻海外传教士总人数的33%。1928年，虽然当时不景气的经济形势迫使许多传教士返回美国，但该机构仍然在中国花费约6,567,056美金，占其总预算的20%。二战结束后北美在华宣教事业恢复较好之时，该机构又支持2246位传教士来华工作，占到在华新教传教士总数的62%，其总预算的23%即8,455,404美金投向了中国。1950年，北美国外宣教事业协会和"美国基督教联合委员会"（the Federal Council of the Churches of Christ in America，成立于1908年）一起改组加入新成立的"全美基督教协进会"（National Council of the Churches of Christ in the U.S.A）。北美国外宣

进会[2]。1943 年 6 月 24 日，北美国外宣教事业协会召集会议决定成立"中国战后教会事工计划委员会"。该委员会实际仍由亚东委员会负责，曾在华多年的卫理公会传教士葛惠良（Frank Thomas Cartwright）后来就任主席。[3]中国战后教会事工计划委员会与全国基督教协进会通过函电相互协商，使美国的工作与中国的工作发生联系。[4]不久，亚东委员会委派曾是美国公理会来华传教士的寇润岚（M.Roland Cross）到全国协进会从事战后复员工作。

据 1943 年 10 月全国协进会的英国干事艾伦（Cannon G.F.Allen）写给亚东委员会的信，寇润岚已在成都设立一个教会联合计划委员会，同时又在重庆组织一个研究战后国际重建工作的小组。[5]是年 12 月，成都的教会联合计划委员会召开一整天的退修会，各位中国教会领袖分别提出意见。[6]1944 年 3 月中旬，寇润岚又在重庆召开的退修会上听取中国基督徒的意见。[7]同年 3 月底，

教事业协会随后改为全美基督教协进会下的国外差会部，英文是 the Division of Foreign Missions of the National Council of the Churches of Christ in the U.S.A。同时，它与国际基督教宣教协会的关系，也变成为国际基督教宣教协会在美国和加拿大的一个机构。"亚东委员会"（the Committee on East Asia）是北美国外宣教事业协会的下设机构，成员则由北美各海外宣道部代表组成。该委员会拥有独立的财政预算和干事编制，在推动战后中国基督教运动方面可谓不遗余力，起到领导作用。负责亚东委员会运作的干事，一般由熟知中国传教事务的前传教士担任。"亚东委员会"当时不仅为中国，也为韩国和日本的宣教工作提供意见。约在 1947 年 2 月前后，它改名为"中国委员会"（the China Committee），以便集中处理中国教会事务。

2 中华全国基督教协进会（the National Christian Council of China, 简称"全国协进会"）由全国性教会和基督教机关合作组成，负责推进各项教会合作事工。太平洋战争后，该会西迁内地，前总干事陈文渊、干事孙恩三等在成都召集各教会领袖正式组织全国基督教协进会办事处，并仍推陈文渊为总干事，该会的上海办事处则已名存实亡。作为全国性基督教联合机构，全国协进会代表着来自美国、英国及自治领、欧陆国家的新教教会和机关团体，其中美国差会背景的教会占主导地位。全国协进会产生的最大作用是各自为政的中国教会终于有一个总的协调机关。但它的弱点也显而易见，一是它没有行政执行权，内部始终存在一股离心力，二是仍有一些较为保守的中国教会，出于神学方面的原因，拒绝加入全国协进会，无形中削弱了其代表性。

3 J.W.Decker, "Christian Movement in China", *Far Eastern Surveyork*, Vol.15, No.4 (Feb.27, 1946), p.59.

4 葛惠良：《中国战后事工研讨会议报告书》，上档藏，U123-0-8-[2]，第 1-2 页。

5 CEA 231, December 6, 1943. p.1, Overseas Newletter of the N.C.C, New York, 1942.7- 1949，上档藏，U123-0-124。（以下引用该档案时使用略称）

6 CEA 240, January 27, 1944, p.2.

7 CEA 251, May 18, 1944, p.1.

在全国协进会的支持下，寇润岚和吴高梓离开重庆前往华南。他们此行有两个目的：一是给困境中的各地教会提振精神士气；二就是商讨战后计划。[8]是年6月1日，全国协进会新任的英国干事李劳士（Ronald Rees）在致亚东委员会的信中说："寇润岚已经访问贵阳、昆明、桂林、衡阳，在这些地方他和许多中外教会人士进行商谈。"[9]不过寇润岚并没有完成整个访问行程，中途因为健康原因被医生命令返回美国。[10]吴高梓只好独自履行使命。在动身返美之前，寇润岚于7月份草拟了一份关于中国教会将来发展问题的备忘录。全国协进会后将这份备忘录分寄给六十多位教会领袖，得到许多建议，又数次召开执行委员会会议加以审议，一直到12月才定稿刊印。因此，这份备忘录集中反映了中国教会的意见。意见中最为重要的部分，是围绕如何处理战后中国教会与西方教会关系而展开的。比如传教士的人选问题。中国教会认为关键在于传教士的服务是否有值得继续的价值，而且传教士并非万能，对某种局面也有不合适之处，这时中国教会应该有权申述，将该传教士调往别处工作。[11]再如人事和产业方面的政策。中国教会提出传教士的人事、差会的经费和教会财产都应当交由中国教会负责，差会只负责传教士的薪俸、子女教育及其个人住宅。[12]总而言之，中国教会虽然承认战后仍离不开西方教会的支持，但期望今后能走上自治自养自传的独立道路。

但是，中国教会的上述愿望并没有得到美国差会总部及传教士的真心支持。寇润岚中国之行后，中国战后事工计划委员会在美国国内各个宗派之间穿针引线，就战后规划的总体原则和关键问题展开协商讨论，以求得较为一致的意见。关于这方面的磋商，最主要的是1944年9月6日至10月14日之间在美国和加拿大的十个城市陆续召集的十次大会。[13]全国协进会总干事陈文渊专程赴美代表中国教会参加这十次大会。[14]十个城市除了一个是加拿大的多伦多

8　CEA 245, March 29, 1944, p.1.

9　CEA 253, July 5, 1944, p.1.

10　值得注意的是，寇润岚回国后担任了亚东委员会的干事。根据1945年5月的亚东委员会文件显示，寇润岚此时已就任干事，参见CEA 285, May 17, 1945, p.3.

11　《中国教会及其将来》（备忘录），《协进》，民国三十三年十二月十六日出版，第8页。

12　《中国教会及其将来》（备忘录），《协进》，民国三十三年十二月十六日出版，第11页。

13　葛惠良：《中国战后事工研讨会议报告书》，上档藏，U123-0-8-[2]，第3页。

14　CEA 237, January 6, 1944, p.1.

之外，其余都在美国，如波士顿、费城、纳什维尔、明尼波里、旧金山、洛杉矶等。之所以选择上述十个城市，原因有两点：一是有较多休假的传教士与中国基督徒居住在这些城市及其附近；二是这些城市也多是一二个海外宣道部所在地。各次会议参加的传教士共有 464 人，中国基督徒 26 人，各海外宣道部干事 41 人，代表各差会总部与机关的，共有 39 个单位。会议程序由各城市的教会团体负责拟定，中国战后教会事工计划委员会的办事处供给各地主席以有关的材料，如中华全国基督教协进会所提出的各项主要问题等。[15]会议所讨论的内容分为两大类。一类是涉及中国基督教的诸多问题，包括中国基督教领袖、人才要怎样支持、平信徒领袖和会众、城市和乡村教会、社会事工、教会合一等。另一类是关于传教士的问题，包含传教士的缺点、传教士的工作和住房、训练和派遣传教士的政策、救济与复员工作等。[16]十次大会对战后中国教会事工的讨论可谓面面俱到。但对于最终实现完全自治自养自传的中国教会这一目标，美国差会总部和传教士却充满种种顾虑，在表态上既不赞成也不反对，宁愿将此问题留给中国教会自行决定，只是明确表示无论如何，美国教会对中国教会的经济协助仍将继续。[17]美国差会总部及传教士首鼠两端的政策及态度，实际上造成在战后复员过程中仍以差会为中心，强化了美国差会对中国教会的控制性地位。

对中国战后教会事工的设计，"美国基督教联合委员会"和"国际基督教宣教协会"[18]这两大基督教联合机构也参与其中。1943 年 12 月，"美国基督教联合委员会"的伯林（Dr.Poling）到访重庆。在全国协进会的安排下，伯林和中国基督教领袖晤面，会谈的一大要点是教会作为志愿团体如何配合国

---

15 葛惠良：《中国战后事工研讨会议报告书》，上档藏，U123-0-8-[2]，第 3-4 页。

16 具体参见葛惠良：《中国战后事工研讨会议报告书》，上档藏，U123-0-8-[2]，第 6-40 页。

17 葛惠良：《中国战后事工研讨会议报告书》，上档藏，U123-0-8-[2]，第 28 页。

18 国际基督教宣教协会（the International Missionary Council）又称世界基督教协进会，它的前身是成立于 1910 年的爱丁堡续行委办会，1921 年方改用现名，它和全世界各国教会都有联系。国际基督教宣教协会和中华全国基督教协进会之间渊源颇深。在国际基督教宣教协会的前身爱丁堡续行委办会于 1912 年举行全体会议时，决定推美国人穆德（穆德在 1921 年至 1942 年期间长期担任国际基督教宣教协会的会长，之后仍然担任名誉会长）来远东进行活动，在中国召开一次全国大会。于是就在 1913 年，穆德主持召开全国基督教大会，会议成立了一个全国基督教中心机构"中华续行委办会"，由诚静怡任总干事。1922 年 5 月，中华续行委办会改组为中华全国基督教协进会。

民政府完成"联合国善后救济总署"[19]对中国即将实施的战后重建工作。[20]因为"联总"虽能提供大量援助，但如何落实这些援助又是问题，而教会在处理这一问题上具有独特优势。比如教会医院可以防治传染病，教会救济机构可以分发物资等。1945 年 3 月 8 日，"国际基督教宣教协会"的美国干事德惠廉（J.W.Decker）[21]莅临重庆，他此行的主要目的也是商讨战后中国教会复员计划。德惠廉先后拜见了蒋介石、宋子文、王宠惠、金宝善、杭立武等国民党要人。德惠廉与蒋介石的谈话气氛轻松友好，两人甚至用宁波话交流了一阵子。在德惠廉和宋子文、杭立武的会谈中，宋杭二人当面允诺政府将继续保持学术和宗教自由，教育部鼓励教会学校在内的私立学校发展。在中央卫生署署长金宝善招待的晚宴上，金宝善向德惠廉表示卫生署计划修建 655 家医院，其中500 家的规模是 50 张病床，100 家的规模是 100 张病床，期望教会和差会方面能予以合作。之后，德惠廉还和全国协进会的常务委员会成员晤谈，双方谈到建立民主政府的必要性。[22]4 月 17 至 19 日，全国协进会召集执行委员会会议。在会上，德惠廉承认差会控制教会的局面应该早日结束，差会产业也应在适当时候移交于中国教会，但同时他也认为中国教会的领导力量还有待加强，仍需要合格的西方传教士予以指导和协助。[23]

　　从 1943 年至抗战胜利前夕，美国教会机构及传教士通过全国协进会这个渠道，和战时大后方的中国教会乃至国民政府依旧保持着密切的联系，这有助于中国教会的振作，在客观上也有利于中国人民的抗战事业。但这些机构和相关人士对战后中国教会事工所作的种种设想和打算，无不体现出其对美

---

19 联合国善后救济总署（UNRRA，简称"联总"）成立于 1943 年 11 月 9 日，它的使命主要是："配合联合国军的解放行动，向被盟军解放地区的难民提供紧急救济品和多种服务，帮助难民摆脱生存困境，并协助各国恢复交通、生产和贸易。"美国是联总计划最主要的发起国（另外两个主要发起国是英国和加拿大），总署常设华盛顿，前后三任署长皆由美国人担任，联总善后救济基金的 73% 来自美国的捐助。国民政府为配合联总对中国所实施的救济行动，于 1945 年 1 月新成立一个名为行政院善后救济总署（简称"行总"）的机构，蒋廷黻担任署长。具体参见王德春：《联合国善后救济总署与中国（1945-1947）》，北京：人民出版社，2004 年。

20 CEA 240, January 27, 1944, pp.1-2.

21 德惠廉在 1921 年至 1934 年曾受美国北浸礼会海外宣道部差遣来华传教，活动地点在南京、宁波、杭州，会说宁波官话。参见林永俣编：《基督教协进会简介及其活动概要》（1936-1957），上档藏，U123-0-139，第 25 页。

22 CEA 282, April 16, 1945, pp.1-2.

23 CEA 292, June 21, 1945, pp.1-2.

国传教利益甚至政治利益的现实关切。上述设想和打算的核心有两点：第一是鼓励中国教会战后能走向独立自主，但美国差会及传教士仍有权力给予协助与指导。第二是将中国教会的战后规划和美国对华战略以及国民政府的战后重建工作紧密联系在一起。这样做强化了中国教会的"美国化"和"政治化"特征。

二、美国传教士返华

1944 年 6 月 1 日，全国协进会英国干事李劳士在致亚东委员会的信中专门谈到传教士早日返回中国的必要性。首先，日本势力退出中国后，大量难民需要食物、衣服、临时庇护所和医疗救护。"联合国善后救济总署"虽可面对上述紧急情况，但它需要经验丰富的工作人员。其次，基督教自身的复员工作也急需大量人手。但目前在华的中西教会人士皆身心俱疲，亟须休整。因此，李劳士认为应该尽快让那些在本国休假和先前被遣返的传教士回到中国，同时新招募的传教士也要尽早派往中国。但是，传教士赴华必然涉及护照和许可证（permit）问题。当时离二战结束为时尚早，中国仍属战区，传教士要想顺利拿到护照和许可证几乎是不可能的。李劳士在同一封信中坦承了实现这一目标的难度：就在一两周之前，全国协进会从纽约接到电报，称华盛顿方面拒绝美传教士此时返回中国的请求。美国政府很有可能认为现在中国还是战区，自己国家的公民在这里越少越好。至于英国政府的态度，李劳士预计类似于美国政府。因此，李劳士敦促英美教会要对政府加大施压力度。[24]是年 9 月致亚东委员会的信中，李劳士再次表达了大批传教士能早日前来中国的期望。虽然当时还很难核实在华传教士的确切人数，不过据李劳士个人估计：在占领区已没有英美传教士工作，在自由区大概二分之一甚至三分之二的传教士已经离开。至于留下来的传教士，很大一部分都在从事救济或是受差传工作拖累，而投身在教会生活、农村工作、中学宗教教育、学生布道、文字、医药等方面的传教士却是少之又少。对此，李劳士显得忧心忡忡，认为眼下很有必要补充进来新的传教士，极力主张英美教会对自己的政府加大施压力度，争取在秋季能让最得力的传教士返回中国，并同时带来一些新招募的年轻传教士。[25]

---

24 CEA 253, July 5, 1944, pp.1-3.需要指出的是，此时美国政府没有不准许任何传教士来华，对于极少数资深传教士可以网开一面。如青年会领袖费吴生（George Fitch）早在 1943 年 12 月就离开美国，并于 1944 年 5 月底抵达中国。

25 CEA 262, October 23, 1944, p.2.

但中国抗战形势的突变，不仅使传教士返回中国暂时无望，还使在华的传教士也萌生退意。1944 年 4 月，日军发动豫湘桂战役。12 月 2 日，日军攻占贵州独山，贵阳危急，震惊重庆。虽然日军并没有选择西进，但委实让陪都重庆的政府官员和英美大使倒吸口凉气。在此情形下，西方在华差会甚至做好了必要时撤退的准备。差会将传教士及其家属分成三类，A 类代表妇女和儿童，B 类是从事各项工作的传教士主力军，C 类则是负责行政或救济的少数关键人物。上述三类人员的撤退安排有先后次序，A 类先行撤退，尽可能留下 B 类和 C 类人员坚守岗位。在华西地区，实际上大部分属于 B 类和 C 类的人员都留下了，但在战役中遭受日军侵占或过于靠近日军的地区，则不得不面临一次较大规模的撤退。[26]到 1945 年 2 月，形势终于明显好转，美英政府开始允许两国的传教士来华。[27]

根据 1945 年 2 月的最新统计资料，中国自由区的美国、英国、加拿大传教士的数目大致如下（#表示孩童数目）：[28]

所在省份	美 国	英 国	加拿大
安徽、河南、湖北	7	1	1
浙江、福建、江西、广东	23	7	1
成都地区、西康	67#4	42#2	38#9
重庆地区	60#4	72	18#2
湖南、贵州、广西	12	4	
甘肃、陕西、山西、绥远、青海	30#1	48	1
云南	28#3	42	
其它不确定地区	7	5	
总计	234#12	221#2	59#11

虽然美英政府在传教士来华问题上态度有所松动，但在中国战事尚未结束之前，两国政府的举措仍是小心谨慎的。6 月中旬，在重庆的英国驻华大使声称今后 6 个月内尚需限制英国公民赴华。在重庆的美国传教士前去面见他们的驻华大使赫尔利征求态度。赫尔利对传教工作表示理解。他承诺自己会做

---

26 CEA 281, March 27, 1945, p.1.
27 CEA 282, April 16, 1945, p.1.
28 CEA 281, March 27, 1945, p.2.在这份统计中，欧陆国家在中国自由区的新教传教士人数约为 438#78，因此在中国自由区的新教传教士总人数约为 952#103。

力所能及的事情，但同时声称批准美国公民赴华的权限在美国军方的手中。但是美国的医生、护士和救济工作人员已可以前往中国，至于其他人只能在极少数情况下来中国。[29]因为美国政府的限制，此时传教士能来中国仍属于个别现象。如卫理公会的力宣德会督和金陵大学的贝德士教授（Pro.M.Searle Bates）当时刚返回中国。

抗战结束后，太平洋另一端的传教士才得以自由返回中国。1946年至1947年，大批美国传教士陆续前来，在人数上达到顶峰。比如1946年10月15日，美国海猫号轮船（Marine Lynx）驶抵吴淞口，停泊在上海码头，送来四百余位返华工作的传教士（里面可能有加拿大传教士），当时"船上的人急不及待的将苹果、衣帽掷给来欢迎的亲友们，码头上也挤满了中外人士，呼应之声充满了整个空间"。[30]到1947年底，美国主要差会的在华传教士人数达1037人，与1945年2月的人数相比已有很大跃升。此后因受内战的影响，到1949年11月其人数又下降至608人。前后两个时期的具体比较如下：[31]

差会名称	1947年底左右	1949年11月
北浸礼会	31	19
公理会	92	54
基督会	31	18
福音归正会	24	13
卫理公会	237	162
北长老会	241	147
南长老会	62	20
圣公会	142	69
安息日会	136	89
信义会	24	5
青年会	17	12
合计	1037	608

上表可见，美国各个差会之间的在华传教士人数存在很大差异，隶属卫理

---

29 CEA 296, August 20, 1945, p.2.

30 《宗教的世纪》，《天风》，第四十三期，民国三十五年十月十九日，第13页。

31 China-75, December 29, 1949, p.1, New York: Foreign Mission Conference of N.A, Far Eastern Joint Office, China Committee, 1947-1951, Film S37.（以下引用该档案时使用略称）

公会、北长老会、圣公会、安息日会的传教士人数较多。同时，在华传教士总人数起伏较大，从 1947 年至 1949 年呈现出逐步回落的态势。传教士人数的此消彼长反映出美国新教在华传教事业的兴衰。

三、教产地接收

战后，如何接收沦陷区的大批遭侵占教产随即成为首要问题。如果不及时收回教产，今后的各项工作就无法展开。美国差会当初在中国选址建造的教堂、房屋、学校、医院，一般都在上好地段，且建筑本身实用考究，所以一旦原主人无法看顾这些产业时，它们很容易成为新来者觊觎的目标。当时，占用教产最多的是国民党军队，其次是政府官员和一般居民。因为大部分教产的产权仍在美国各差会手中，所以教产接收也牵涉到中美外交关系。

为顺利接收教产，美英两国教会联合中国教会，成立一特派委员会，挂在中华全国基督教协进会名下。特派委员由中国教会代表鲍哲庆、英国教会代表魏沃壤、美国教会代表毕范宇、法律顾问会干事密尔士（Hal P.Mills）组成。[32]鲍哲庆是全国基督教协进会领袖，也是美北浸礼会信徒。魏沃壤是英国伦敦会总干事。毕范宇是美南长老会传教士，当时在美军中担任联络工作，同时又是军委会外事局的官员，密尔士则是美北长老会传教士，一面暂任全国协进会干事，一面为差会工作。[33]为使中国政府早日归还教产，特派委员会向国民党高层发出联合请求，希望中国军政首长命令对教产予以保护，并致函蒋介石、宋美龄、陈诚、何应钦等人。交涉之后，行政院于 1945 年 12 月 25 日电令各战区司令官与各省主席，"一体保护教堂，其尚驻扎在教会房屋之军队，须于一个月内迁出"，以示尊重宗教自由及教会财权。这一命令要点，还在 12 月 26 日《大公报》上发表。1946 年 1 月 12 日，军政部陈诚致函毕范宇，表示地方军队将保护教产。1 月 18 日，国民政府文官处政务局又致函毕范宇，重申保护教产之旨，并表示"如各地仍有占住者请即查明其部队番号或名称见告，以便呈报处理"。[34]从以上两封函件中，可见国民政府对教产处置的态度。特派委员会在教产接收过程中所走的上层路线起到一定效果。

---

32 《中华全国基督教协进会特派委员会报告接收及保护差会产业经过情形》，《协进》，第五卷第一期，民国三十五年四月十六日，第 7 页。

33 《公报》，特字第十七期，民国三十五年一月，第 4 页。

34 《中华全国基督教协进会特派委员会报告接收及保护差会产业经过情形》，《协进》，第五卷第一期，民国三十五年四月十六日，第 6-7 页。

虽然国民政府高层连续下令要求各地尊重宗教自由及教会产权，但这并不意味着差会及传教士在接收教产中可以一帆风顺。美国公理会传教士海因格（Alfred Dixon Heininger）在华北的接收工作说明实际接收教产的复杂与困难。

1945年12月5日，海因格和石子毅（Robins Strong）一起从上海搭乘美国军用飞机回到北平，两人都没有携带家眷。他们发现在华北公理会差会的居住区（North China Mission compound）里只有两位公理会传教士，即胡本德（H.W.Hubbard）和陶美瑞（Margaret Dow），另外一位贝国莲（Hazel E.Bailey）也在北平，所以整个北平当时就只剩这五位公理会传教士。12月的北平天气严寒，他们必须设法得到供暖的煤，才能顺利开展接收教产工作。太平洋战争爆发后，许多原在北平的公理会传教士将他们的私人物品藏在了美国领事馆（the American Legation），另外差会的可移动财产也被散匿至北平各地，所以他们的任务就是负责找回这些属于个人或差会的财产。1946年2月，前期准备工作就绪，传教士方才召集一次华北地区的"复员工作会议"。会议决定由海因格、明播德（Louise Meebold）以及三位中国基督教领袖组成一个访问团，前去华北公理会各个传教站做好接收工作。[35]

访问团从北平出发，沿平汉铁路南下，首先到达保定府，这里四处都是破败景象，许多房屋彻底毁坏。访问团最后找了一幢一半已倾塌的房子安顿下来，这里曾被用作日军总部。访问团在那里住了数日，将信徒重新聚拢起来，安抚战争所带给他们的创痛。之后他们由石家庄转往山西太谷县，发现那里有一位中国医生很能干，他不仅在战时仍维持着教会的医药工作，而且通过多方藏匿，成功保护了差会的许多财产。在和当地长官进行一番交涉后，大家将桌、椅、橱等家具运回教会。访问团在太谷县住了约两星期，各方面事工得以重新展开。离开太谷后，他们前往汾州访问。令他们感到惊诧的是，差会的房屋竟然还被日本人占据着。那里住着约五百名日本武装士兵，一些人骑着马到处转悠，好像在宣示他们从未被打败。教会医院的房顶上还破了个大洞，那是1938年日军进攻汾州时用炮弹打穿的，日本人也懒得去修。访问团去找当地的中国军政长官，让他们命令日本人尽快搬出去，不然教会的工作根本无法开始。一开始，他们前去交涉的那位长官认为这批日本人还不能立即被遣送回国，若是

---

35 Transcript of an interview with Alfred Dixion Heininger, Cyrus H.Peake & Arthur L.Rosenbaum (ed.) *China Missionaries oral history collection* [microform], originally published as the Oral History program of Claremont Graduate School，香港中文大学崇基图书馆藏，FMS 699， p.26.

让他们搬出去，就必须另外找房子安置他们。直到有一天，访问团成员又和那位长官经过长时间的谈判，对方才同意照办。再过了一段时间，日本人才迁往城里的另一处地方。在 4 月的一天，访问团代表、中国军队代表、日军代表以及当地的基督教领袖联合组织了财产移交接收仪式。访问团核查了为数众多的差会财产，包括原先是妇女圣经学校、幼儿园、小学、中学的场地，还有传教士住宅、教堂以及医院。日本人在迁出前，将许多铺设在屋顶的木料拆走，只留下四面砖墙。尽管这令人沮丧，但新的建设总算可以开始。不久，他们返回北平。[36]

海因格的接收经历说明以下几点：在教产接收过程中，因为牵涉到各方利益，许多事情仅靠中国基督徒是无法做到的，美国传教士因其特殊地位可以居中协调，起到较好的效果；中日战事虽已结束，但战争留给教会的损害仍比比皆是，不仅是物质匮乏，还有精神创伤、组织涣散等问题；在国共双方对峙的华北地区，表面上平静，实则暗流涌动，海因格在山西汾州见到的一幕，背后就有阎锡山借日本人之力打击中共在晋势力的考虑。教产整理和教会重建，都需要时间，但随着今后局势的急遽变化，在一些地区开展正常的传教工作将愈来愈艰难。

四、社会事工的较快恢复

历史上，美国各差会曾在中国创办大规模的教会学校、医院、慈善机构等社会事工，其目的不外乎是促进基督教信仰的传播，但客观上也有利于中国的近代化转型。关于战后社会事工的恢复，限于篇幅，仅以对中国社会影响最著的教会大学和教会医院为例。

（1）教会大学

在美国新教在华传教事业的版图中，13 所教会大学是沟通基督教与中国社会的桥梁。这 13 所教会大学经过长期的发展，已经取得很大的成就，且各有所长。燕京的新闻系，齐鲁和圣约翰的医学，金陵和岭南的农科，东吴的法科，沪江的商科，华西协和的牙科，金女大和华南的女子高等教育，以及之江、华中和福建协和的文理科，都颇负盛名。[37]美国差会支持创办教会大学的基本

---

36 Transcript of an interview with Alfred Dixon Heininger, *China Missionaries oral history collection* [microform], pp.28-30.

37 檀仁梅：《基督教的大学教育》，《天风》，第四十八期，民国三十五年十一月二十三日，第 1 页。

情况如下：[38]

差会名称	支持大学
北浸礼会	金女大、金陵大学、沪江大学、华西协和大学
南浸信会	沪江大学
遵道会	华中大学
公理会	福建协和大学、沪江大学、燕京大学
基督会	金女大、金陵大学
圣公会	华中大学、圣约翰大学
信义会	华中大学、齐鲁大学
美以美会	福建协和大学、金女大、华南女子、金陵大学、沪江大学、华西协和大学
监理会	金女大、东吴大学
北长老会	金女大、之江大学、岭南大学、金陵大学、齐鲁大学、燕京大学
南长老会	之江大学、齐鲁大学
归正会	福建协和大学
复初会	金女大、华中大学

  美国差会支持的 13 所大学中，有 11 所因战事所迫迁至西南地区，一边避难，一边维持基本的教学科研工作。战争甫一结束，这些学校纷纷筹划复校。因为当时交通不畅，故过程颇费周折。华中大学的师生返回武昌的方式是采用包车的形式，分两批进行。先乘卡车由云南喜洲至下关，后由下关至昆明，再从昆明坐火车到曲靖，又在曲靖乘卡车途径贵阳至长沙。第一批人员于 1946 年 5 月 15 日、16 日陆续抵达长沙，距他们离开喜洲已一月有余。在长沙雅礼校园休整一天后，改走水道最终返回武昌。[39]福建协和大学从邵武回迁福州则主要通过水运，在闽江激流中运载人和物。学校先买下大量的原木，然后请来驾驭木筏的能手，由他们将载有人和物的原木筏沿江驶下。运输到目的地后，驾筏人得到这些原木作为回报，他们可以自由出售。但过程十分危险，"木筏颠簸中有人损失财物，有人落水送命。"自 1945 年 11 月学校停课搬迁，12 月

38　〔美〕芳卫廉著，刘家峰译：《基督教高等教育在变革中的中国（1880-1950）》，珠海：珠海出版社，2005 年，第 252-256 页。

39　〔美〕柯约翰著，马敏、叶桦译：《华中大学》，珠海：珠海出版社，1999 年，第 149-150 页。

下旬，回迁工作完成。1946 年 5 月 1 日，重新开学。[40]齐鲁大学则在教学方面与华西协和大学合作。二年级以上各班在华西协和大学就学，教员亦留蓉任教。各院系一年级新生则在济南开班，所有行政机构及在济南的任课教员和医务人员，自 1946 年 9 月份起一并迁返济南原校。[41]

战争对原来的校园造成深重的创伤。相较于建筑物的损害，更严重的是学校日常生活用具和教学设备的极端匮乏。许多有用之物，不仅仅是被日本人窃取或卖掉，亦不乏当地的中国人如此行事。据中国基督教大学联合董事会（"联董"）[42]报告称：中国 13 所基督教大学，如全部将其修复，并加以拓展，则至少需款 1500 万美元。上述大学有 11 所在战时系在日方控制之下，各大学之建筑物，有若干幢全部毁坏，其余大多数均遭抢劫。[43]

教会大学的恢复与建设离不开美国的支持。首先，作为协调统筹机构的"联董"发挥了重要作用。1947 年，"联董"募集约 150 万美元，以供 13 所基督教大学的经费之用，在此款项中，约有一半是在中国募集，此外在 1947 年 6 月至 1948 年 5 月这一年里，"联董"将价值 35 万美元之设备，包括书籍七千册，运往中国 13 所基督教大学。[44]如之江大学在 1946 至 1947 年度获得"联董"126910 美元的资助，这笔经费不仅足够修缮建筑、添置家具，而且还为工程系购买了价值 82000 美元的科学设备。[45]学校复员的另外一个支持来源是创办某所教会大学的差会总部。如华中大学，经济上除了"联董"的援助，还得到几家美国差会总部的大力支持。校长韦卓民在 1946 至 1947 年访美

40　〔美〕罗德里克·斯科特著，陈建明、姜源译：《福建协和大学》，珠海：珠海出版社，1999 年，第 114-116 页。

41　《天风》，第三十八期，民国三十五年九月十四日，第 13 页。

42　中国基督教大学联合董事会（"联董"）正式成立于 1945 年 6 月，是推动基督教高等教育合作运动的联合机构，其前身是 1932 年于美国纽约成立的中国基督教大学校董联合会。1951 年，因为政治原因，"联董"中断了对中国大陆的服务。1955 年改组为"亚洲基督教高等教育联合董事会"（the United Board for Christian Higher Education in Asia，简称"亚联董"），工作重心转移到中国大陆以外的东亚和东南亚。中美重新建交后的 1980 年，"亚联董"恢复对华服务活动，直至今日。具体参见肖会平：《合作与共进：基督教高等教育合作组织对华活动研究（1922-1951）》，济南：山东教育出版社，2009 年，第 92-142 页。

43　《宗教的世纪》，《天风》，第五十八期，民国三十六年二月八日，第 15 页。

44　《宗教的世纪》，《天风》，第五卷第二十期，民国三十七年五月二十二日，第 15 页。

45　〔美〕队克勋著，刘家峰译：《之江大学》，珠海：珠海出版社，1999 年，第 106 页。

期间，拜会雅礼会总部，结果该会决定以人员支持的方式代替年度拨款来参与华中大学的事业。美国复初会除了人员的支持，还将年度拨款增至 6600 美元。美国圣公会战后不仅委派诸多新人员来充任教师，更在战后重建过程中拨款 10.5 万美元，1948 年又增拨 20 万美元作为基建费。[46]

在复校过程中，中国师生面对困难时表现出的智慧、坚忍与勇气，令人印象深刻。若没有师生的齐心协力，很难想象教会大学可以在短时期内重新振兴。1946 年 9 月，金陵女子大学在南京原校址复课。初开学时，因为条件简陋，学生住宿都成问题，"在有地板的宿舍里，学生睡在地板上，在没有地板的宿舍里，就睡在帆布床上"，"有家在南京的住在家里"，"不过大家都精神振奋"。[47]沪江大学，因为战争期间日军两次占领，战后国民党军队又驻扎到 1946 年 1 月才撤走，所以校园损毁十分严重。校长凌宪扬雷厉风行，设法从其他渠道先行筹借款项，动员 200 名工人修复建筑和场地，并以廉价从美军那里为宿舍购置 1000 张床。[48]是年 4 月 22 日，学校就得以正式开课。[49]战后通货膨胀日趋严重，凌宪扬此举为学校节省了大量开支。

复校工作颇有起色，但面临诸多挑战。首先是革命的影响。在教会大学里，中国共产党的地下党组织通过借助青年团契等多种手段，向学生宣传当前的社会政治形势，激发起广大学生的爱国主义情感，越来越多的学生加入革命斗争的队伍。1946 年 9 月 1 日重返燕园报到的学生张大中，就是一位中共地下党员。他自 1946 年 10 月起担任（北平）地下党学委委员兼任燕京大学党支部书记。[50]学生参加或组织各种政治性社会活动，使学校正常的教学秩序大受影响。其次是经济匮乏。1947 年 11 月，美国传教士范天祥一家重返燕园，发现昔日中国同事生活窘迫。燕大音乐系主任许勇三夫妇因两人无法同时全职受

46 〔美〕柯约翰著，马敏、叶桦译：《华中大学》，珠海：珠海出版社，1999 年，第 160-162 页。

47 吴贻芳：《回顾金陵女子大学》，江苏省政协文史资料会编：《江苏文史资料集粹·教育卷》，南京：江苏省文史数据编辑部，1996 年，第 59 页。

48 〔美〕海波士著，王立诚译：《沪江大学》，珠海：珠海出版社，2005 年，第 184-185 页。美北浸礼会和南浸信会各拨款 5 万美元作为复校基建费，但这 10 万美元是在工程完成之后才拨到沪江大学的，此前的大部分费用都由凌宪扬从其它管道借来，向美军购买床的钱也是其本人垫付。参见章华明：《沪江大学末任校长凌宪扬》，《档案春秋》，2011 年第 5 期。

49 〔美〕海波士著，王立诚译：《沪江大学》，珠海：珠海出版社，2005 年，第 187 页。

50 张大中：《我经历的北平地下党》，北京：中共党史出版社，2009 年，第 189 页。

薪，生计困难到必须变卖衣物。[51]此后，范天祥以日记形式准确记录了通货膨胀给燕大教职员带来的不利影响。他在 1948 年 7 月的日记中写到，汇率持续每天上升 10%，每当燕大教职员获发薪金后，便立即去抢购面粉、大米或其它主食，需要现金时再将之变卖。粮食被视为当时最保值的东西，以物易物的古老方式代替了现金交易。[52]上述缘由，决定了教会大学无法真正回归宁静。它们的未来是不确定的。

（2）教会医院

教会医院在战后规划蓝图中占据特殊的地位，一大原因是它与国民政府战后卫生事业的发展联系密切。国民政府将本该由政府承担的卫生事业方面的诸多责任，让渡给教会医院，并给予相当之便利。国民政府为配合"联总"对中国所实施的救济行动，于 1945 年 1 月成立行政院善后救济总署（简称"行总"），"行总"的一项重要使命即促进战后全国性的卫生事业，而此项使命又由中央卫生署具体布置。卫生署希望教会医院能从中发挥重要作用，要求差会予以合作，并派医药人才来华，相关的吁请经国民政府同意还曾发至中国驻美国等西方国家的大使。[53]德惠廉来重庆时，卫生署署长金宝善也向其明确表达了合作的意愿。当然，合作有交换条件，重要一项就是："器材与供应上，于获得联合国善后救济总署之允准后，中国政府将拨给复员之教会医院以必需之医药器材、仪器与供应品。此项消耗之医药品之供给至少足够六个月之用。"[54]依此条件，美国差会所属的教会医院通过"行总"之手，从"联总"处获得相当数量的医疗物资，加快了复员速度。而"联总"对教会医院的大力"输血"，说明战后美国的强大硬实力与传教事业软实力之间的巧妙而又紧密的结合。

---

51 〔美〕范燕生著，李骏康译：《颖调致中华：范天祥传》，香港：基督教文艺出版社，2010 年，第 207 页。

52 〔美〕范燕生著，李骏康译：《颖调致中华：范天祥传》，香港：基督教文艺出版社，2010 年，第 229 页。范以上所言非虚。1948 年 7 月，全国协进会的西干事海维德在写给北美国外宣教事业协会中国委员会的信中也曾描述通货膨胀的厉害：在过去的两个星期，生活费用已翻了一倍。在上海一家餐厅吃一顿平常的西餐就需要一百万国币(指的是法币)，坐一趟最便宜的公共汽车也要六万国币。虽然官方汇率还停留在 3670000 元国币兑换 1 块美金，实际上 1 块美金在黑市的价格是六百万国币。

53 CEA 295, August 15, 1945, p.2.

54 《协进》，第四卷第十、十一期合刊，民国三十五年二月十六日，第 14 页。

　　战后美国教会医院复员的实际情形相当复杂，以厦门鼓浪屿救世医院为例。1946 年，当该院院长、美国归正会传教士夏礼文（Clarence H.Holleman）重返旧地时，他所见到的救世医院满地狼藉——日本人捣坏了医院，本地人也大肆偷窃——医院所有的木料被拆走，一英里长的两英寸口径的镀锌管也不翼而飞。夏礼文开始想办法。他赶去菲律宾，向当地华人募得 75,000 美金；在爪哇岛获捐 40 万片的奎宁；在美国得到一笔 15 万美金的资助；另外他又获得"联总"等国际机构的援助。医院得以重建，而且在规模和设施上比战前更进一步，总投入高达 30 万美金。[55]夏礼文左右逢源，表现出很强的募捐能力，最为突出的一点是他能充分利用闽省在南洋侨胞的认捐热情。

　　经过短暂的恢复之后，美国新教支持的在华教会医院的规模究竟如何？这似乎难有确切答案。一是中国社会的变动太快，二是在中国办教会医院的美国差会为数众多。根据中华医学会教会医事委员会执行干事伊博恩（Bernard E.Read，英国伦敦会医药传教士）于 1946 年 12 月的报告，战前在华新教的教会医院总数约有 270 家，1936 年在华的外国医生人数为 297 人。因为战事影响，许多医院陆续关闭，当时维持运转的教会医院约为 203 家。[56]其中，截至 1946 年 11 月，美国教会医院及美国医生的统计如下：[57]

差会名称	战前医院	目前在华医生	预计来华医生	医生总数
公理会	10	1		1
圣公会	6	4	4	8
北浸礼会	11	6	2	8
南浸信会	7	2		2
行道会	1	1		1
贵格会	3			
岭南大学（贵格会）		1		1
豫鄂信义会	12	1	1	2
卫理公会	26	14	3	17
北长老会	30	13	4	17

---

55 Transcript of an interview with Holleman, *China Missionaries oral history collection* [microform], p.74.

56 *Bulletin of the Council on Christian Medical Work*, Volume 10, No.37, November 1947, pp.15-16.

57 *Bulletin of the Council on Christian Medical Work*, Volume 10, No.37, November 1947, p15.

南长老会	8	1	1	2
归正会	7	2	3	5
约老会	3	1		1
复临安息日会	10			
安息日浸礼会		1	1	2
同寅会	1	1		1
基督会	1	1		1
总计	136	50	19	69

同一时期，英国、加拿大、新西兰的教会医院及医生的统计如下[58]：

国　　家	差会名称	战前医院	目前在华医生	预计来华医生	医生总数
英国	浸礼会	6	6		6
	苏格兰教会	10	4		4
	内地会	7	13		13
	圣公会	19	2	3	5
	英格兰长老会	9	2		2
	公谊会	3			
	伦敦会	12	4	4	8
	循道会	16	7	1	8
	爱尔兰长老会	9			
	救世军		1		1
加拿大	圣公会	1		2	2
	合一教会		2		
	河南、四川	17	6	1	9
新西兰	长老会	2	1		1
	总计	111	48	11	59

　　战前新教在华教会医院总数也就大概 270 家，而从上面两张表格可见，美国、英国、加拿大和新西兰四国在战前一共办有医院 247 家，是西方新教在华开办医院的主要国家。其中，美国有 136 家，占总数的 50%。战争不仅使医院数目下降，尤为突出的是医生人数急遽减少。美国亦是如此，比如公理会、豫

---

58 *Bulletin of the Council on Christian Medical Work*, Volume 10, No.37, November 1947, p.15.

鄂信义会和南长老会，战前医院数目可谓不少，但战后在华医生人数却分别只有一位。四国医生人数之和仍然只约等于战前的三分之一。相比之下，战后美国各差会已经或即将派往中国的医生人数都超出另外三国之和，特别是卫理公会、北长老会、北浸礼会等差会，所派出的医生人数是较多的。这说明，美国新教在华的医药事业在战后仍居于主导地位。

五、中国教会内部美国势力的增强

近代中国教会基本上是西方差会及传教士一手培植的产物。民国以降，随着中国民族主义的高涨和本土基督徒的成长，教会合一运动兴起。代表不同国家的单一宗派或多个宗派的教会联合起来，组成多个大型教会。这些教会的名字往往冠以"中华"，掌握实权的差会及传教士退至幕后，中国基督徒领袖被推上前台。

在战后复员过程中，美国教会通过经济支持、政治保护等手段大大加强了对中国教会的控制。下面以中华信义会、中华圣公会、中华基督教会全国总会以及教会的协作机关全国协进会为例，作一比较分析。

中华信义会成立于1920年，是信义宗美国差会和德国、挪威、芬兰、瑞典等国差会合作的结果。[59]抗战结束后，中华信义会粤赣总会[60]因为政治上的缘故（德国和中国是交战国）而遭国民政府攻讦。当时粤赣总会面临两大问题：一是他们当中有一位牧师已被监禁，其余的则被软禁在家，行动不得自由；二是粤省军界觊觎德国差会的产业，欲当作敌产没收。[61]无奈之下，德国传教士

59　1920年，在华信义宗差会在河南鸡公山举行第一次大会，会议议决联合组成中华信义会。一开始德国差会并没有参加。初始会员有豫鄂信义会、北美信义会、挪威信义会、芬兰信义会和瑞华信义会。豫鄂信义会辖境称中华信义会豫鄂总会，挪威信义会辖境称中华信义会湘中总会，芬兰信义会辖境称中华信义会湘西北总会，北美信义会辖境称中华信义会豫北总会，瑞华信义会辖境称中华信义会湘北总会。1928年，中华信义会第三次大会在汉口召开。粤赣、鲁东、关东三总会签字加入，相合为一。是时，中华信义会一共有10个总会，335个区会，50个公会，260个讲道所，信徒人数达三万一千六百余人。其中，豫鄂总会、豫北总会、鲁东总会都由美国差会经营。

60　该会系由德国差会办理，原名巴陵会，1924年更名为中华基督教粤赣信义会，1928年加入中华信义会，1935年改名中华信义会粤赣总会，重视在客家人中传教。该会在一战前曾有三万教友，但因为两次大战德国都战败了，战后教友人数已减至一万。

61　李敦礼：《广州来去》，《信义报》（重庆），第一卷第九期，民国三十五年一月，第13页。

向重庆的美国传教士李敦礼（Daniel Nelson）[62]写信求救。在接到广东方面的数度来信之后，李敦礼于 1945 年 11 月下旬乘坐美国大使馆运输机由渝飞粤。抵达广州后，李敦礼到下芳村德国传教士的所在地。[63]这些传教士积蓄已经用完，对工作的前途深感忧虑，对李敦礼的到来，自是喜出望外。接着，李敦礼会见了广东省主席罗卓英，用华语告诉他，希望这些传教士能得到政府的优待，他们的产业能物归原主。罗表示会设法切实"调查"此事。然后，李敦礼与第二战区司令张发奎将军晤面，请求他释放传教士。经过多方周旋，张发奎应许竭力相助。此外，李敦礼将随身携带的五百万元作为救济款分送给粤赣、粤南、崇真会等五个华南信义宗的差会。最后，为了保全粤赣总会及其产业，李敦礼提出要派两位美国信义会传教士到广州和德国传教士一起工作。[64]1947 年 6 月 5 日至 6 日，世界信义宗大会驻华办事处又在广州下芳村粤赣总会办事处召开华南区各总会中西领袖联席会议。李敦礼担任会议临时主席。会议通过的重要议案之一，就是由世界信义宗大会拨付资金，帮助各总会[65]重振已停顿或遭遇经济困难的学校、慈善事业。[66]可见，二战的爆发让欧陆国家信义宗在华差会陷入困境，美国信义会开始承担起保护甚至接管这些差会传教事业的责任，再次扩大了它在中国的传教势力。[67]

---

62 李敦礼是第二代传教士。其父亲李立生是美国信义会来华传道的第一人，1890 年在河南信阳创建美路会，以后与鸿恩会联合，成为豫鄂信义会。李敦礼于 1902 年生于信阳，16 岁返美深造，毕业于大学及神学院。1928 年之后来华充任豫鄂信义会传教士，先后任汉口信义公所经理，以后在河南正阳等处传道。1941 年第二次回国休假，攻读博士学位。1944 年 2 月，世界信义宗大会美国分会委派李敦礼来中国从事战时的救济工作，李在重庆成立办事处（李的正式身份为世界信义宗大会驻华总干事）。当时德国、挪威、丹麦、芬兰等国在中国的信义宗差会与其母会失去联系，经费来源断绝。这样的差会大小共计 9 个，都由世界信义宗大会美国分会筹募巨款经常救济，使得各会的工作得以维持。李敦礼就是这一巨大救济工作的主持者。参见陈建勋：《纪念李敦礼博士》，《信义报》，第二卷第十九期，民国三十七年十一月十五日。

63 李敦礼：《广州来去》，《信义报》（重庆），第一卷第九期，民国三十五年一月，第 9-11 页。

64 李敦礼：《广州来去》，《信义报》（重庆），第一卷第九期，民国三十五年一月，第 13 页。

65 这些总会主要涉及粤赣总会、粤南总会、崇真总会、礼贤总会，都由德国差会创办，传教区域位于华南。

66 《华南区各总会中西领袖联席会议纪要（续）》，《信义报》，第一卷第十三十四期合刊，民国三十六年九月一日，第 30 页。

67 美国信义会早前就曾接手德国信义会在华传教事业，如鲁东信义会原系德国差会

中华圣公会[68]的战后复员也得到美国方面的大力支持。中华圣公会的皖赣教区、鄂湘教区与江苏教区的母会都是美国圣公会。战争造成中国教会的积贫积弱，战后通货膨胀的加剧，让中国教会的职员生活日渐难以为继。1946年底，美国圣公会派四位专员来华作实地考察。[69]至于此次考察的最终结果，根据罗培德主教在1947年4月中华圣公会江苏教区第三十四届议会上所作的报告，美国来华代表团给予经济援助的可能数字及优先使用顺序如下：1. 华人职员复员补助费（每年三教区共75000元），1947至1948年共计15万元；2. 全国总会文字事业滚存款，5千元；3. 皖赣教区，280848元；4. 鄂湘教区，701000元；5. 江苏教区，753000元。共计1889848元（应该以美金计）。此外，美国妇女传道服务团特别资助经费美金5千元，指定为江苏教区文字工作之用。[70]1948年4月20至21日，中华圣公会江苏教区第三十五届议会在南京圣保罗堂举行。罗培德主教在其报告中谈到：江苏教区的经常费还是依靠美国差会的帮助，每年约35000元美金；教区的7位美国圣品以及3位美国女布道员的薪金也由差会支付。此外，修理教会产业、恢复工作及支付税金的费用，也出自差会。[71]相形之下，中华圣公会另外一个教区——福建教区就没那么幸运。英国圣公会是福建教区的母会，但其却无力重振教区的各项事工。为了建造新教堂以及解决退休人员的生活费用，福建教区主教张光旭不得不于1949年1月亲赴美国纽约，争取美国圣公会的经济援助。在接受记者访问时，张光旭直言不讳的说："我来美国就是希望得到帮助，因为英国圣公会在经济

所开辟，首次在该区工作的宣教师是德人和士谦牧师，1898年在青岛、即墨、胶州等地兴建教会，创办学校，颇具规模。一战后，德国差会因经济拮据，遂由美国信义协会接管。于是美国差会派郭约翰牧师、安保罗牧师、穆美丽教士等前来工作，各项事业得到很大扩充。

68 1912年4月18日至28日，安立甘宗的各差会在上海召开联合大会，并于26日成立中华圣公会。一共有11个差会（英7、美3、加1）的81名成员（主教10名、教士37人、教友34人）出席此次大会。会议同时还组织成立了主教院（House of Bishops）及其常务委员会、教区代表议院（House of Delegates）及其常务委员会作为中华圣公会的管理机构。主教院的主席是史嘉乐（Charles Perry Scott），教区代表议院的主席是卜舫济（F.L.Hawks Pott）。

69 《圣公会报》，第三十五卷第五期，1946年12月15日，第6页。

70 《江苏教区第三十四届议会主持致词》，《中华圣公会江苏教区第三十四届议会报告书》，上档藏，U104-2-41，第15页。

71 林步基译：《江苏教区议会第三十五届议会罗主教演词》，《中华圣公会江苏教区第三十五届议会报告书》，上档藏，U104-2-41，第16页。

资助方面已力不从心，而我们福建教区的需要又是如此之大。"[72]

另外一个典型案例是成立于 1927 年的中华基督教会全国总会[73]。它虽然名义上管理着当时最大的中国教会——"中华基督教会"，但其所属的大部分宣教区域实际上都是由原先的各个西方国家差会合作组成的。到抗战前后，与中华基督教会合作的西差会，共有 17 个单位，遍及 3 大洲，其中美国方面有美北长老会、同寅会、归正会、复初会、公理会（福建）、美南长老会。[74]在战后的复员工作中，美国差会凭借经济力量，进一步凸显出它在中华基督教会内部的特殊地位。下表为 1947 年中华基督教会各西方差会的在华传教士数目以及差会对教会经济资助的基本情况：[75]

差会名称	传教士数目	给予大（协）会的津贴	1947 年度给予全国总会的津贴额度
美北长老会	207	$250,000	$15,000
同寅会	15	$40,000	$5,000
归正会	34	$9,300	$4,000
复初会	23	$36,000	$3,375
公理会（福建）	29	$6,000	$1,750
美南长老会	52	$100,000	$1,500
加拿大长老会（男）（女宣道会）	4 1		$2，400 $4，900
加拿大合一教会（男）（女宣道会）	90 30	$40，000 $25，000	$1，200 $3，250
伦敦会	91	£13，243	£225

---

72 Elizabeth McCracken, "Interview with Bishop Chang", *The Living Church*, January 30, 1949, pp.6-7.

73 中华基督教会全国总会组织分为四级制：1. 堂会，即单独的地方教会；2. 区会，即由数堂会所派代表组织而成；3. 大（协）会，由数区会所派代表组织而成；4. 总会，为全国最高会议，由各大会所派代表组织而成。该会"代表 12 个大会，51 个区会，529 个教堂，2091 个布道所，按立牧师 333 人，传道士 2405 人，受餐信徒 120175 人，约占全国信徒的三分之一，占地 21 行省，融化 16 个宗派"。

74 高伯兰著，文南斗译：《合而为一》，《公报》第二十卷第二期，民国三十七年二月，第 7 页。另外 11 个合作的西宣教会为：加拿大合一教会、加拿大合一教会女宣道会、加拿大长老会、加拿大长老会女宣道会、英浸礼会、英长老会、爱尔兰长老会、苏格兰长老会、新西兰长老会、澳洲长老会。

75 *The Church*, Vol.II. No.1, February, 1948,上档藏，U102-0-123-117。

英浸礼会	58	￡8，450	￡125
英长老会	30	￡7，275	￡350
苏格兰长老会	20	￡7，000	￡225
爱尔兰长老会	10	￡6，000	￡400
新西兰长老会	14	￡2，500	￡470
澳洲长老会	6		￡200

可见，战后的中华基督教会及其全国总会仍然依靠接受各合作差会的大量津贴而生存。相较于英国、加拿大、爱尔兰、新西兰、澳洲等国，美国差会无论是在传教士总人数，还是在给予大（协）会和全国总会的津贴总额度上，都要大大超出其他国家的差会。

与此同时，作为中国教会总协调机关的全国协进会的运转经费也离不开美国教会的协助。1947 年 5 月 27 日，吴高梓致信北美国外宣教事业协会中国委员会，专门解释全国协进会所制定的"1947 年 4 月 1 日至 1948 年 3 月 31 日"年度预算。全年预算资金的 55% 计划得自于西方教会，即法币 334,740,000，合计美金约为 28,000，其中计划从美国获得 20,000 美金，其次是加拿大 3,000 美金、英国 800 金镑，以及澳大利亚的不到 200 美金。[76]可见，北美国外宣教事业协会是全国协进会新一年预算资金的主要来源之一。吴高梓在信中有些低声下气，但联系到当时国内日益上升的通货膨胀率，不难理解其苦衷。

二战直接改变了西方对华传教的势力版图。英国和欧陆国家的基督教对中国教会的影响力大不如前。美国教会依靠强大的经济力量和与国民政府的良好政治关系，不但使自身在华传教力量较快恢复，还对整个中国教会取得事实上的主导地位。

---

76 China-12, June 10, 1947, p.2.

第三章 内战时期的措置与抉择

一、美国传教士对国共内战的因应

内战全面爆发迫使美国传教士必须就此作出应对之策。首先，国共内战涉及传教士的生命财产安全问题。据统计，美国主要宗派[1]派至中国的传教士人数，在 1947 年底尚有一千多人。[2]其次，随着战争的扩大和深入，美国在华传教士对内战究竟持何种政治态度，对华传教的战略方针又作何调整，才最为符合自身的传教利益？再者，美国传教士来华的主要使命和目的就是传播基督教信仰，这与共产党的唯物主义理念相违背。因此，内战期间中共如何对待美国在华传教士，既是一个外侨问题，又是一个宗教问题。

1. 从"支持"国民党到等待观望

自 30 年代开始，因为国民党与美国传教士关系较为融洽，而且包括蒋介石夫妇在内的诸多国民政府高层人士都是基督徒，所以面对国共之争，美国传教士的主流态度是支持国民党。国际基督教宣教协会美国干事德惠廉当时就已看到，虽然重庆国民政府领导人民抗日有功，实际上却一直在走下坡路，相反中共的实力和声望与日俱增，同时国共相峙的背后还涉及美英与苏联在远东的利益争端，这都增加了战后中国局势的不确定性。他预感到国共内战不可避免，所以呼吁加强团结。[3]但德惠廉所称的团结实质上是希望中国政令早日

---

1 美国主要宗派有北长老会、南长老会、卫理公会、信义会、公理会、北浸礼会、南浸信会等。
2 China-75, December 29, 1949, p.1.
3 J.W.Decker:《中国团结的重要关头》,《天风》, 民国三十四年十月十二日, 第4-6页。

统一，国民党能真正统一中国。他对国民党的责备也是希望其能迅速进行自我改革，以增强政府合法性。1946 年 8 月，美在华传教士的头面人物司徒雷登也撰文表达他对中国局势的最新看法。他认为，国民党虽然腐败，但它毕竟模仿了美国式的民主，对美国而言是"可亲可近"的。在他看来，蒋介石是当时中国"唯一值得信赖和胜任挑战的领袖"，再加上马歇尔将军代表美国政府对中国的积极协助，中国可以实现"联合政府"的主张。[4]就在是年 7 月，司徒雷登正式出任美国驻华大使。7 月 22 日的美国《时代》杂志认为"这意味着中国统一的另一个新希望"。[5]如果说德惠廉和司徒雷登的相关表述还显得含蓄的话，那么中国基督教大学联合董事会（"联董"）总干事樊都生的讲话则显得锋芒逼人。樊的另一重要身份是纽约协和神学院院长，因此他的讲话在中美基督教界甚至政界都具有相当影响。1946 年夏季，樊都生来中国，曾和许多中美领袖会谈，其中最主要的是马歇尔特使和司徒雷登大使。他明确表示，马歇尔的调处只能起到暂时休战的作用，双方最终必有生死决斗。美国应该支持国民党打赢内战，不然中国将被拉入苏联的势力范围。[6]

德惠廉、司徒雷登和樊都生这三位在中美基督教界乃至政界颇具影响力的传教士，都意识到当时的中共已今非昔比，但又恐惧共产主义革命的到来，担忧中共胜利后中国会倒向苏联。他们也十分清楚国民党内部存在的各种严重问题，却仍将解决当时中国紧张状况的希望寄托在其身上。因此，他们一方面督促国民党抓紧进行政治上的自我改良，另一方面又支持美国政府对国民党的经济军事援助。他们这种带头的言行，已经逾越了宗教和政治之间本应有的界限，加剧了中国局势的紧张，同时给美国在华传教事业造成负面效应。

司徒雷登接任美驻华大使，在某种程度上开启了"传教士外交"的时代。作为基督教民主主义者，他积极协助马歇尔调停国共冲突，同时希望国民党能切实进行政治改良。他利用自己在中国基督教界的广泛联系，试图通过基督教来影响政治。1946 年 7 月 13 日，深受美国教会影响的中华全国基督教协进会委派会长梁小初等三人，去南京访问尚在进行和谈的共产党代表、民主党派人士及国民党政府代表等，表达了基督徒对和平的愿望。访问期间，司徒雷登力劝基督教人士应该发表合乎时代要求的一篇宣言，但三人当时没有同意。司徒

4 John Leighton Stuart, "Chinese Public Opinion", *The Public Opinion Quarterly*, Vol.10, No.3 (Autumn, 1946), pp.445-446.
5 Foreign Relationship: So Happy, *Time*, Monday, Jul. 22, 1946.
6 樊都生:《中国之危机》,《天风》, 第四十二期, 民国三十五年十月十二日, 第 7 页。

雷登随后介绍三人去访问马歇尔，马歇尔和司徒雷登的口吻是一致的，认为中国应该有一个所谓的"改良政府"，民主人士应该参加这个政府。[7]但是，到了8月10日，马歇尔和司徒雷登就发表联合声明，说战争日益扩大，且有席卷全国之势，国共双方所谈判的问题似无获得解决可能。[8]1947年7月4日，国民政府公布"戡乱总动员令"。同月，在司徒雷登的支持下，中国基督徒领袖代表团和宋美龄、蒋介石会面。[9]中国基督徒领袖建议政府不能因为战争而牺牲人民的利益，对付共产主义最好的武器是建立这样一种社会秩序，即给予人民更好的生活、更多的自由、更多的公正。[10]会谈没有取得任何实质性成效。宋美龄和蒋介石在会见代表团时都在为国民党的决策开脱责任，并要求基督徒站在自己这边。代表团成员的"良苦用心"丝毫打不动剿共态度坚决的蒋介石。相反，蒋还责怪他们，为何不像天主教那样表态支持政府。[11]事实说明，司徒雷登和中国基督教领袖尝试的改良主义道路已走入"死胡同"。

从军事上看，1947年是国共内战关键性的一年。为打破国民党军对山东和陕北的进攻，中共中央大胆决策，将主要战场由山东转到中原，将战略重心由内线移至外线。刘邓、陈粟、陈谢三路大军出击外线的行动，标志着全国战局的重大变化。[12]与此对应的是，1947年下半年，在国共双方战事激烈的华北、华中地区，受炮火波及的美国传教士开始增多。同年底，许多美国传教士放弃了在豫省或鄂北的传教站，坐着火车、卡车或骡车，当然更多的是徒步，涌入武昌城中避难。[13]其中，来自河南郾城（亦有可能是漯河[14]）安息日会的

7　姚民权:《上海基督教史（1843-1949）》，上海：上海市基督教三自爱国运动委员会、上海市基督教教会委员会，1994年，第226-227页；崔宪详:《控诉美帝国主义利用基督教协进会侵略中国的阴谋》，《天风》，第十一卷第二十二期，一九五一年六月九日，第6页。

8　中共中央文献研究室编:《毛泽东年谱（1893-1949）》下卷，北京：中央文献出版社，1993年，第120-121页。

9　顾长声:《从马礼逊到司徒雷登：来华新教传教士评传》，上海：上海人民出版社，1985年，第483页。

10　China-19, August 7, 1947, p.2.

11　China-19, August 7, 1947, p.4.

12　参见汪朝光:《中国命运的决战（1945-1949）》（"中国近代通史"第十卷），南京：江苏人民出版社，2006年，第261－267页。

13　International: Missionary Report, *Time*, Monday, Jan.19, 1948.

14　安息日会的报告中曾提到："河南漯河医院所有器材被劫一空，医院大厦也被付诸一炬。但同工都平安。"见汪和仁:《华中联差会报告》，《末世牧声》，第二十八卷第四期，民国三十七年四月，第50页。

传教士在圣诞节前夕就开始撤离，正常情况下，他们坐火车南下汉口只需一天。但是，这一次在老传教士汪和仁（Merritt C.Warren）的带领下，这支由 6 位美国人和 28 位中国人组成的逃难队伍却整整在路上花了三个星期。他们一路上不时遭遇国共两党军队的拉锯战。至于坚持留在原地的传教士，他们和解放军有了近距离的接触。同年 12 月，华东野战军占领河南许昌。美国信义会在许昌的教堂被中共军队临时征用，改作马厩。虽然当地的差会工作因为战事受到阻碍，但是传教士认为共军对待他们还算友好。当共军的一名士兵在教会屋子里的地板上随地吐痰时，他的长官批评他说：人家美国人可没这个坏习惯，我们要向他们学习。[15]翌年 1 月 15 日，美国国务院宣称："由于华中共军威胁地区排外情绪滋长，现已命令该处美国教士尽速撤退。"与此同时，美国信义会负责人也立即向军政当局接洽，希望协助战区的外籍传教士急速撤退。该请求得到同意后，信义会的飞机"圣保罗号"担负起运输的责任，先后将在郑州老河口等地集中的西教士六七十人，撤退至武汉。一批信义会传教士描述他们如何从开封退至郑州：国共两军战火猛烈，他们也无法辨出谁是国军，谁是共军，只有在烽火中祈祷。从开封到郑州坐火车约有 75 里路，一路上国军白天出来，共军晚上出现，好容易才到达了郑州。[16]可见，这一时期豫、鄂一带的美国传教士受战事的影响非常大。

面对如此严重的危机，美国在华差会的态度究竟如何至关重要。1948 年 1 月 15 日，在沪的美北长老会差会干事华莲文（E.E.Walline）曾致信北平的传教士梅尔文（W.C.Merwin），专门谈到这一敏感问题。信中可知，美国驻华大使司徒雷登曾建议在西安以东和长江以北地区尚有传教士活动的差会将其所属的"非必需"传教士（即老弱传教士或传教士家属）先行转移至相对容易撤离的地点，以防事态进一步恶化。对于司徒雷登的建议，上海各差会的判断却是认为其性质只是预警式的，不过美国传教士可以前去北平、天津和青岛这些大城市，以便在真正紧急情形下，有办法对人员作出集中撤离。华莲文谈到，司徒雷登要求上海各美国差会团体推举出一位代表直接与其联系，以便差会能获得最新情报，他被推选为代表。因此，他能及时将收到的任何特别建议告知梅尔文。但他又特别叮嘱梅尔文，任何发给你的来自司徒大使的情报都需要列为机密，因为没有必要一开始就让其他传教士或中国基督徒的精神高度紧

---

15 International: Missionary Report, *Time*, Monday, Jan.19, 1948.

16 《宗教的世纪》，《天风》，第五卷第三期，民国三十七年一月十七日，第 15 页。

张。[17]华莲文信中透露的内容表明，战事虽给美国传教士带来生命财产方面的威胁，但美国在华差会并没有听从司徒雷登的建议，也不想让教会内部因此慌乱不安，而是选择低调处理、继续观望。

2. 中共中央对传教士的最新政策方针

从 1947 年底到 1948 年，国共内战胜利的天平明显向中共一方倾斜。解放军兵锋迅速南移，势如破竹，不仅新占领了广大的农村和一批县城市镇，而且开始占领一批中等甚至大城市。在新解放区，中共军队遇到大量外国侨民和他们设立的各项产业，其中就包括当时外侨中的特殊群体——传教士。在新形势下，中共中央提出一系列关于如何处理在华传教士问题的最新政策方针。[18]

1948 年 2 月 7 日，中共中央下发《中央关于对待在华外国人的政策的指示》。指示明确要求：军队不得没收和破坏外人设立的教堂及其办理的各项产业。[19]对于传教士，指示则要求各级政府及解放军采取友好态度，同时也要求警惕传教士当中存在某些帝国主义分子，注意其进行特务破坏活动。犯罪的传教士须治罪或驱逐出境，但不必封闭教堂，可许其另派人来主持，以免外国人民误会解放地区政府是在排斥宗教。[20]3 月 4 日，周恩来就如何认真执行 2 月 7 日中共中央关于对待外侨的指示一事，为中共中央起草致各中央局、前委电：对于在我解放区犯罪的外侨，要敢于依法检查、拘捕、审讯和判决，"使帝国主义反动分子对我有所戒惧"，但要正确掌握政策。"凡有关外交行动和外交政策的决定，必须报告中央并得中央批准后，方可实行。一切违反中央外交政

---

17 China-29, January 28, 1948, p.1.

18 中国共产党对传教士提出的新的方针政策，实际上是中共中央为适应形势发展要求而提出的路线、方针和政策的有机组成部分。1947 年 12 月 25 日至 28 日，中共中央在陕北米脂县杨家沟召开扩大会议。毛泽东在会上作了《目前形势和我们的任务》报告，系统阐明了中共在新民主主义革命时期的总路线。此后，中共中央特别注意革命的政策和策略。中共长期以农村根据地和武装斗争为工作中心，干部也多来自于农村，对城市工作的复杂性和重要性缺乏认识和实践，故在占领城市初期曾发生过违反政策和纪律的错误，因此中共中央相当注意纠正城市工作中的"左"倾偏向。参见江朝光：《中国命运的决战（1945-1949）》（"中国近代通史"第十卷），南京：江苏人民出版社，2006 年，第 337-341 页。

19 《中央关于对待在华外国人的政策的指示》，中央档案馆编：《中共中央文件选集》（第十七册），北京：中共中央党校出版社，1992 年，第 36 页。

20 《中央关于对待在华外国人的政策的指示》，中央档案馆编：《中共中央文件选集》（第十七册），北京：中共中央党校出版社，1992 年，第 38 页。

策及处理外侨方针的行动必须禁止。"[21]4 月 12 日，东北局发出《关于处理外国教会的临时办法的决定》，也作出了类似的指示与要求。[22]11 月，中共中央专门发出《关于宗教信仰政策及处理教会问题的指示》，再度告诫各地："我党对中外教会采取信教、传教自由政策(只要遵守法令，不加干涉)，系根据现阶段新民主主义社会性质而来，即苏联社会主义国家宗教信仰仍然存在。须知天主教、基督教之存在是有其一定社会经济基础的，纵然封建落后，甚至反动，但并非一下能消灭的。如果采取毕其功于一役的办法，借土改或间谍案的机会，将教堂没收消灭，必犯冒险主义的错误。"[23]1949 年 1 月 19 日，中共中央发布的《中央关于外交工作的指示》也明确规定外国传教士已在解放区的可继续居住并执行业务，新来者暂不批准。[24]4 月 27 日四时，毛泽东就第三十五军进占南京后擅入美国驻华大使司徒雷登住宅一事，为中共中央军委起草致粟裕并告总前委，刘伯承、张际春、李达电：三十五军到南京第二天（二十五日）擅自派兵侵入司徒雷登住宅一事，必须立即引起注意，否则可能出大乱子。其经过情形速即查明电告，以凭核办。[25]5 月 16 日，中共中央发布关于入城部队遵守城市纪律的指示。其中第三条规定要保护外侨不加侮辱，一切有关外侨事务均由最高机关办理，没有命令不得进入外侨住宅，不准住外侨的房屋或教堂、学校，也不得对外侨与外侨住宅施行室内检查与人身搜查。[26]

在解放军从胜利走向胜利，及至推翻南京国民政府的这一时期，中共中央和毛泽东都格外注意外侨事务，能根据前线实际情形迅速作出指示，及时纠正部队中存在的一些错误倾向，而且愈到后面举措愈加慎重。这样做，既有利于严肃军纪，树立部队外在良好形象，也有利于稳定外侨情绪，避免引发外交冲

21 中共中央文献研究室编：《周恩来年谱（1898-1949）》，北京：中央文献出版社，1989 年，第 764 页。

22 当代中国研究所编：《中华人民共和国史编年》（1949 年卷），北京：当代中国出版社，2004 年，第 296 页。

23 《中央关于宗教信仰政策及处理教会问题的指示》(1948 年 11 月)，转引自杨奎松：《新中国成立初期清除美国文化影响的经过》，《中共党史研究》，2010 年第 10 期，第 24 页。

24 《中央关于外交工作的指示》，中央档案馆编：《中共中央文件选集》（第十八册），北京：中共中央党校出版社，1992 年，第 46 页。

25 中共中央文献研究室编：《毛泽东年谱（1893-1949）》下卷，北京：中央文献出版社，1993 年，第 489 页。

26 中共中央文献研究室编：《毛泽东年谱（1893-1949）》下卷，北京：中央文献出版社，1993 年，第 501 页。

突及可能的帝国主义军事干涉。中共中央从外交层面出发，将传教士视为外侨的重要一部分，采取保护原则，奉行宗教信仰自由政策。不过，保护不等于认同，在各指示中基督教仍被视为一种外来的宗教，传教士也是与以美国为首的帝国主义国家有密切联系的。

从这一时期美国传教士与中共各地方军政机构的接触来看，传教士确实是受到保护的。根据1948年10月30日的教会内部简报，美国公理会设于山西汾阳、太谷两地的传教站已在中共治下五月之久。当地的四位女传教士报告称，两家医院运转正常。早在7月，中共军队就下了不准干扰教会的命令，这些命令目前也被严格执行。[27]1948年10月河南郑州（或开封）[28]解放后，北美循理会的一位传教士也被告知：共产党会保护当地的宗教信仰自由，他可以自行传道；教会办学校、医院及组织救济的钱虽然来自美国，但都是有益的；他们不喜欢美国，因为它帮助国民党打内仗，但这并非表示就反对他这位美国传教士。[29]1948年12月1日，中共军队进入徐州城。当夜11时，美国南长老会传教士彭永恩（Frank A.Brown）[30]所在的教会与中共军队首度发生接触。当时有数名解放军士兵曾到教会医院调查是否有三个美国人在里面，得到肯定的回答后立即离开，去其他外国人住的地方作同样的调查。此后直至翌年2月彭永恩离开徐州，教会工作未受干涉，医院也照常工作。[31]1949年2月12日，苏皖区基督教乡村事业协会总干事葛思巍（O.J.Goulter）在信中报告了安徽滁县刚解放时的情形。他说，驻军负责人保证"宗教自由"，军队在他们房子前面贴着"此处不准驻军"、"不准移动东西"等字样。葛思巍说他碰见的许多长官和士兵，态度都很客气，但他们对美国政府以军事援助国民政府表示愤慨。[32]1949年四五月间，宁沪相继解放。在上海上学的一位美国小女孩在给南京的传教士父亲史迈士的电报中写道：除了期末考试，这里一切安好。[33]

---

27 China-36, November 10, 1948, p.2.

28 在信中地点被有意隐去，但根据其描述的内容及循理会的传道区域等综合分析，可以得出是郑州或开封。

29 China-50（原件没有标注日期），p.2.

30 彭永恩，1910年作为美南长老会传教士来华，自1911年起就在徐州传道。

31 《宗教的世纪》，《天风》，第七卷第九期，民国三十八年三月五日，第15页。

32 葛思巍：《解放区来鸿》，《天风》，第七卷第十期，民国三十八年三月十二日，第10页。

33 Margaret Garrett Smythe（史迈士夫人，南京基督会鼓楼医院医药传教士），Cyrus H.Peake & Arthur L.Rosenbaum (ed.) *China Missionaries oral history collection* [microform], originally published as the Oral History program of Claremont Graduate

从 1948 年 7 月至 1949 年 5 月，美国传教士眼中的中共军队纪律严明，大致能做到维护宗教信仰自由政策。在那位美国小女孩的眼中，中共军队入城更像是个欢庆的节日，让她的心飞出了教室。尽管上述多地的传教士从解放军官兵处亲耳听到，中共反对帮国民党打内战的美国政府，但中共的公开宣传并没有将美传教士简单地等同于美帝国主义者。这无疑会增强传教士继续留在中国的信心，让他们对新政权多一些憧憬。

3. 传教士对国民党态度的重大转变

随着国民党的溃败和中共的节节胜利，美国传教士对国民党的态度发生了重大的变化。经过多年的交往，美国基督新教和国民党政权之间已发生密切的联系，大部分美国传教士对国民党或者说对蒋介石夫妇具有一种特殊的感情。但是，美国新教在华传教事业毕竟在这片土地上立基百年，福音传播的对象在过去和将来也都是面向这片土地上的中国人，故在此攸关之际，许多传教士尽管内心挣扎矛盾，但并不表示对形势缺乏清醒的认识。

1948 年初，美圣公会传教士艾伦夫妇重返汉口。当时，他们感到中共进军的势头已不可阻挡，但心里还是有点想不通。在农历春节期间，夫妇俩造访了一位中国主教以及他的妻子。艾伦的丈夫说："你知道，我现在见到的最悲伤的一件事就是政府故意在自杀。"言下之意是指国民政府已腐败透顶，不知道采取什么有效办法来阻止中共。中国主教则说："你说的对。照这样下去，不出两年，就是共产党的天下。"听到这话，艾伦夫妇俩大吃一惊，他们对此显然没有思想准备。为此，他们还和这位中国主教继续商榷，但主教说："我认定共产党能取得天下。"其实，艾伦夫妇所指的国民党的"腐败"是指许多国民党上层的将军或高官只图自己的私利，故意将蒋介石隔在一个小角落，以致蒋很难施展他个人的权威，并且不知外面究竟发生了什么。[34]可

School，香港中文大学崇基图书馆藏，FMS 699, p.60.当然随着中共军队占领中心城市的增多，北平、天津、济南、上海等地的外侨管理科亦陆续建立，传教士受到的管制也趋于正规和严格。1949 年 5 月武汉解放后，汉口的差会医生罗根·鲁兹（Logan Roots，美国圣公会鄂湘教区前主教吴德施之子）因没有按照规定向公安局登记，就到武昌给文华中学的康明德（Robert A. Kemp）治病而被拘留。尽管事后传教士曾向公安机关承认错误，但公安机关认为他破坏法律就必须得到应有的惩罚。参见 Mrs.Netta Powell Allen, *China Missionaries oral history collection* [microform], pp.63-65.

34 Mrs.Netta Powell Allen, *China Missionaries oral history collection* [microform]. pp.59-60.

见，艾伦夫妇虽认为国民政府已无可救药，但也是一种恨铁不成钢的心情，同时对蒋还是比较欣赏和同情的。艾伦夫妇的这种心态，在当时的美传教士群体中并不乏市场。

到了 1948 年 10 月，司徒雷登向美国国务院请示：吾人是否可以建议蒋委员长退休，让位于李宗仁，或其它较有希望组成一非共产共和政府与较能有效与共匪作战之政治领袖？[35]这个请示，表明司徒雷登对蒋介石已经失去信心。就在当月，司徒雷登到苏州参加中华基督教会全国总会第五届总议会。在演讲中，司徒雷登一边宣扬基督教与民主的关系，一边慨叹：他和与会人士一样，对目前的时局感到悲观。[36]中午餐毕退到内室休息时，燕大校友、杭州市青年会总干事王揆生问司徒雷登关于国内战事进展的情况。他黯然说到："国民党政府腐败无能，中央军肯定抵挡不住共产军的进攻，最后胜负，只是时间问题！"接着又含糊其辞地说："希望李宗仁能有办法收拾残局，与共产党隔江而治，在政治效果上比赛成绩。我很主张宋子文、张群等人能到华南、西南各处，另创一个新局面。实在不行，只有退到台湾。"[37]司徒雷登的这番言论，与其发给美国务院的请示含义相似。有所不同的是，这番话是在中国教会内部讲的，折射出来的意味已全然不复有 1946 年夏那种积极乐观。想必在座的教会人士听闻之后，也心中有数。

另外一位美国在华传教士的代表人物是毕范宇，他的观点也具有很强的指导意义。毕范宇和国民党之间交情匪浅。他与蒋介石夫妇有长久的私谊，经常以牧师身份为夫妇二人主持礼拜。抗战爆发后，毕范宇积极支持蒋介石抵御日本，为国民政府奔走呼吁。宋美龄还不时请毕范宇代为斟酌蒋介石向公众演讲时所需的圣经章节。[38]可是，毕范宇也意识到，当时中国人民渴望和平的情绪越来越普遍。政府方面说这是中共宣传的结果，但实际上是因为在国民政府的统治下人民的生活正变得举步维艰。政府埋怨民众是短视的失败主义者，民

35 当代中国研究所编：《中华人民共和国编年史》（1949 年卷），北京：当代中国出版社，2004 年，第 325 页。

36 司徒雷登：《基督教与民主》，《公报》，第二十一卷第二期，民国三十八年二月，第 3 页。

37 王揆生：《回忆司徒雷登》，《上海文史资料存稿汇编》（第 2 辑），上海：上海古籍出版社，2001 年，第 466 页。

38 Chiow, Samuel Hsueh-hsin: *Religious education and reform in Chinese missions: The life and work of Francis Wilson Price (1895-1974)*, Ph.D. dissertation, Saint Louis University, 1988, p.264.

众则指责政府无视人民疾苦。毕范宇还看到有许多人是典型的"骑墙派"，正在观望胜利的天平究竟会倾向哪方。这一派里，有为"中间道路"鼓与呼的自由主义者，也有只会考虑自身利益的投机分子。接着，毕范宇在文章中明确说到，他自己已经和各地的中国基督教同工谈过，大家的共识是教会过去已历经许多"风雨"，这一次应该也能扛过去。全国性的教会或机构团体的总部，除了个别之外，都决定坚守原地，即使国民政府将来要迁至华南或其它地方。大部分的教会大学、中学和医院也计划照常开放。[39]毕范宇的分析说明当时的普通民众对国民政府已经失去了信任，一些所谓的精英分子也不再真心支持国民党。他透露出来的中国教会的抉择，表明国民党已经被教会的大多数所抛弃。教会虽对中共有疑虑，但又希望能在新时代生存下来。

1949 年初，曾在山西太谷工作的美国公理会传教士石子毅，则对国民党和中共做了深刻到位的比较分析。石子毅认为，国际因素固然在国共内战中有重要影响，但这主要仍是一场内战，更准确地说是中国过去革命的延续。这场内战最重要的意义在于争取"民心所向"，或者说是"中国进入 20 世纪工业化世界所需意识形态的主导权"。简单而言就是中共还是国民党的那一套思想理论体系有资格在将来带领中国步入工业化社会。石子毅认为"中共的成功不是单凭武力的结果，而是某种程度上恰恰继承了国民党过去未能完成的历史使命"，"民主、自由、社会理想主义、宪政、土地改革、民族主义、进步"这些理念正是国民党过去能取得人民拥护、站稳脚跟的原因，但是这些理念至今无法实现，所以中国的理想主义者已经彻底"失望与倦怠"。对于许多人来说，中共是将来唯一有希望继续推动中国一些最基本改革的政党。石子毅认为，国共内战这场革命无可避免，只有中共有能力将中国整合成为一个国家。[40]

从 1948 年初到 1949 年初，这段时期局势变换迅速，国民党败象正日益显露。艾伦夫妇、司徒雷登、毕范宇和石子毅这些美国教会人士虽然在个人地位、政治立场、知识视野上有所差别，但他们的观察和思考都不约而同地得出一个事实：国民党已难成气候，中共的胜利毋庸置疑。他们还从多种角度总结这一成一败背后的复杂原因。进一步而言，传教士该支持谁，该抛弃谁，已经

---

39 Frank W.Price, "Bitter Dilemma in China", *The Christian Century*, December 15, 1948, pp.1366-1367.

40 Robbins Strong, "The Future of the Church in China", *The Christian Century*, April 13, 1949, pp.462-463.

一目了然。可以这样说，在传教事业的现实利益面前，大多数传教士愿意接受国民党的失败，迎接新政权的到来。

4. 传教政策的正式调整

1948 年末至 1949 年初，正是在华的各美差会最为焦虑不安、手忙脚乱的时期。外在原因当然是三大决战对传教工作的不利影响以及内心的震撼，内在原因则是差会的在华传教政策已到了必须调整的危急时刻。在北美国外宣教事业协会中国委员会的协调下，美国国内的各差会总部代表频频开会磋商，决定差会及传教士到底要不要离华。

1948 年 10 月下旬，美国政府通知其在华北的美国公民，如果他们想发送大号行李，就要即刻去做；如果他们准备离开，最迟期限是 12 月 1 日。在此之前，运输条件是允许的。英法两国领事也各向其本国公民传达了类似警告。这些其实就是撤离通知。而在 11 月 10 日的《中国通讯》上，中国委员会在致各差会海外宣道部中国秘书的信上也明确说，因为东北易手，各宣道部对下一步采取何种政策须作新的考虑。信中当然也提到了美国政府于上月发出的通知。在此情形下，信中要求各海外宣道部必须回答下面的问题：（1）传教士需要撤离吗？（2）是否所有的传教士都要撤离？（3）如果他们撤离，那准备去哪里？（4）要是在解放区工作，又该采取什么政策？[41]

11 月 16 日，关于"中国局势"的会议在中国委员会召开。出席的代表有卫理公会、卫理公会女部、基督教青年会、信义会、美北浸礼会等在华主要差会总部的代表，以及中国委员会干事寇润岚。与会代表就目前中国局势发表意见，并相互通报了自己宣道部对此的反应。会议讨论得出以下决定：（1）就目前来看，基督教在解放区工作的机会比五六个月之前更有希望；（2）传教士撤退的计划应该和中国基督徒的负责机构充分磋商；（3）宣道部会给予那些撤离的传教士道德和物质上的支持，同时鼓励并全力帮助愿意留下来的传教士；（4）应该优先撤离那些年老体弱或是带有小孩的传教士；（5）重点应放在撤退传教士的重新布置上面，要么到中国其它地区，要么转赴日本等国家，而非简单地返回美国了事；（6）全盘考虑撤离传教士的问题，应该认识到因传教士国籍的不同，中共对他们的态度和处置也可能随之不同；（7）决定实行预付款制度，即美国教会提前给中国教会一部分款项，以便传教士或中国基督徒能及

---

41 China-36, November 10, 1948, p.1.

时采购必需的食物。[42]

为探明美国政府对在华传教士去留问题的真实态度，由德惠廉、葛惠良及寇润岚组成的代表团又于 12 月 3 日前往华盛顿与美国国务院举行了一天的会议。代表团的这三位成员，以前都曾在中国传教多年，所以他们处理此类问题是有经验的。美国国务院告知代表团：首先，虽然政府建议在华美国公民撤离，但只要有充分的理由，仍然可以留下来，很显然在中国传教是此类理由之一；其次，资金问题上，政府不能保证资金能否进入解放区，但如果将资金或物资寄给尚在解放区的美国人，政府对此不会采取禁运措施；最后，关于赴华传教士的护照签发问题，虽然政府目前不准备签发前往中国任何地区的护照，但如果涉及到传教士，只要没有随同亲属，同时确有"令人信服"的返回中国的理由，经过审核后，就可能取得前往中国的护照。[43]美国政府对传教事业的支持，无疑增强了各差会总部在决定传教士去留问题上的底气。

12 月 13 日，中国委员会又一次召集"中国局势"讨论会。会上仍然讨论了一些政策方面的事宜。最重要的是，如何安排退回到美国的传教士。大家认为长期保留这些传教士以期望他日重返中国是不明智的，但一致同意各宣道部要把那些年轻的或经验丰富的传教士保留半年或更长的时间。因为半年后情况就会变得较为有利。会上还提出可否先派一队传教士到"中国的外围地区"，即先让他们在泰国、菲律宾、马来亚等地暂住下来，然后择机返回中国。其次，物资贮存问题。卫理公会海外宣道部计划扩大其在华差会司库在资金使用上的权限，如果司库认为现在是一个采购物资的良机，那么他可以从年度预算里先行支取六个月的资金。通常情况下，司库可以自行动用一个月的资金。[44]12 月 20 日，中国委员会再次召集"中国局势"讨论会。会上透露的信息是，大部分在华差会和基督教机构的总部目前仍将继续留在上海，但是专门处理资金往来的办公室将至香港开设。[45]

至此，在中国委员会的居中协调和美国政府的支持之下，美国国内各差会总部下一步的中国宣教政策已经成熟。从挽留回国的传教士、人员重新部署至中国周边地区、以及在华差会和基督教机构的总部留沪这些措施上来看，无不包含着想让美差会继续在华工作这一中心愿望。但另一方面，将处理资金的办

---

42 China-37, November 17, 1948, pp.2-3.

43 China-40, December 10, 1948, p.1.

44 China-42, December 15, 1948, pp.1-2.

45 China-43, December 22, 1948, pp.2-3.

公室转往香港等部分措施又具有一定的防范意味。

　　与此同时，在华的各美国差会开始落实上述政策。公理会在华北（主要是北平、天津）的传教士分四种情况行动：第一种是乘坐信义会的飞机前往福州，那里有公理会的传教事业；第二种主要是老弱妇孺返回美国；第三种本来也想回国，但临时决定转赴菲律宾宣教；第四种是继续留在北平和天津。至于美国北长老会，根据 11 月 19 日差会上海总部的电报，所有在长江以北的传教士都安然无恙，只有江苏海州的财产遭民众抢劫和焚毁。差会上海总部建议危险区的传教士转来上海，另外也建议近期准备来华的传教士暂时不要出发。[46]到了12 月 20 日，北长老会海外宣道部同意其差会上海总部在香港租赁一幢房屋，作为退路。[47]根据 12 月 13 日的报告，安息日会的五个传教士家庭正返回美国，其中的三个家庭来自北平和青岛，两个家庭来自上海。七个传教士家庭以及一个单身女传教士仍在上海，当中有人决心不惧任何艰难。华中的两个传教士家庭被派往台湾；另外有五六个家庭重新部署在华南。同时，约有十个家庭和一些年轻同工在香港岛以及九龙地区学习语言。[48]截至 12 月 20 日，美北浸礼会撤出中国的传教士有六位在菲律宾，另有两位去了日本，只有两位快退休的传教士返回美国。三位仍继续留在沪江大学，直到学期结束。还有三位在宁波，这是华东地区仅有的人不在上海的传教士。[49]卫理公会的大部分传教士留在了中国。据 12 月 28 日的报告，卫理公会有 15 位传教士在北平和天津，一位在济南，两位在青岛。没有一位从华西或福建撤出。华中和华东的边远地区的传教士暂时撤往上海。差会（the Division of Foreign Missions）81%的传教士仍在中国。女部（the Woman's Division）的比例更是高达 89%。[50]

　　以上几个美国差会的安排具有以下特点：第一，这些差会都将继续留在中国，这一点是毫无疑问的。应该说，这一时期中共保护教会、维护宗教信仰自由的工作，给差会增添了不少期望。第二，在危急时刻，这些差会不得不重新调整传教力量。许多传教士从华北、华中地区转移至华东、华南、西南，甚至香港、东南亚等地。在华传教人数上也有所减少，许多年老体弱或带有孩童的传教士离开了中国大陆，留下的基本上是骨干。另外，一些重要机构也迁往了

---

46 China-38, November 24, 1948, p.2.
47 China-43, December 22, 1948, p.1.
48 China-42, December 15, 1948, p.1.
49 China-43, December 22, 1948, p.1.
50 China-45, December 28, 1948, p.1.

香港。第三、这种安排固然是因为躲避风险或是出于对中共的疑虑，但更主要的目的在于保存实力，期待形势转好就能返回原地，所以大部分撤出中国大陆的美国传教士都到了中国的周边地区。

1949 年 1 月，就在平津战役即将收尾的时刻，北美国外宣教事业协会又召开为期四天的大会，来自美国 61 个基督新教教派的 145 位传教士代表参加此次会议。代表们几乎一致认为，传教士应继续留在中共所控制的区域。无论发生什么，差会董事会还是会想方设法鼓励传教士坚持留下来，即使他们可能会被禁止在教堂讲道或是在学校教书。北美国外宣教事业协会中国委员会的葛惠良表示：虽然一些保守差会的董事会发出了质疑声，但我们相信基督教能在那里站稳脚跟。为此我们很乐意做一些尝试。[51]4 月 5 日，渡江战役即将开始，国际基督教宣教协会负责人穆德从菲律宾赴南朝鲜，中途突然在上海停留20 个小时。他先召集中华全国基督教协进会和各差会在沪传教士了解局势，后由协进会召集中外教会领袖72 人，讨论如何应付共产党领导的新政权，穆德向他们传达了"美国教会决不抛弃中国教会"的重要信息。[52]可见，在中国革命全面胜利不可避免的情形下，美国教会仍然坚定地试图继续维持其在华传教事业。

5. 家庭教会和政治挂钩

国共内战期间，美国政府援助国民政府，中共当时并没有因此就将在华美传教士当做势不两立的敌人，不过对传教士普遍的缺少认识或好感也是事实。同时，美国在华传教士多数对中共亦抱有疑惧心理，又不得不面对中共即将在全国取得军事胜利的事实。因此，在美差会根据时势作出一系列调整以应对新政权的过程中，许多措施就不免带有防范戒备甚至敌对的烙印。其中，美差会所倡导的家庭教会就和政治挂上了钩，具有鲜明的意识形态色彩。

家庭教会并不是一个新鲜词，一开始也没有被赋予政治色彩。1947 年 3月 15 日的《华中卫理半月刊》上，载有传教士章文新的《在你家里的教会》一文。此文中，章文新是看到在过去的五十年间，卫理公会华中年议会区域内只组织了安徽屯溪一个教会，许多的县和村镇都没有教会存在，认为这是一种退步的表现。于是，章文新希望平信徒能行动起来，在临近的地方，"总有一

---

51 Religion: New China Hands? *Time*, Monday, Jan.17, 1949.

52 姚民权：《上海基督教史（1843-1949）》，上海：上海市基督教三自爱国运动委员会、上海市基督教教会委员会，1994 年，第230 页。

二家基督徒或者很要好的朋友，我们可以从这少数的一两家开始，向他们建议，在每星期日的下午或任何方便的时候，在他们的家里举行一个崇拜或祈祷的礼拜，请他们代邀请他们的邻居来参加，而你必须负责，从你的教会里邀请一位领导的人，自然是你的牧师，必感兴趣，但是教友须负起整个责任来。"[53]这其实是一种将教会建在家庭的体现。在章对家庭教会的描述中，可发现家庭教会十分注重平信徒的领导，以家及邻里为单位，和一般意义上的教会相比，其组织模式发生了很大变化。但这里章文新并没有将家庭教会政治化。

随着中国局势的日益严峻，家庭教会就逐步被添加上政治的符号。1948年4月20至21日，中华圣公会江苏教区第三十五届议会在南京圣保罗堂召开，主教罗培德曾这样告诫教会："在教会受迫害的时期，惟有虔诚的私生活，和基督徒的家庭，是保留教会的因素。在家庭里，宗教生活还可以继续存在，照常举行家庭礼拜、研究圣经、教训儿童、团契聚会等活动。直到和平与善意重新发现在人间，教会恢复完全自由的时候。"[54]在这里，罗培德就认为家庭教会是教会受迫害时期保存实力、坚固信仰的好办法，因此要求每个基督徒和每个家庭都应备有圣经、公祷文，和一颗愿意的决心。罗培德的这番话，意指对象是很明显的。

如果说罗培德所言只是针对中华圣公会江苏教区，那么北美国外宣教事业协会有关家庭教会的建议就带有全局性质。就在1949年1月的大会上，曾作出如下重要建议："在中国某些特殊区域的教会，有必要割断和它母会的联系，成为完全自立的教会。中国教会必须准备好应对这样一种新的发展，即在宣传基督教义不被允许的情形下，要学会能将基督教信仰表达成为一种基督徒的生活方式。要让中国教会变成由'两三个信徒'左右合成的教会细胞小组，再由这些小组构成社会服务中心。基督徒在这个社会服务中心要有共同的信仰生活。同时必要的话，教会领导权也要完全建立在自立的基础上。以上所确立的和中国人民打交道的行为标准能让广大信徒和传教士的服务工作更有效果。"[55]

可见，美差会总部虽希望差会及传教士能在中共胜利后继续留下来，但又

53 章文新：《在你家里的教会》，《华中卫理半月刊》，第六号，民国三十六年三月十五日，第1页。
54 林步基译：《江苏教区议会第三十五届议会罗主教演词》，《中华圣公会江苏教区第三十五届议会报告书》，上档藏，U104-0-42，第18页。
55 Religion: New China Hands? *Time*, Monday, Jan.17, 1949.

对中共能否实行宗教自由政策充满疑虑，担忧中国教会有可能在将来"经历风雨"，一些保守的差会甚至认为教会与中共合作是"和魔鬼达成妥协"。因此，为了让中国教会能在"风雨"中屹立不倒，美差会总部在建议中强调中国教会必须尽快实现自立，而且在组织形式上应"化整为零"，要由两三个信徒合成的教会细胞小组为基本单位，即便遇到某种"阻碍"，也要保持自身的信仰。而这种基本单位，最普遍也是最有效的不外乎是家庭及邻里。在上述意有所指的建议背后，实质上就是美国差会总部在向中国教会传递一种信息：基督教信仰和共产主义信仰之间难以调和，基督徒不可轻易顺服，应当保持其独立性。对于美差会总部的此种两手作法，中共不可能不会有所察觉和警惕。双方的彼此猜忌，又顺势带入新中国成立之后，成为中共日后处理基督教问题的逻辑起点之一。

为尽速推行家庭教会，1949 年 3 月，上海广学会还专门出版一本名为《家——基督徒家庭手册》的小册子。这书是 1949 年 1 月 9 日至 12 日召开中华基督教宗教教育促进会第十届大会后，几位编者用了一个月的功夫赶编完成的，内中关于经文的章节还是毕范宇编的。编者认为，"在危机四伏的时期里，这本书应推行至各处，以加强教会的基础。[56]该书"旨在大众化，文字力求通俗，一切建议，注重简易实际。全书分上下两篇：上篇论基督徒家庭，它应有的信仰表现，与教会及邻人的关系，并特别日期和教会季节的纪念办法；下篇是家庭崇拜资料选辑，如一年读经文、分类诗歌、祈祷、及圣经故事题引等"。[57]这本书号称那几年以来最畅销的一种手册。当时中国基督徒的文化水平普遍还较低，但这本手册的文字通俗易懂，内容多样，并配有插图，老人、妇女甚至小孩都可以略知一二。因此，手册的现实针对性很强，实用价值也较高，可谓是一本基督化家庭的"教科书"或"简易指南"。

1949 年 5 月 2 日，北美国外宣教事业协会中国委员会发表一则声明，题为"中国基督教的使命"（The Christian Mission in China）。这并不是一份简单的声明，而是在中共全国胜利不可避免的前提下发出的指导美国新教在华传教事业如何在新社会适应生存的纲领性文件。在声明第二部分所提出的具体政策和计划中，就要求今后建立更多的城市教会，将重点放在基督徒家庭的参与和个人对基督的虔诚；对牧师和平信徒领袖要加强知识和灵性上的培养，

---

56 潘玉琛编：《家——基督徒家庭手册》，上海：广学会出版，1949 年，第 3 页。

57 《宗教教育》，第 8 卷第 3 期，1949 年 7 月。

让其知晓并懂得判别共产主义和基督教的实质。[58]

可见，当时美国传教士担心差会有朝一日离开中国、教会可能受到共产党政府迫害，于是大力提倡"家庭教会"，把宗教带到家庭去，在家庭里面查经和祈祷，正所谓"人心里面的宗教是无法摧毁的"。[59]

二、中国教会的内部分化

1. 全国协进会的行动路线

随着中共军事上节节胜利，愈来愈多的教会被纳入解放区，同时大量传教士转至他处，甚至撤离中国，作为中国教会最高当局的全国协进会，理应及时作出应对。1948 年 12 月 16 日，全国协进会向中国委员会写了一封"为紧急援助中国致各差会团体的信"。在信中，全国协进会提出两个应对方案。

第一个方案是于近期派最为得力的教会领袖前往他本人所在或附近的区域，与那里的牧师和平信徒作面对面的接触。这种接触实质上是重新整合教会力量的过程。所谓的教会领袖，既有中国基督教领袖，也包括传教士。访问工作首先要解决交通费用问题，信中说："如有必要，各差会剩余的救济资金或复员经费都可以先用于此目的。"这些钱除了支付交通费以外，全国协进会还有另外的考虑，就是在各地成立全国协进会下属的地区办事处（regional office），并聘用全国协进会现有的工作人员和一部分因为内战无法正常工作的传教士作为区域干事（regional secretary），以便加强区域性的教会组织力量。第二个方案是让各教会出版机构大量散发基督教书籍、材料等。这种散发其实是将书籍、材料等以非常低廉的价格尽速送到信徒的手里，出版机构因此损失的钱由各差会补贴。全国协进会非常担心将来在中共的控制下，信徒得不到足够的精神和智识上的"营养"，因此信中说："协进会要求在上海的一些传教士专门为中国信徒挑选几种出版物，以便最大程度加强信徒的信仰，鼓励其行为。"[60]负责散发资料的出版机关主要是指广学会、汉口的圣教书会（the Religious Tract Society of Hankow）、上海青年协会书局（Association Press）以及各宗派的出版机构。因为实施这两个方案都需要大笔的经费，故在资金方面，全国协进会只能请求国外（主要是美国）各教会予以援助。

---

58 China-57, p.6.
59 陈文渊：《基督教重庆黄山的"应变会"》，范基民、方兆麟等主编：《文史资料存稿选编》（社会卷），北京：中国文史出版社，2002 年，第 837 页。
60 China-44, December 28, 1948, p.1.

　　全国协进会在信中还意味深长地指出，在目前的危机之下，欲增强全国教会信徒灵性上的力量，应将工作重心放在基督徒家庭、平信徒领导力量以及走访式的福音布道等方面的培育上来。教会将来可能会被关闭，信徒可能无法举行大规模的聚会，牧师也可能不得不参加生产劳动（而非信徒的奉献）来养活自己，但是教会依靠基督教家庭、地方性的福音布道以及有益的文字材料，仍然能发展壮大。[61]

　　从这封信可以看出，全国协进会的主要目的是试图加强中国教会自身的内部凝聚力，以及巩固基督徒的信仰。字里行间也不难发现，全国协进会的方案和美差会提出的种种措施有诸多相似之处，如对中共的警惕、对家庭教会的提倡。背后缘由在于：一是全国协进会和美国教会之间年深日久的联系；二是当时全国协进会内部还有黄安素、毕范宇、贝德士、海维德等美英传教士，从旁出谋划策。

　　1949 年 1 月和 1949 年 5 月，海维德给中国委员会写了两封"海外通信"。在第一封信中，海维德写道："近期全国协进会举办了一次为期两天的退修会。退修会上决定全国协进会的中央办事处仍留在上海，但要在北平、汉口另设两个办事处。这两个办事处的职责和权利也较大，协助进行资金和物资上的事宜，而且万一和外界断绝联系，有自行决定的权力。自然的，地方协进会的领袖也需要承担更重的责任。全国协进会要通过地方上的基督教领袖大量走访当地教会的方式来加强内部的团结。"海维德在信中还谈到一个重要安排，即全国协进会要在香港设立一个小型的行政办事处，专门负责全国协进会的财政和海外联系事宜。就在海维德写这封信的当天（海维德行文至此时已是凌晨两点一刻），他就要飞往香港安排相关事宜。最后，海维德请求美国差会给教会领袖访问旅行、书籍散发等以经费支持。[62]

　　第二封信写得时间比较长，从 5 月 25 日持续至 6 月 10 日。在这封信中，海维德说到目前全国协进会比较注重扶助福州、重庆、成都以及南昌等地的基督教协进会，1949 年以来全国协进会对前面三个城市已访问多次，去年对南昌也作过专门的访问，此外这四个城市的基督教协进会都获得了"补助金"，以便开展基督教各项事工。海维德还提及，最近 26 位基督教领袖（一半是中国人，另一半是传教士）还专门聚会商讨基督教内部可否团结一致以应付新局

---

61 China-44, December 28, 1948, p.2.

62 China-48, January 10, 1949, p.7.

势。会议的结果是在临时和非正式的基础上成立了一个"基督教紧急议会"，以前没有参加全国协进会的一些教会，如中国内地会、救世军、美南浸信会等福音派教会，此次也派驻了代表。"紧急议会"的主席和干事则都由全国协进会中相应的行政人员担任。[63]全国协进会这样做的目的，是要在中国教会内部建成一条"统一战线"。

关于基督教书籍材料的紧急发放，通过解读海维德的信也可以大致还原其后续过程。全国协进会提出相关建议后，北美国外宣教事业协会就要求基督教出版协会着手准备一份特别资金预算。基督教出版协会的各会员单位经过讨论，最后确定的预算额度是29750美金，这笔钱计划将作为补助款分配给六家出版机构，名目有紧急印刷费、特别交通费（必要时包括空运），以及建立一些发行中心的费用。但是，北美国外宣教事业协会5月份只允诺给6000美金，最多给8000美金，其中的1500美金当时已到账。海维德写此信时正值5月，所以北美国外宣教事业协会的款项下拨速度还是相当迅速，资金数目也不算少。但在海维德看来，这笔钱还是有点少，不敷应用。[64]

海维德的这两封海外通信表明，1948年12月全国协进会提出的两个方案，已取得相当大的进展。全国协进会的一系列行动，都是为了在紧要关头，"化外力为内力"，加强教会的组织性和夯实教徒的信仰。但是，这种努力具有明显的局限性。首先，这样做很容易让中共怀疑其背后的政治动机。其次，实际上很难衡量成效如何。再者，方案的落实，不仅在资金上非常依赖美国差会，而且在访问各地的途中也少不了英美传教士忙碌的身影。可以说，方案本身以及实施过程带有强烈的意识形态色彩。

以上是历史发展的明线，历史发展的暗线在于人心的复杂多样。在这一转折时期，全国协进会中国基督教领袖的政治立场也悄然分化。同为全国协进会第十三届年会执委会副主席的吴贻芳和梁小初二人就形成鲜明对比。[65]吴贻芳和宋美龄私交不错，早前对中共并无好感。1946年2月6日，吴贻芳在写给金女大前校长德本康夫人（Matilda S.Calder Thurston）的信中表达了对中共的忧思，认为中共不可能真正为人民的利益着想，因为它的主要目的是按照自己的意识形态建立社会体系，并希望蒋介石能及早采取必要的改革。1948年11

63　China-60, pp.3-4.

64　China-60, p.4.

65　《本会事工述要》，《协进》，第七卷第七期，民国三十七年十二月十六日，第16页。

月，吴贻芳在给德本康夫人的信中又认为中共之所以能赢得越来越多的支持者，并非它的那套意识形态真正吸引人，而是因为中国普遍的贫困以及中共有技巧的宣传手段。[66]短短数月之后，吴对中共的态度发生了一百八十度的转变。1949 年 4 月 23 日晚，陈毅部队进入南京城。吴贻芳被推为南京维持会的会长，颁发布告，安定民心，并同其它维持会的人员，与先头部队接触，共同维持秩序。[67]5 月 17 日，她在写给之江大学和齐鲁大学两位校长的信中谈到：她本人在学习毛泽东的《新民主主义论》一文后受教很大。解放军的领导人态度友好谦逊，一再表示他们要多汲取别人的长处，也愿意接受批评。这些领导人通过致力于服务人民来赢得民众的支持，这一点让她印象深刻。[68]可见，尽管吴贻芳对中共的胜利曾表露担忧，但她很快就像支持国民政府那样支持新政权，在信中也开始以积极的语气肯定中共领导人和政府政策。另一位协进会领导人梁小初则对中共向来不抱幻想。——这一点在新中国成立后也未改变。1949 年 12 月，梁小初在泰国曼谷的基督教会议上警告与会者："中共政权已经在大陆站稳脚跟，所有基督徒必须为活出信仰而迎接挑战。我们必须宣扬彻底的福音。我们必须赢得基督教信仰的胜利。我们必须要比中共思考更长远，活的更长久，必要的话，让其先行灭亡。"[69]这番话证明梁小初和中共势不两立的决心和态度，他也成为 1951 年 4 月即被控诉的首批中国基督教领袖之一。

全国协进会另外两位基督教领袖陈文渊和江长川，二人的政治态度也有所不同。二人同为卫理公会会督，陈是华西区会督，江是华北区会督。1947 年7 月 7 日，作为全国协进会名誉总干事的陈文渊在加拿大的惠特比向[1]国际基督教宣教协会演讲时，曾严厉指斥中共。他说：国民党目的在效法英美，树立民主政府，共产党目的则在使中国苏维埃化，共产党虽曾谓重视民主，但其所谓民主仅系达到其目的之工具而已。[70]陈文渊的政治立场可见一斑。而作为全国协进会第十三届年会执委会委员的江长川则更加亲近中共，比较支持政府的政策。熟知二人的卫理公会传教士章文新后来曾评价二人：他认为江比较支持中共，陈则会提出批评，所以陈 1951 年 4 月被捕了。但是，二人对中共的

---

66 Mary Jo Waelchli, *Abundant Life: Matilda Thurston, Wu Yifang and Ginling College, 1915-1951*, Ph.d dissertation, The Ohio State University, 2002, p.262.

67 《宗教的世纪》，《天风》，第七卷第十七期，民国三十八年四月三十日，第 15 页。

68 Mary Jo Waelchli, *Abundant Life: Matilda Thurston, Wu Yifang and Ginling College, 1915-1951*, Ph.d dissertation, The Ohio State University, 2002, p.283.

69 Religion: Crisis in the East, *Time*, Monday, Dec.19, 1949.

70 《宗教的世纪》，《天风》，第八十七期，民国三十六年七月十九日，第 15 页。

不同态度不能用谁更福音主义来判别，不能因此说陈的福音主义色彩浓厚，而江就更实用主义。其实更要从思想上来看，倾向于个人主义还是合作的社会主义。一般而言，个人主义者不会轻易屈从，而后者容易和中共合作。另外，个人主义者往往又是普世的人道主义者，他的许多观点超越了民族主义的范畴，这和中共宣扬的民族主义观点不兼容。[71]章文新的这段评价，移用于吴贻芳和梁小初也未尝不可。

四位中国基督教领袖在政治倾向上的差异，说明全国协进会领导层绝非铁板一块。或者说，中国教会不可能像海维德想象的那样，形成一条统一战线。吴贻芳是金陵女子文理学院校长，梁小初长期担任青年会全国总干事，陈文渊和江长川二人同为卫理公会会督，面对新政权的到来，或出于保存教会与机构的需要，或出于自身退路考虑，抑或出于个人信念，政见上有所不同，实属正常。他们四人的政见，只是长在民主个人主义大树上的伸向不同方向的四根枝桠。实际上，当时大多数的中国基督教领袖基本上执中间或中间偏右的政治立场。

2. 党的同路人吴耀宗

在大陆解放前夕，吴耀宗在基督教界的地位迅速提升。吴耀宗在青年会工作多年，熟悉基督教的文字出版事业，但在国共内战期间，他的另一个更知名的身份是民主进步人士。准确地说，应称之为"无党派民主人士"。[72]吴耀宗与中共素有交往，与周恩来多次晤面，他的个人社会福音思想和中共的政治理念也多有契合之处，得到中共高层的青睐，最终被定为中共基督教政策的代言人。

相较于全国协进会对美差会的亦步亦趋，吴耀宗却对基督教和美帝国主义的关系大加抨击。1948 年 4 月 10 日，《天风》刊登的《基督教的时代悲剧》

---

71 Francis Price Jones, *China Missionaries oral history collection* [microform], p.38.

72 1949 年 6 月 19 日，周恩来在新政协筹备会第一次全体会议上的发言中，曾对无党派民主人士的称谓和实质作了专门解释，他说：无党派民主人士虽然没有组织一个政党或政治团体，但却领导着一批民主人士，联系着许多方面的人士，从事一种党派性的活动，因此他们是"没有党派组织的有党派性的民主人士"。周恩来在介绍当时在座的无党派民主人士过程中，还专门提及吴耀宗，说他是"在上海一直奋斗的宗教界人士"。因此，在中国高层看来，以吴耀宗为首的宗教界无党派民主人士无疑是代表着基督教界的进步民主力量。参见"无党派民主人士的称谓与实质"，中共中央统一战线工作部、中共中央文献研究室著：《周恩来统一战线文选》，北京：人民出版社，1984 年，第 125-127 页。

一文，可谓振聋发聩。在此文中，吴耀宗认为基督教已经成为维护美国为首的资本主义利益的同路人，中国基督教的信仰和思想，几乎就是美国式基督教的翻版。在此前提下，中国基督教里的不少人坚持反苏反共，宣扬美国的个人主义和自由主义。吴耀宗指出："基督教对目前的革命运动，只看到了消极作用的一面，而不愿正视其积极意义。革命运动之所以产生，是由于帝国主义压迫人民的自然结果，革命的目的是为了打破现有制度。基督教的历史悲剧则在于：在过去一百多年的历史中，它不知不觉地变成一个保守的力量。在目前的世界，它更变成一个反动的力量。基督教已经成为美国这个新帝国主义的帮凶。"[73]

文章发表后，在天风社内部引起一场轩然大波。沈德溶忆述说：这篇文章被某些传教士认为是大逆不道，遭到了他们的严厉指摘。为此，在天风社委员会中展开了一场大辩论，当时尽管也有一些同道支持吴耀宗，但终究敌不过手中有权又有钱的那几个外国传教士，在他们的压力下，吴耀宗被迫于1948年5月19日辞去天风社社长的职务。[74]对于此事，海维德于1948年7月写给中国委员会的"海外通信"中也曾提及："大家认为，尽管《天风》的编辑政策小心翼翼，但事实上这份期刊总体上来说太过激进，以至于无法实现其原本的创立宗旨。希望《天风》将来能继续保持富有启发性的特质，但在办刊路线上要走更加中间的道路。"海维德还称吴高梓作为董事会主席（应该是社长），已经为天风社建立一个更稳固的基础而贡献出许多力量，林永俣则已经被任命为《天风》的主编（acting editor）。[75]

尽管吴耀宗受到教会内部的弹压，同时遭到国民党当局通缉而远避香港，但他不久就重返前沿。1949年1月，吴耀宗在锡兰（斯里兰卡）参加世界基

---

73 吴耀宗：《基督教的时代悲剧》，《天风》，第五卷第十四期，民国三十七年四月十日，第4页。

74 沈德溶：《在三自工作五十年》，上海：中国基督教两会出版部，2000年，第126页。此处沈德溶说吴耀宗当时辞去的是天风社社长一职，似乎有误。因为1947年11月6日至8日，"基督教联合出版社"举行年会后，即根据决议改组为"基督教出版协会"，该社所出版的《天风》周刊及《基督教丛刊》两大定期刊物，则另组"天风社"负责进行编辑发行事宜，但仍加入基督教出版协会为会员之一。"天风社"社长是吴高梓，吴耀宗则为主任编辑（《宗教的世纪》，《天风》，第九十八期，民国三十六年十一月二十九日，第15页）。而海维德在信中，明确说吴高梓仍然是董事会主席，而被更换的是主编，转由林永俣担任。因此，吴耀宗辞去的应该是主编一职。

75 China-30, July 22, 1948, p.5.

督教学生同盟亚洲领袖会议后回到香港，正在犹豫是否再回上海时，一位中共的朋友对他说：中共中央当局希望他马上到北方去，同他们商讨关于基督教的一般问题。2 月 16 日，在一个半秘密的状态中，吴耀宗乘船至北朝鲜的镇南浦，再进入东北安东，于 3 月 9 日抵达北平，开始和中共当局交换关于基督教的意见。3 月 29 日，吴耀宗因为出席世界和平大会，又请沈体兰代为与中共当局接洽。5 月 25 日，吴回国后，又与沈一起继续这项工作。[76] 6 月下旬，以无党派的身份被选为新政协筹备委员的吴耀宗，与新政协筹备会副秘书长沈体兰，全国民主妇联常委兼新政协筹备委员邓裕志等，由平抵沪，连日在上海各基督教机关作演讲。[77] 三人之中，吴耀宗和沈体兰两位是负责代表教会，跟中共中央统一战线部联络，地位尤为突出。在 7 月 4 日的演讲中，上海教会各领袖 40 余人，在上海青年会欢迎吴耀宗、沈体兰、邓裕志三人。吴耀宗演讲称："宗教信仰自由政策并不是暂时的策略，而是真诚的，永久性的。共产党认为新教是可以合作的社会力量，但宗教本身等社会发展到一定阶段时会被淘汰。"关于目前某些地方教会与中共之间的摩擦，吴耀宗强调："有的地方基督教遭受困难，甚至受到迫害，这是未了解高级领袖的意旨，是统一政府未成立前，地方当局的分歧与不智的政策所造成的。"[78]

　　就在吴耀宗一行到达上海的前几天，上海《大公报》社会服务版刊出了五位基督教徒的来信，名为"基督教徒的觉醒"，主旨是反对帝国主义利用宗教。后来《大公报》又选刊了五封来信，其中包括两封反对意见，三封赞成的意见。《大公报》社会服务版编辑为慎重起见，特请吴耀宗对这个问题作一总结，以"指示基督徒在现阶段应有的思想改造，及今后努力的途径"。吴耀宗到沪后，借机在《大公报》上发表《基督教的改造》一文，正式表明其"改造"基督教的立场。在文中，吴耀宗首先肯定了五位基督徒所指出的帝国主义利用宗教的事实，他认为："中国三年来的内战应由美帝国主义负责，但令人痛心的是美国几位知名的基督教学者却做了美国政府外交政策的辩护者和代言人，他们一贯反苏反共，自然也反对中国革命。他们的这种态度也影响到了美国对中国的宣教政策。"同时吴耀宗也指出："中国的基督教会

76 吴耀宗：《人民民主专政下的基督教》，《天风》，第八卷第四期，1949 年 8 月 20 日，第 3 页。

77 《宗教的世纪》，《天风》，第八卷第一期，1949 年 7 月 30 日，第 16 页。

78 海维德、张文昌合辑：《教会与时局言论摘录》，《圣公会报》，第三十八卷第六期，1949 年 9 月 15 日，第 9 页。

所宣传的福音，大部分已经不是耶稣解放人类的革命福音，而只是带着麻醉性的个人得救的'福音'，或者是给资产阶级和有关阶级一点感情上温暖与安慰的锦上添花的'福音'。这样的福音脱离社会大众，内部充满了腐败堕落，必须要进行革新。"紧接着，吴耀宗提出了中国基督教今后改革的方向和努力的途径。首先，基督教必须把自己从资本主义帝国主义的系统中挣扎出来，摆脱出来；其次，中国教会必须实行它早已提倡过的自立自养自传原则，变成一个地道的中国教会；再者，基督教必须认识现在的时代，和它自己过去的历史。[79]上海是基督教的活动中心，吴耀宗的文章不啻于是一枚投向上海教会的"重磅炸弹"。

结束上海之行后，1949 年 9 月 21 日至 30 日，吴耀宗参加了在北京召开的新政协会议，邓裕志、刘良模、赵紫宸、张雪岩四人也一并作为基督教的代表参加。那么，这五位代表又是如何产生的呢？其实，当时参加政协的共有五类的代表：党派代表、区域代表、军队代表、团体代表和特邀代表。宗教代表是属于团体代表一类。凡是已经有组织，而被政协筹备会议认为是具有民主性质的团体，他们的代表，都是根据已经协商好的名额，由本团体选出。至于没有成立组织的团体，或已有组织而筹备会议还不能承认的团体，或完全没有组织的个人，他们的代表，则是由筹备会议协商拟定的。而基督教就是属于已有组织而不被筹备会议所承认的，所以其五位代表是由筹备会议协商拟定的。[80]这样操作的根本原因在于中共对基督教过去的作为并不认可。在中共看来，基督教虽然起到过进步的作用，但从整体上而言，基督教站在国民党和帝国主义国家一边，缺乏与中共合作的历史基础，其保守落后的一面远远大于进步的一面。而吴耀宗等五位基督教代表，尽管思想转变上时间有快慢，转变幅度上也有大小，但在过去确实同情支持过中共所领导的革命事业，所以他们被选为参加新政协会议的基督教代表，实际上代表的是基督教里面与他们思想相同的一派力量。这一派力量无疑是基督教内进步的力量。

如果中国教会若有机会自行选代表，全国协进会是这一大事当然的主持者。但基督教代表的选出过程，证明全国协进会正被迅速边缘化。联系吴耀宗

---

79 吴耀宗：《基督教的改造》——转载上海大公报（七月十六日至十八日）——专题讨论："基督教徒的觉醒"的总结，《公报》，第二十一卷第七期，民国三十八年九月，第4-5页。

80 《我们参加人民政协会议的经过》，《公报》，第二十一卷第九期，1949 年 10 月，第 10 页。

的《基督教的改造》一文，可以说明各教会团体、机构，以及作为教会当局的
全国协进会，要想在新时代有一席之地，非先革新自己不可。

　　3. 合作的青年会

　　吴耀宗、邓裕志、刘良模、赵紫宸、张雪岩五人，除了赵紫宸，另外四人
都出自基督教青年会系统，而青年会在内战期间为中共在国统区开辟第二条
战线做出了有力贡献。据青年会领袖之一涂羽卿之子涂继正忆述："解放战争
时期，青年会在国民党统治区以各种方式支持反饥饿、反内战、反迫害的学生
运动；特别是上海青年会为中共地下党提供了活动场所。青年会为它的青年干
事争取奖学金到美国深造，实际上它送去出留学的那批干事是中共地下党员。
日后，这些人成为新中国出色的国际活动家。"[81]正因为如此，青年会也为中
共所看重。1948 年 10 月 11 日，周恩来致信毛泽东，建议在召开全国青年代
表大会的同时，即可召开新民主主义青年团代表大会[82]，提出新民主主义青年
团及其中央委员会和中国青年联合会的中央机构，两个团体恐需分别成立。全
国青年联合会是青年团体的联合组织，新民主主义青年团是以团体资格参加，
并起领导作用。建议得到了毛泽东的同意和批准。[83]而参加全国青年联合会的，
除了青年团，还包括全国学生联合会、基督教青年会等团体。[84]可见，当时青
年会已被纳入中共的外围组织，而负责和青年会接洽并起到领导作用的则是
青年团。

　　到了 1949 年，全国各大城市纷纷被解放。在此期间，活跃于城市当地的
青年会做出了一定的贡献，得到中共的欣赏。最典型的是武昌青年会。在武汉

81　参见涂继正、李宜华：《默默耕耘半世纪——记父亲涂羽卿博士的一生》，
　　http://www.csscrc.org/doc/YcTuTraditional.pdf.

82　1949 年 4 月 11 至 18 日，中国新民主主义青年团第一次全国代表大会在北平召
　　开。任弼时代表中共中央向大会作政治报告：总结了 30 年来的青年运动，提出了
　　今后青年运动的方向和青年团的基本任务。朱德到会代表中共中央及人民解放军
　　总部致贺词。毛泽东为大会题词："同各界青年一起，领导他们，加强学习，发
　　展生产。"大会选举任弼时为青年团中央名誉主席，冯文彬为团中央书记，廖承
　　志、蒋南翔为副书记。大会通过了《中国新民主主义青年团工作纲领》、《中国新
　　民主主义青年团章程》，决定以《中国青年》为团中央机关刊物。参见当代中国研
　　究所编：《中华人民共和国编年史》（1949 年卷），北京：当代中国出版社，2004
　　年，第 381 页。

83　当代中国研究所编：《中华人民共和国编年史》（1949 年卷），北京：当代中国出版
　　社，2004 年，第 323 页。

84　中共中央文献研究室编：《周恩来年谱（1898-1949）》，北京：中央文献出版社，
　　1989 年，第 791 页。

解放前夕，武昌青年会对于维持地方的社会秩序，起了领导作用。解放军入城后，曾写信表示敬意。解放后的次日，武汉学生联合会的负责人便到青年会来商量，他们要发动全市学生参加慰劳及各种协助解放军工作，愿以青年会为集会及彼此联络的中心。到了解放后的第三日，四野文工团还借住了青年会的寄宿舍。在大军南下之时，青年会还同武昌红十字会在江边组织了临时医药服务队，发动了全市的医师参加，每天晚上工作至 12 点以后，如此有一个月之久，这种工作颇得当地政府之嘉许。而广州解放后在新政权的工作干部里，有不少的人过去曾直接或间接与广州青年会发生过工作上的关系，从而增进了彼此的了解。再如长沙解放以前，当地青年会曾作过一些酝酿和平运动的工作，和掩护地下工作人员的事情，因此有的同工被国民党"胁迫离去"，有的同工甚至被捉去"苦打拘禁"。[85]

1949 年 8 月 11 日，华北人民政府主席董必武曾在华北区青年会区会议中作演讲："青年会所做的许多事情，是符合中共政策的……希望青年会的朋友能明白今天基本的形势，在工作方面尽量与青年团、民主青联和学联会取得密切的合作。"[86]新民主主义青年团中央委员会副书记蒋南翔也在同一会上说，青年会作为一个团体还有其存在意义，要让它充分发挥作用。蒋南翔还说，共产党今后仍要和青年会保持合作关系，"希望青年会和帝国主义划清界限，希望青年会和共产党和新青团合作。在总方针来说，是共产党领导的新民主主义，在具体工作上是合作，而新青团和青年会是朋友关系地一起工作。"[87]董必武和蒋南翔的话再一次证明青年会和中共的亲密关系。而当时已是建国前夕，二人的讲话预示着青年会在新中国还将派上用场。

1950 年 1 月，新中国成立才三个来月，海维德在写给中国委员会的信中就敏锐地察觉出基督教男女青年会的一支独大对教会造成强烈的冲击。海维德称，政府给予男女青年会以非官方地位（unofficial status），原因是政府认可它们以往所做的社会服务，青年会经济上自养程度也较高，同时青年会干事的政治观点更为进步。海维德观察到，青年会有多人进入新政协，这意味着政府官员在考虑针对基督教的政策时多会参考男女青年会的建议，而不是其它教

---

85 《中华基督教青年会全国总干事座谈会记录》，上档藏，U120-0-33，第 37 页、42 页、48 页。

86 董必武：《下乡》，《天风》，第八卷第六期，1949 年 9 月 3 日，第 11 页。

87 《新青团中委会副书记蒋南翔先生讲演摘要》，《协进》，第八卷第二期，民国三十八年十月十六日，第 4 页。

会的，而这会引发一些相对保守的教会对青年会的不满，致使基督教内部充满紧张。[88]海维德的话意有所指，透露出他对吴耀宗、刘良模等人作为新政协基督教代表一事的不满和担忧。

在接下去的基督教三自革新运动中，青年会发挥了无可替代的特殊作用。这种作用，下文将会述及。需要指出的是，青年会对中共的作用，有时间期限。随着三自革新运动告一段落，它的地位和用处也相应下降。关于这一点，1952年12月青年团中央的一份报告指出，当时党内已有人建议"挤掉"青年会或对其"收摊子"。不过，青年团中央认为男女青年会在国内和国际上都有一定的社会影响，今后应在党的领导下给以适当的支持和协助。此后，中共中央在对报告的批示中也表示同意青年团中央的上述意见。[89]报告中，青年团中央对青年会所划定的工作任务是"团结教育无组织的中间、落后群众和基督教青年、教徒妇女"。

88　China-80, February 24, 1950, pp.6-7.

89　《上海市青年联合会关于基督教男女青年会当前情况及急待解决的几个意见》（1952 年），上档藏，C23-2-105-6。

第四章　反帝爱国与三自革新运动的缘起

一、走进新时代

1."一边倒"政策的影响

新中国成立前夕，中苏战略同盟关系就已经奠定基础。1949 年 1 月 30 日至 2 月 8 日，中共领导人与奉斯大林之命前来西柏坡的米高扬曾进行 12 次正式会谈，在谈话中"反复和明确地表现出亲苏的立场"。[1]虽然此后美大使馆仍留南京，而苏大使馆却随国民党政府迁往广州，5 月至 6 月黄华还与司徒雷登多次晤面。[2]但事实上黄华与司徒之间的会谈内容，中共都会向苏联方面及时通报，毛泽东也对苏共中央代表科瓦廖夫说，他不相信司徒雷登的话，对美大使没有离开南京也表示不感兴趣。6 月 26 日，刘少奇率中共中央代表团秘密抵达莫斯科。刘少奇此行的目的是争取苏联对即将成立的新中国的各方面支持，同时为毛泽东访问苏联做准备。6 月 27 晚，在和刘少奇的第一次会谈中，斯大林几乎同意了此前中共提出的所有要求，表明了苏联视中共政权为盟友的立场。毛泽东抓住时机，在 7 月 1 日的《人民日报》上发表《论人民民主专政》一文，正式宣布中共中央的既定方针——向苏联和社会

---

1 沈志华：《从西柏坡到莫斯科：毛泽东宣布向苏联"一边倒"——关于中苏同盟建立之背景和基础的再讨论（之二）》，《中共党史研究》，2009 年第 4 期，第 15 页。

2 参见陶文钊主编：《美国对华政策档集（1949-1972）》（第一卷上），上海：世界知识出版社，2003，第 98-104 页

主义阵营"一边倒"。[3]

8月2日，司徒雷登黯然离宁返美。8月5日，美国务卿艾奇逊发表《美国与中国的关系》白皮书，白皮书不仅为美国"失去中国"而辩护，还顺势抛出司徒雷登作为美对华政策失败的替罪羊。中共倒向苏联不仅是国家政治上的大事，对美国新教在华传教事业的前途命运也产生了重要影响。在8月30日对白皮书所作的第五篇评论《"友谊"，还是侵略？》一文里，毛泽东毫不客气地指出美帝国主义比较其它帝国主义国家，更加注重对中国的精神侵略。基督教的教育、慈善和文化事业与美帝国主义对中国的侵略之间被划上等号，司徒雷登则被看作是这些侵略事业的主要代理人之一。[4]

1949年12月6日，毛泽东启程访问苏联。12月16日，毛泽东一行抵达莫斯科。同日下午6时，斯大林与毛泽东在克里姆林宫斯大林办公室小会议厅举行会谈。毛泽东曾谈到当时外国人的影响，在经济和商业领域，主要是英国人的投资；在文化教育方面，美国人占主要地位。在军事和政治领域，我们已取得完全的成功，至于文化和经济，在这方面我们还没有摆脱外国的影响。[5]毛泽东对斯大林的表述，说明中共已决心肃清美国对华文化教育方面的影响。而这些文化教育事业的重要一部分是由美国差会及传教士办理或资助的。毛泽东在莫斯科和斯大林打起了持久战，中途又召来周恩来，经过长达三月之久的谈判后，终于在1950年2月14日签署《中苏友好同盟互助条约》。至此，中苏同盟关系正式固定下来，而中美之间亦愈行愈远。

中美交恶、中国倒向苏联这个事实，使得美国对华影响力逐步下降，当时的美传教士对此予以密切关注。在美国务院发布白皮书以后，当时在上海的传教士密尔士（W.P.Mills）就注意到沪上各大报纸充斥着对白皮书批判的文章，但对美国人的态度还是友好的，只不过批评者会在美国政府和美国人民之间划一条界限。[6]1949年9月来自上海的另一份报告也叙述了同样的情形，并认为美国人最严重的失败或是错失的机会倒不是外交上的，而是在意识形态领

3　沈志华：《从西柏坡到莫斯科：毛泽东宣布向苏联"一边倒"——关于中苏同盟建立之背景和基础的再讨论（之二）》，《中共党史研究》，2009年第4期，第20、23、29页。

4　毛泽东：《毛泽东选集》（第四卷），北京：人民出版社，1991年，第1506页。

5　当代中国研究所编：《中华人民共和国编年史》（1949年卷），北京：当代中国出版社，2004年，第785页。

6　China-70, November 15, 1949, p.2.

域，包括没能让中国有影响力的群体相信基督教文明的价值，以至于苏联和马克思主义将在中国大行其道，而西方国家和友人的影响力却黯淡了下去。[7]而在 1949 年 9 月 19 日这一期的《中国通讯》上，曾刊登一位中国平信基督徒的两封信。这两封信是毕范宇发给中国委员会的，以供大家讨论。这位英文名字是 C.H.Lee 的中国平信徒很可能是知名的社会学家李景汉。第一封信肯定了美国对中国的传统友谊，但又认为美国过去在中国同样获得诸多特权，今后美国不应在中国面前指手划脚。第二封信中提及苏联对中国革命的重要性，认为共产主义将主导中国人今后的思想与生活，苏联不仅是中国的朋友，未来甚至会是中国的盟友。[8]这位平信徒显然清楚中国今后将倒向苏联，毕范宇认为这证明美国影响力在中国的衰落。

　　对白皮书的批判还只是停留在纸面和口头上，而美制蒋机对上海等地的轰炸则让中国上下包括教会对美国政府多了愤恨。1949 年 11 月 10 日，中国委员会干事寇润岚向各差会海外宣道部负责中国宣教事务的干事发了一封信。信中说，中国委员会最近收到来自上海的签署日期为 1949 年 11 月 7 日的电报。电报称："代表 180 家基督教机构的 330 位基督教领袖在上海集会，强烈抗议美制蒋机轰炸上海、屠杀中国无辜百姓的行为。敬请美国教会督促美国政府今后停止此类行为。"寇润岚对这份电报十分重视，建议各宣道部的干事们采取有效行动，如立即写信给国务卿艾奇逊、相关的参议员和国会议员，以及教会和教会领袖。

　　当时，美制蒋机对上海等沿海城市不时袭扰，而新中国尚无正规空军，所以人民生命财产损失较大。一种自然的逻辑是，如果美国没有提供飞机，台湾的国民党也就不可能轰炸大陆。寇润岚此举显然是想让美国教会向国会和政府施压，假使局势恶化，不仅于在华的美传教士处境不利，而且也会让中国教会难堪。比如 1950 年的上海"二·六"大轰炸，上海居民死伤众多，电力设施损毁严重。2 月 21 日，刘良模在沪写了《基督徒与美帝》一文。刘良模认为在基督徒的中间，因为过去与英美的关系，还有不少人迷恋着英美，特别是美国。他说有一次和几位基督徒同道谈到认识美帝，揭露美帝真面目的运动，好几位同道是赞成的，但也有少数的同道反对。有一位说："现在骂美国太对不起良心了。"刘良模对这位同道的此种态度斥之为"洋奴心理"，"美帝不

7　China-74, December 9, 1949, p.2.
8　China-67, September 19, 1949, pp.4-6.

断供给蒋介石以飞机、炸弹、汽油，来炸死我们中国老百姓，这该骂不该骂？"另外一位同道说："如果我们要骂美国，我们也应该骂苏联。"刘良模指出这位同道虽然装作中立，不赞成"一边倒"，其实心里是反苏反共，倾向美帝。刘认为，这位同道已"有意无意地变成了美帝宣传的工具；做了美帝的走狗和尾巴。"[9]的确，类似"二·六"大轰炸的事件很容易激起教会内部的爱国主义和民族主义情绪。

中美两国之间敌意的不断积累，让在华传教士越来越感到惴惴不安。在福州的麻安德夫妇于 1950 年 3 月 15 日写给美国公理会总部的信中说到："这里的许多传教士害怕美国公众舆论会被政府有意识操纵以致偏离正常的轨道，就像共产党阵营故意歪曲美国一样。我们虽无法向你们展示这里的真实场景，但你们是否意识到中美双方其实都在使用相同手法抬高自己并贬低对方。我们渴望对当今世界有实际客观的了解，但可得到的信息多为政治宣传，实情则少得可怜。我们传教士原本在此时可成为中美之间的桥梁，却发现我们站立的土地正从两脚之间迅速分开，出现一条大的裂缝。"[10]麻安德夫妇不禁发问，这条裂缝今后是否会继续扩张以至于不得不选边站？苏皖基督教农村服务联合会的一位美国传教士也在 4 月 7 日的信中说：一些传教士觉得压抑，或是因为家庭原因回国了，还有许多传教士准备休假。这就意味着人力的严重缺失。尽管他还坚信两国会重建友好互惠的关系，但不得不承认在"竹幕"的两端，彼此确实存在着诸多的误解与相互指责。[11]

与此同时，美国教会内部对新政权的态度也发生了变化。1949 年 12 月 6 日，在乔治亚州的亚特兰大，美国基督教联合委员会执行委员会发表了一份名为"教会与美国远东政策"（The Churches and American Policy in the Far East）的声明。这份声明虽然表示并不代表宣道部的意见，但的确反映出美国教会和政治之间的特殊关系。声明一开始就表示，新中国的成立是共产主义在亚洲蔓延的标志。声明督促美国政府应该施行更为积极的亚洲战略，进一步加强美国与远东的传统友谊。声明认为美国不能单凭军事手段阻止共产主义在中国和亚洲其它地区的推进，因为无论是中国还是亚洲其它国家的革命，都不仅是暴力的问题，实际上是社会政治问题。美国教会的主要作用在于填补远东地区的

---

9 刘良模：《基督徒与美帝》，《天风》，第九卷第八期，1950 年 3 月 4 日，第 4 页。

10 麻安德夫妇写给美国公理会总部的信，第 1 页。

11 China-86, May 22, 1950, p.1.

"精神真空"，它要和亚洲教会肩并肩推动一场精神改造运动。[12]这份声明带有强烈的冷战意味，认为遏制共产主义在中国和亚洲的蔓延不能仅仅依赖于军事手段，而是要动用文化、社会和政治上的一切手段，这表明美国教会与政府利益一致的一面。基督教在这里被作为一种起到改变亚洲人民精神生活的有效工具，能配合美国新的亚洲战略的实现。当然美国教会中的一部分人士仍然相信教会与共产党政权是可以并存的。1950 年 3 月，超过 50 位的美国教会人士，他们全部与在华宣教事业有直接联系，向美国国会和国务院提交一份名为"关于美国承认中华人民共和国的备忘录"的文件。备忘录这样说："如果美国想要在中国继续发挥它的影响力，那么就有必要与中国保持一切经济、文化、政治和宗教上的往来……承认新中国至少能使中美之间在政治途径上继续接触，推迟承认则会使现有的往来亦将难以维持。"[13]

可以说，新中国最终倒向苏联，不仅是国家政治上的大事，对中国基督教的发展也产生了深远影响。中国教会今后不得不做一道选择题，即到底是继续和美差会保持联系，还是审时度势，壮士断腕？或者说，中国基督徒的思想是站在苏联领导的社会主义阵营这一方，还是站在美国为首的资本主义阵营一方？

2. 基督教的边缘化

中共在外交上所采取的"一边倒"国策，致使与美国教会关系密切的中国基督教陷入进退失踞的境地。同时，随着建国初中共对意识形态和中下层社会加强控制与改造，基督教被有意无意地边缘化，不仅在思想文化上失去了话语权，在社会服务领域也有退出的迹象。

所谓的思想文化，主要指基督教和共产主义的哲学基础不同，共产党员是唯物主义者，基督徒则是唯心论者，双方难以兼容。中共自己所持有的政治文化理念无疑是排斥基督教的。那么，中共当时对基督教的较为系统性的看法又是如何？下面所述的一份笔记能够予以说明。这份笔记于 1949 年 11 月来自一位年轻的中国基督徒学生，他在中共政治学校学习了数月，以至于他的基督教信仰和马克思唯物主义的宗教观之间起了冲突。这份笔记至今读来都形象

---

12 "The Churches and U.S. Policy", *Far Eastern Surveyork*, Vol.18, No.26(Dec.28, 1949), p.306.

13 Nancy Bernkopf Tucker, "An Unlikely Peace: American Missionaries and the Chinese Communists, 1948-1950", *The Pacific Historical Review*, Vol.45. No.1(Feb., 1976), p.99.

生动，饶有趣味。通过它，我们可以看出政治学校如何对学生进行马克思唯物主义宗教观的教育。与现在相比，中共当时的马克思主义宗教观要激进许多，它从唯物主义和阶级斗争的立场，对基督教的社会价值持基本否定态度。从基督教的阶级属性看，它虽然早期起到过一定的进步意义，但终究是为上层统治阶级所利用或服务的，成为削弱劳动人民反抗意识的一种工具；再从唯物主义的观点来看，基督教所宣扬的那套理论，是虚无飘渺的，上帝也并非真实的存在，违背了科学的自然及社会规律，在现实的阶级斗争中，只会起到模糊阶级界限、麻痹人民精神的作用。不过，就算是否定，学校在教育时也是循循善诱的，逻辑相对严密。课堂的教育当然有灌输的一面，但这种教育经常是联系社会实际，深入浅出，对学生有较大的启发性，也能切中基督教的一些软肋。这份笔记显示，基督徒的政治地位在新社会是不高的，不能在党或政府内任职。当然，解放前就参加革命的另算。[14]可见，在新中国成立初期的政治话语中，马克思唯物主义与基督教其实是代表两种对立的社会意识形态，两者在新社会里是无法对等的，后者必须要接受前者的改造。

政治学校的这种教育相当有效。这份笔记的主人就说自己内心充满矛盾。其结果无非是两种，一种是继续留在教会，另一种就是离开教会，参加进革命队伍中去。解放初期，青年人离开教会的现象屡见不鲜。冯覃燕在《青年走离教会问题》一文的开头就说："青年走离教会问题，近来愈趋严重，不能再容忽视了！"冯覃燕在文中提及，有一位曾被视为热心的基督徒青年说："我们年轻人所追求的真理，在教会里已经找不到，所以我们走了，不留恋的走了。"[15]1950 年 1 月 11 日，在北美国外宣教事业协会的年会上，一位从中国回来不久的传教士在演讲中就说，在中共革命者的身上，有一种宗教般的献身热情，

---

14 China-74, December 9, 1949, pp.3-4.需要指出的是，这份笔记体现的是政治学校里针对学生群体的教育，强调确立马克思主义的正统性，而中共在处理整个基督教问题时，则多是从统战的角度，讲究策略性。艾玮生在《现阶段的中国基督教运动》一文中就指出在新政协会议中，除了 5 位正式基督教代表外，尚有 30 位左右是基督教的信徒，差不多占了代表总数的三十分之一。同时，在中央人民政府中，卫生部长李德全，教育部副部长韦悫，农林部副部长杨显东，内务部副部长陈其瑗，中央委员张治中，政务院副秘书长辛志超，典礼局局长余心清等都是基督教人。艾认为，这很明显地说明了共产党对基督教人没有歧视，这是统一战线的成就。参见艾玮生：《现阶段的中国基督教运动》，《信义报》，第四卷第五期，1950年 3 月 1 日。

15 冯覃燕：《青年走离教会问题》，《浸会通讯》，第四卷第二期，1950 年 3 月 1 日，第 38 页。

不少教会的青年受此影响。这位传教士说，一个教会的基督教团契的 60 位青年中，有 16 位青年相继转往政治学校。教会的工作也是为了吸引青年，但在这种情况下，教会领袖的心里肯定五味杂陈。但是，中共当时确实在努力为穷人说话办事，这个本来也是教会应该做的，不过暮气沉沉的教会早已无法与前者相提并论。[16]这位传教士的经验说明，在许多青年看来，中共在许多方面确实比教会做的出色，所以他们重新做了个人选择。中共的革命理想、信念和作风对广大青年产生一种前所未有的教育引导作用。

在思想文化方面受到排斥的同时，基督教在社会服务领域也遭到挤压。教会社会服务主要包括教会学校、乡村服务工作和医药工作。就教会学校而言，1949 年 12 月 31 日，教育部副部长钱俊瑞在全国教育工作会议上作总结报告，说明私立学校的现阶段政策，他说：“在目前条件下，我们对中国人办的私立学校除坏者应予取缔或接管外，一般地应采保护维持、加强领导、逐步改造的方针，没有必要而随便命令停办或接管，是不妥的。”[17]教会学校亦包括在私立学校之内，这样看来，教会学校似有长久存在的可能。但半年后，风向悄然发生转变。1950 年 6 月 9 日，钱俊瑞在全国高等教育会议上的总结中提出要将实践新高等教育方针的中心问题放在“力求理论与实际一致”。报告认为，在高等教育机构中，理论与实际联系一向较好的是占全国高等学校总数大约 15%的新型高等学校（中国人民大学、东北的医科大学和工学院等）。这些学校在提高正规化的过程中，不应该削弱理论与实际的联系，“认为自己不是正规大学，瞧不起自己，盲目崇拜欧美式旧型大学，无疑是错误的。”而对于“过去学英美，就不联系实际，现在学苏联，难道就行吗？”这样的疑问，钱俊瑞在报告中这样回答：过去中国学英美并不成功，因为“它们是资本主义的帝国主义的国家，学了它们对中国人民没有用，这是我们从前射错了箭，所以失败了”。反之，“学苏联的经验，我们绝不会上当，完全可以放心学”，“现在我们提倡各高等学校多多参考苏联的教科书和各种材料”。这里所谓的欧美式旧型大学主要是指教会大学。最后钱俊瑞提出对私立学校采取“积极维持，逐步改造，重点补助”的方针。而对于教会学校，“要着重进行革命的爱国主义的教育，反对帝国主义的侵略，克服仰承帝国主义的买办思想”，“要警惕帝国主义，特别是美帝国主义，利用教会学校

---

16 China-78, February 8, 1950, p.3.

17 《政府鼓励私立学校》，《天风》，第九卷第二期，1950 年 1 月 21 日，第 3 页。

扶植反动势力的阴谋"。[18]

至于基督教的乡村服务工作，在中共看来是在模糊阶级差别。它试图通过讲爱、谅解等手段来弱化农民反抗地主的斗争意识。而在中国的农村只有两种阶级，农民和地主。共产党的政策是不会立即清除地主阶级，但一定要强化农民的阶级感情。基督教在农村的态度则干扰和阻碍了党的这种政策。所以它是坏的。[19]1950 年 5 月 5 日，华北基督教农村服务联合会（"华北农联"）的新任总干事杨绳武在写给中国委员会的信中报告说：4 月 25 日他到北京后，曾用 5 天工夫拜访一部分朋友和以前的学生，他们都在政府机关里做事。他这样做原本是想了解政府对华北农联的工作有何新要求。但对方却称，他们对农联的印象很不好，以后政府的项目会覆盖华北农联所从事的工作。要不了几年，教会或基督徒只剩下祷告上帝这一件事情了。他们建议杨绳武不如离开农联加入政府，为人民服务。[20]杨绳武的信证明，在当时一些政府部门的工作人员心目中，基督教农村服务事业已无存在的必要。

基督教医药工作，与其它社会服务事业相比，有一定的特殊性。中共对带有帝国主义烙印的教会医院可能并不欣赏，但对有医药方面专业技能的基督徒却仍能大胆使用。最典型的就是姚克方，他是卫理公会的基督徒，南京解放前是国民党南京中央医院的院长，但他留了下来。两三个月之后，中共派人告知姚克方，政府一直在考虑为南京周边四五十英里地区的人口提供卫生医疗服务，计划是对这一地区所有的医生、护士及助产士先行登记，同时按人口数目对该地划片，然后每一片分驻一位医生、一位护士，以及一到两位助产士，这样就能将南京及周边的农村都纳入医疗服务范围。他们向姚克方征求对这个计划的意见。姚本人曾于 1948 年应英国文化委员会之邀，赴英考察卫生工作，对当时英国工党政府采用社会主义方法进行医疗卫生的改革印象深刻，对姚来说，中共的这个计划和英国工党政府的计划颇有相近之处，不过前者更为彻底，因此表示支持。中共代表说："我们很高兴听到你这样说，我们任命你来主持这个计划。"[21]姚后来调往汉口，担任中南军政委员会卫生部副部长，

---

18 钱俊瑞：《团结一致，为贯彻新高等教育的方针，培养国家高级建设人才而奋斗——一九五零年六月九日在全国高等教育会议上的结论》，《人民教育》，第二卷第二期，第 9、11-14 页。

19 China-74, December 9, 1949, p.4.

20 China-86, May 22, 1950, pp.2-3.

21 Francis Price Jones, *China Missionaries oral history collection* [microform], pp.33-34.

1956 年还担任湖北省卫生厅厅长。史迈士夫人也证实，南京解放后她继续从事医疗工作，她的专长是肺结核诊治，一直到 1951 年初全家离开中国为止，期间并没有因为她是美国人就受到不公正的待遇。只是在朝鲜爆发后局势渐趋紧张之际，她前去医院时就会戴上一个红十字臂章，这样医院门卫就会放她进去。医院每周都会召开一次关于 X 光片的讨论会，身穿军装的中国医生会带着他们病人的 X 光片在会上咨询史迈士夫人，彼此在医学上交流意见。对史迈士夫人而言，和以前很大的不同之处是会上大家一般只说国语。[22]可见，姚克方虽是基督徒，还长期在南京中央医院工作，而史迈士夫人还是一位美国传教士，但两人都是医学方面的专家，这样的人才在缺医少药的中国一向是宝贵的，同时医学工作也不像教育、慈善那样容易俘获人心，所以两人在新中国成立之后仍能发挥所长。

但是，教会医院却同样面临着危机。时任中南军政委员会卫生部副部长的姚克方[23]曾指出各地教会医院解放后遭受困难，甚至无法维持的问题及原因。内在的因素是教会医院工作人员的闭关自守、脱离群众；医院财务不公开，行政大权掌握在少数人之手；工作人员对政治认识不够，思想落后。造成困难的外部原因：一是 1950 年春季各地税捐的推行，对教会医院经济上造成较大的冲击，再加上税收工作人员有些纯经济的观点，"只为了争取税收任务的完成，却没有顾到医院是服务人民的事业"。二是工会工作者，在执行政策时有偏差，"太强调福利与劳资关系，对院方不合作，领导一部份工人争取福利，遗忘了毛主席的'公私兼顾，劳资两利'的政策"，"在解放初期便发动群众运动与医院当局斗争，形成对立，弄得医院不能改进，病人受到很大影响。"三是"又有若干少数城乡下级干部犯了偏差，认为医院既是教会所办，教会又系美国人所办，把教会与美帝联合在一起，视医院为美帝之代表机关，造成不少困难，极费周折解释。"四是 1950 年春季各地受去年灾荒影响，社会经济低落，"致向来各处医院素赖收入维持者，病人突然减少，即有来院诊治，亦

22 Margaret Garrett Smythe, *China Missionaries oral history collection* [microform],pp.63-64.

23 在第二十三卷第一期的《公报》里，有李叔芳的《汉口灵光堂会闻一束》一文，记载汉口灵光堂近邻协和医院和政府所办的武汉大学医学院正式合作，新任院长即由中南军政委员会卫生部副部长姚克方兼任。文中提及在 1950 年 6 月 11 日上午，姚曾在涂登榜副院长陪同下参加灵光堂的礼拜。并声称姚也是热心基督徒，主内一家。可见，姚从南京调任中南的时间很早，章文新的回忆是较为准确的。

贫苦无钱缴付"，"开支不能减少，冗员不得精简，致无法维持。"[24]姚克方的分析说明，建国初期各地教会医院遇到困难的原因有多方面，但很大程度上是来自于税收工作人员、工会工作者以及城乡下级干部潜意识里的观念问题，教会医院是美帝代表机关等思想根深蒂固。

二、三自革新运动的发起与基督教内部的权势转移

1. 全国协进会的杯葛

全国协进会眼见自己无法主持基督教代表的选举工作，吴耀宗等人又被中共看好并提出激进的改革主张，它也不动声色，步步为营，仍然试图保持基督教在新社会的独立性。海维德写给中国委员会的第三封海外通信中曾提到"基督教紧急议会"这个组织。当时这个组织还是临时性的。但在 1950 年 1 月海维德写给中国委员会的信中，谈到这个组织已于近期更名为"基督教协商议会"（Christian Consultative Council），每两周举行一次会议，同时还有一个名为"基督教和共产主义研究小组"（Study Group on Christianity and Communism）的组织，每隔一周举行一次会议。此时的基督教协商议会共有 28 位成员（其中只有 12 位中国人），代表至少 27 家不同的教会团体和差会，或是全国性的基督教机构，其中有几家并不是全国协进会的正式会员单位。协商议会的主席一开始是陈文渊会督，但陈文渊返回华西教区后，改由涂羽卿接任。这个机构实际上成为中国教会的信息中心。许多重要的议题都是在此提出，如财产税、薪金调整、传教士在华地位、教会中学问题等。还有一些重要的提案，如在北京开设联合办事处、召开全国基督教会议等，也都是在协商议会上首先提出来，然后交由全国协进会通过执行的。1949 年 9 月，协商议会还为即将离华的传教士举办了惜别会。与此同时，协商议会还花大量时间起草各种声明，以起到引领和凝聚信徒思想的作用，虽然一些声明从没有公开发表过。广为人知的"全国协进会致全国基督徒的第三封信"的草稿就是由协商议会拟定的。一份更为重要的文件——"中国基督徒致差会海外传道部的信"，同样是由协商议会中的中国成员发起，随后得到另外几位中国基督教领袖的联合签名。[25]

海维德的这封信说明，基督教协商议会实际上是全国协进会的"中枢"，

---

24 姚克方：《今后教会医院的道路》，《公报》，第二十三卷第一期，1951 年 1 月 1 日，第 7 页。

25 China-80, February 24, 1950, pp.11-12.

也是许多重要事情的策源地。这个组织旨在共享信息、相互协作，发挥了基督教界的统一战线功能。更深层次的涵义在于，虽然当时传教士已不能随意外出旅行，但通过这个机构，传教士仍能在幕后发挥领导作用。在信中，海维德说到基督教协商议会首先提出要在北京设立联合办事处、召开全国基督教会议，以及草拟"中国基督徒致差会海外传道部的信"等。这些举措可谓集中反映了新中国成立初期全国协进会的立场和意图。归根结底就是，中国基督教在新时代要走什么样的路？

1949 年 10 月 25 日至 27 日，中华全国基督教协进会执委会会议在上海举行，出席者有吴贻芳、江长川、黎照寰、罗运炎、涂羽卿、邵镜三、应开识、蔡葵、黄安素、贝德士、杨聂灵瑜、胡祖荫、全绍文、应书贵、苏佩礼、昊贝玺。会议产生两项重要决议：一、于最短期内召开全国基督教代表大会，讨论成立全国基督教机关——能够广大地包括全国一切大小宗派的公会，成为一个全国性的行政总机构。二、于全国基督教代表大会未召开之前，先在北京设立各基督教领导机关联合办事处，藉与中央人民政府取得联系。[26]

首先，分析与会人员的构成。黄安素和贝德士是美传教士，他们两位在此后一段时间的全国协进会中仍将扮演重要角色，苏佩礼、昊贝玺则是英国传教士。除去这四位外籍传教士之后，剩下的刚好是 12 位中国基督教领袖。可以大胆推测，这 12 位中国基督教领袖正是海维德信中提到的基督教协商议会中的 12 位中国人。这样推测的一大缘由是，"中国基督徒致差会海外传道部的信"的签名人之中，这 12 位中国基督教领袖的名字再次出现。这一点，下面还会写到。其次，通过解读会议产生的第一项决议，可知全国协进会召开全国基督教大会的最终目的在于成立一个全国性的行政总机构。一直以来，全国协进会只有居中协调之权，却无行政权，组织上较为松散，还有不少公会也不愿意加入全国协进会。显然，传教士和中国基督教领袖都意识到，这种模式已经不适合新时代中国基督教发展的需要，所以才会有此决议。至于在北京设立联合办事处，很可能是因为此前的新政协会议对教会团体并不认可，而北京已经替代南京成为新首都，所以全国协进会想通过这一机构和中央人民政府及时进行沟通，争取中共的支持。

到了 1950 年 1 月，全国协进会执委会举行第二次会议，此时大家觉得前所拟议的全国基督教会议的问题，已经踏进了另一个新阶段，"那就是说酝酿

26　《本会事工述要》，《协进》，第八卷第三期，1949 年 11 月 16 日，第 15 页。

的时期已经大致成熟，目前可以进一步走上筹备的阶段，来谈谈组织和筹备工作上的一些必要的具体问题了。"[27]依据 1950 年 1 月 26 日的执委会决议，对于全国基督教会议在筹备阶段中的机构组织问题，曾作了一个非常重要的原则性决定。按这决定，全国协进会对于全国大会的召开，是负有发起的责任，同时与其它有关的教会和机关，合作进行各种筹备工作。在全国协进会看来，全国基督教大会之所以要由其发起，原因有二：一、全国协进会是由国内各宗派教会和教会的机关合作所组织的，在它的系统里面，就包括了大多数的教会。二、全国协进会已有 28 年历史，素来提倡教会互助合作的事工，为教内外人士所知道。[28]此举其实是为进一步确立全国协进会在基督教界的领导地位。在之后成立的全国基督教会议筹备委员会中，主席为朱友渔，副主席为涂羽卿、鲍哲庆、崔宪详、江长川。总干事是吴高梓。有意思的是，关于为研究各项问题而下设的四个小组中，有一"宣言组"，负责人为吴耀宗、崔宪详。[29]可见，吴耀宗虽为无党派民主人士和新政协会议的基督教代表，但在筹备委员会中仍然无法占据重要位置。

至于海维德信中所说的"中国基督徒致差会海外传道部的信"，是指国内基督教知名人士王佩真、江长川、吴贻芳、吴高梓、陈裕光、崔宪详、全绍文、朱兰贞、邵镜三、林天铎、林步基、涂羽卿、胡祖荫、孙恩三、陆梅僧、黎照寰、蔡葵、缪秋笙、聂灵瑜等 19 人，以个人名义写给英美教会宣教部的一封公开信。在这 19 人之中，其中 12 位正是参加 1949 年 10 月全国协进会执委会会议的中国委员。这封信刊登在 11 月 5 日出版的《天风》期刊上，说明发信的时间很可能是在开好这次执委会会议之后。各位中国基督教领袖认为"中国的历史已翻开了它新的一页"，"中国基督徒觉得有检讨我们的事工以及我们与国外先进教会的关系的必要"。对于教会与帝国主义和英美教会的关系，信中写道：

> ……在共产党员方面也还存在着某些根深蒂固的看法，他们以为中国的教会与帝国主义、资本主义都有着密切的关系。过去，在

27　林永俣：《全国会议从酝酿到筹备的阶段》，全国基督教会议筹备委员会编：《全国基督教会议筹备情况报告》，上海，1950 年 6-7 月，上档藏，U123-0-145-[3]，第 4 页。

28　《筹备全国会议机构是怎样产生的？》，全国基督教会议筹备委员会编：《全国基督教会议筹备情况报告》，上海，1950 年 6-7 月，上档藏，U123-0-145-[3]。

29　全国基督教会议筹备委员会编：《全国基督教会议筹备情况报告》，上海，1950 年 6-7 月，上档藏，U123-0-145-[3]，第 8 页。

不平等条约的护符下，中国教会的确享受着某些特权。在事实上，中国教会在人员与经济两方面，也确曾与英美的教会有过密切的联系。中国教会的生活与组织也的确依据了英美的方式而建立的；来自国外的宗派主义的传统也在中国生了根。大部分的教会行政权还操在西国传教士的手里，在许多场合中，教会的政策仍被国外的差会所决定。我们很清楚的了解到、也可以肯定的来说，中国的宣教工作与政府的政策从未有过直接的关系，宣教的经费也均由普通的国外基督徒与教会会友所乐意捐献。传教士到中国来，除了宣传爱的福音及为中国人民的需要而服务以外，并无其它目的。人们对于基督教的中心目的是不会有什么疑问的，但教会的对外关系很容易会被误解而被人提出责难。我们许多传教士及差会的领袖们都清楚地明白这过去不幸的政治关系，并竭尽他们的能力在那时的环境下努力纠正他们的过错。我们也知道你们真心诚意地要建立一个由中国信徒自己来管理的本色教会。我们现在已到了一个需要加强我们的力量使我们的政策早日实现而不再误入歧途的时候了。[30]

这封信认为，存在于中共党员之中的"某些根深蒂固的看法"有其合理之处，但也为英美教会及传教士辩护。信中指出，中国信徒进行自我管理的时代已经到来，各英美教会应该认清形势，早日放手各项权力，让中国教会真正实现"三自"，并为此提出三个基本方针："首先，政策的决定与经济的管理权，该交与中国的领袖。自养的原则必须加以强调，并有计划地来使它实现。其次，传教士未来一定还有他们的地位，他们的工作还是需要的，但不可再在行政管理方面发挥作用，同时传教士今后要学会在物质上、精神上作很艰难的适应。再者，原则上还是需要外国的经济援助，但这种资助在性质上只能算作暂时性的。中国教会一旦为环境所许可，就当自立自养。"[31]

关于在新政权和新形势下，中国基督教徒该如何自处，信中认为"中国基督徒应该准备接受当前的这一个挑战，忘记我们的分歧，放弃我们的势力范围，团结我们的力量去从事创造性的工作"。同时，信中也指出要中国基督徒"在一个政治势力广泛地影响着我们生活与工作的时代里，做一个社会集团

30 《给国外宣教部的一封公开信（译文）》，《天风》，第八卷第十五期，1949 年 11 月 5 日，第 4 页。

31 《给国外宣教部的一封公开信（译文）》，《天风》，第八卷第十五期，1949 年 11 月 5 日，第 5 页。

的教会而又兼为国民一份子的基督徒，在社会上怎样同时来表现他基督徒的精神与尽他社会的责任，这确是一个难题。"[32]从以上论述可见，在外部愈来愈大的政治压力之下，无论是基督教的工作或是基督徒的身份，都受到极大的挑战，同时信中提出教会内部要团结一致的要求，而这正是全国协进会努力实现的目标。

这封信所表达的不仅是中国基督教领袖的意见，还是当时在华差会及传教士的心声。如果拿这封信和吴耀宗先前所写的《基督教的时代悲剧》、《基督教的改造》等文章的内容和观点相互比较，会发现存在非常大的差异。简单地说，前者是坚持温和的改良主义路线，后者是强调革命和改造的激进主义路线。所以，吴耀宗认为的基督教内部充满黑暗、基督教受帝国主义驱使利用、基督教应加紧革新等观点，这封信中都很难看得出。相反，字里行间能读出许多普世、独立的味道。普世方面体现在要求中国教会今后继续和英美教会保持联系这一点；独立则体现在信中固然认为基督教应发挥社会责任，但不可失去基督教独特的立场。这些观点，在当时的社会政治条件下，很难得到中共的认同。特别是信中否认基督教和帝国主义有联系，中国教会要继续保持和西方教会的交往等观点，更是和"一边倒"的国策严重抵牾。

中国委员会接到这封信后，广为传达给加拿大和美国各差会董事部，同时还通报给"宗教新闻处"和教会出版界，之后原文刊登于美国《基督教世纪》杂志。1950年3月9日至11日，中国委员会在印第安纳州的温诺纳湖（Winona Lake）召开本年第一次会议时，还将这封信提出于参加会议人们的面前，并作为这次会议应慎重考虑的题目。1950年5月8日，中国委员会的葛惠良、包巴格、施懿秀、法乐尔、密尔士、寇润岚在给中国基督徒的复函中表示很感激中国教会"能以必须有的不偏不倚的态度来分析中国教会和西方教会历史上的关系"，强调"差会来华宣教工作的目的一向是要建立真正自立自养的中国教会"，"由中国基督徒自己来管理维持"，"现在这目标已到了更接近实现的时期"。在中国教会和政府的关系上，信中表示"该撒的物归给该撒，上帝的物归给上帝"，并强调"这样新的调整办法应该怎么做，这是中国基督徒的任务"。关于经费问题，来信表示"凡有申请需要，我们都愿给予补助"，只是关切捐款"能帮助中国教会，而不至于有所贻害"。对于中国教会所提出

---

32 《给国外宣教部的一封公开信（译文）》，《天风》，第八卷第十五期，1949年11月5日，第5页。

的诸如宣教士"不能任为监督人员，也不能在新中国随便旅行到各地教会"，
而是只在于"各种特别事工中作为服务"，同时"需要在思想与生活两方面，
作艰难的调整，以配合环境"等意见和建议，信中也表示完全同意，"我们的
宣教士准备愿在这些情形之下求为服务"。[33]由此可见，北美国外宣教事业协
会中国委员会在赞成建立自立自养的中国教会的基础上，乐意继续给中国教
会提供经济支持，同时亦希望中国教会在和政府处理关系时，能保持自身的独
立地位。中国委员会的复函无疑是对全国协进会的最大支持。不过，这封信的
观点在北美教会被广泛传播，恰恰犯了国内政治的大忌。

中国教会团体在新社会中政治地位的悬置、外部的种种压力，使得教会产
生了自发的内部向心力。这是中国教会的危机，但似乎也成为全国协进会增强
其在基督教内部领导地位的契机。但是，全国协进会显然又是"因循守旧"
的，它摆脱不了过去的积习，试图在做局部改良的基础上继续走老路子。它希
望和新政权建立一种合作的关系，但同时又计划保持基督教的性质。它也要求
中国教会走自治自养的道路，但又想维护旧有的国外联系。这两点是和吴耀宗
那一派很不相同的。如果联系中国教会在战后乃至战前的发展道路，就会发现
全国协进会的上述观点在很大程度上确实代表了中国教会和差会的观点。特
别是抗战以来，中国教会积贫积弱、对美差会的依赖性大大强化的局面下，想
让中国教会自发割断和西方差会的联系几乎是不可能的。而这也为不久之后
三自革新运动的发起埋下了伏笔。

2. 华中基督教访问团

建国初发起的基督教访问团并非新鲜事物。联系前文，全国协进会早在
1948年底和1949年初就已经派人前往华中、华南及西南一带对当地的教会进
行访问，不过当时是内战期间，访问人员中还有不少传教士，而且带有应急性
质，效果有限。因此在1949年10月的全国协进会执委会议上，又决定要"聘
请领袖人物，组织访问团"，并让干事部拟具详细计划。

但是在访问团组织上，已不单由全国协进会内亲西方的一派主导，吴耀宗
所代表的民主进步力量也参与进来。关于解放后基督教访问团的缘起，吴耀宗
曾叙述其大致经过："人民政协会议闭幕以后，宗教界代表里面的五位基督教
同道，便觉得他们应当把政协的意义和议决案，传达给各地方的基督教团体。

---

33 《北美差会联合会联合会中国委员会复我国基督徒函》，《协进》，第八卷第十期，
   1950年6月16日，第11-14页。

上海几个全国性基督教组织，因为感到各地基督教团体，在解放后有许多问题要应付，也正计划着派人到各地方访问。因此，去年十月底我回到上海以后，便同各方面磋商，组织访问团，到全国各主要城市去访问。"[34]吴所称的"去年十月底"，即 1949 年 10 月全国协进会执委会召开期间。因为，吴耀宗本人在 10 月 27 日的全国协进会执委会上做过有关中央人民政府宗教政策的报告。不过吴不是执委会委员，他是特约出席的。[35]不过，吴耀宗应该不仅只和全国协进会接触过，很可能与上海的男女青年会全国协会这两大组织接触过。因为，全国协进会的干事部之后当即和男女青年会协商，合作办理访问团事宜。商议后，干事部向本会常委会提出具体意见。访问团的目标：1. 传达人民政府对于基督教今后的事工政策；2. 商讨基督教今后的工作计划；3. 加强分区基督教协进会组织；4. 筹划全国基督教大会问题；5. 促进地方政府与教会工作人员对于基督教工作的彼此了解和接近。访问地点：上海、杭州、南京、济南、南昌、长沙、武汉、北京、天津、西安、太原、开封、沈阳、福州、广州、香港。常委会于 11 月 15 日议决案中，接受该计划。[36]

可见，基督教访问团先期计划有几大特点。第一，到访的地区，涉及新老解放区，包括东北、华北、华东、华中和华南等五地区。不过因为时间有限，再加上其它方面的限制，最后并没有深入所有地方，而是集中于华东、华中与华北地区。第二、关于访问团的工作目的。一方面是对内的，即加强教会本身的合作，及时计划革新工作；另一方面是对外的，即宣达中央人民政府对于信仰自由的国策，和联系教会与地方当局的关系。第三、在最重要的团员的人选方面，涉及的单位其实有四家：人民政协基督徒代表、全国基督教协进会、青年会全国协会、女青年会全国协会。下面，重点谈谈华中基督教访问团的情形。

华中区访问团的政协代表方面有吴耀宗和刘良模，全国协进会有吴高梓，青年协会有涂羽卿，还有一位教会的代表艾年三。但若分析上述五人的个人背景，发现并不能作以上简单的划分。艾年三，时任上海信义会牧师。曾任该会神学院编辑、圣经学校校长、豫中监督、全国副总监督等职。抗战期间，负责

34 吴耀宗：《基督教访问团华中访问记》，《天风》，第九卷第九期，1950 年 3 月 11 日，第 5 页。

35 《教会应改组全国机构实证耶稣福音》，《协进》，第八卷第三期，1949 年 11 月 16 日，第 2 页。

36 《本会事工述要》，《协进》，第八卷第四期，1949 年 12 月 16 日，第 14 页。

推进国际救济及伤兵服务工作。吴高梓，时任全国基督教协进会总干事。毕业于燕京大学，从事教育工作多年。抗战初期，促进平信徒运动，颇有建树。吴耀宗，时任青年会全国协会编辑部主任干事，服务于中国青年会运动二三十年，曾任学生干事、编辑干事等职，平时提倡民主工作甚力，近期获选为人民政协宗教界代表。涂羽卿，时任青年会全国协会总干事，国内知名物理学家，曾任沪江大学物理学系主任及圣约翰大学校长等职。刘良模，时任青年会全国协会民众教育部主任干事。抗战期间，在青年会服务，提倡民众歌咏，及军人服务等工作，因而不容于国民党。远游美国九年，近期返国，推为人民政协宗教界代表。[37]可见，华中区的五位团员之中，吴耀宗、刘良模和涂羽卿三位皆出身于青年会，且吴刘二人都是人民政协宗教界代表。另外两位，艾年三代表教会，只有吴高梓一人代表全国协进会。而此时的吴高梓，以中国基督教运动已进入大时代，全国协进会今后负有特别重大使命，自己深恐才力不胜为由，早在 1949 年 10 月全国协进会执委会议时就提出辞呈。只是经同仁再三挽留后，暂时挂任全国协进会总干事一职而已。[38]因此，青年会系统出身的团员在华中基督教访问团中，成为主导力量，作为教会当局的全国基督教协进会反而成了少数派。这说明，吴耀宗一派的力量在中国教会内部有所提升，而全国基督教协进会则受到压制，已经处于下风。这种情形，正符合当时一位传教士对中国基督教内部的分化现象的描述："我们知道很多原先和基督教紧密联系的人现在却和新政府打成一片。其中一些人在政府机关找到了位子，另外一些人则继续留在已保持很长密切关系的基督教机构内。部分教会学校、青年会，甚至女青年会里面的工作人员都和新政府走得很近。我知道已经有人向全国协进会建议要成立一个综合性的基督教全国性机构，至少是为全体教会的。但我又有证据表明，目前许多的基督教机构或团体都存在内部斗争——左派和右派都摩拳擦掌，其目的是获得控制权。"[39]

　　华中基督教访问团走访的地点和日期如下：杭州——1949 年 11 月 18 日至 21 日，南昌——11 月 23 至 25 日，长沙——11 月 28 日至 12 月 3 日，汉

37　《宗教的世纪》，《天风》，第八卷第十八期，1949 年 12 月 26 日，第 12 页。

38　虽经一致挽留，但吴辞意"极为诚恳坚决"，后又继续请辞。1950 年 1 月的全国协进会执委会议上，虽再恳切挽留，还是无效，不得不照准。因一时未有合适继任人选，请其继续维持至三月底止。4 月 6 日为吴举行欢送茶会。参见《协进》，第八卷第九期，1950 年 5 月 16 日，第 19 页。

39　China-77, January 3, 1950, p.14.

口——12 月 4 日至 10 日，武昌——12 月 8 日至 9 日，开封——12 月 12 日至 15 日。[40]

访问团每到一地之前，都事先向该地的基督徒发出一份问题提要，就目前基督教几大方面的问题提出征询意见。其背后的一个主要考虑是如何加强基督教本身的团结与合作，其次是要解决各种实际困难。如工作纲领、教会和差会及普世教会的联系、基督教协进会或联合会的加强、全国基督教会议的筹备，无一不是为此主要考虑而来。[41]这些工作，其实当时还是要由全国协进会来做的，毕竟它是"教会当局"。或者说，提要在某种程度上体现了全国协进会的意图。因此，这份提要和之前全国协进会干事部向常委会所提具体意见中的目标高度吻合。

华中区访问团的吴高梓和艾年三于 11 月 21 晚抵达南昌，涂羽卿、吴耀宗、刘良模三人则于次日晚到达。23 日下午，吴耀宗、刘良模在南昌市扩大的教会同工、同道会上报告政协会议经过，并宣达政府对宗教的政策。刘良模在报告中强调人民政协组织的人民民主统一战线的形式之重要性，具体描述政协开会时的伟大场面，充分体现出统一战线的实际性。其次他提到美国人民对于中国的认识尚不清楚。因为美国的报章、杂志、电讯、宣传，都由少数大资产阶级操纵垄断。吴耀宗的讲话则强调世界两大阵营的对立，中国教会也应当"一边倒"，倒向以苏联为首的和平堡垒的阵营，这样才可以打击反对第三次世界大战的挑拨者的阴谋。[42]吴刘二人的报告，反映出当时大形势下，中国教会也面临同样的选择。他们希望中国教会和美国教会能早日划清界限。

但是，从 23 日晚的座谈会来看，要让南昌教会如吴刘二人的报告所指明的那样去做并非易事。是晚，南昌各教会和各教会机关团体的同工同道 70 余人举行欢迎访问团聚餐会，餐后继续在二楼小礼堂开座谈会，根据访问团所拟定的讨论提纲发言。其中，关于"目前我国教会及基督教团体最大的困难在哪里"这一问题讨论最久。与会者认为，目前所谓教会的困难如教堂及房屋的被占或借用、学校内不能实施宗教教育、外国教士不能自由出门工作等都是些枝

40 吴耀宗：《基督教访问团华中访问记》，《天风》，第九卷第九期，1950 年 3 月 11 日，第 5 页。

41 《基督教访问团访问武汉教会笔记》，《鄂湘通讯》，第三卷第十一期，1949 年 12 月，第 3-4 页。

42 邱运熹：《欢迎基督教访问团大事记要》，《天风》，第八卷第十九期，1949 年 12 月 3 日，第 10 页。

叶的问题，两个最根本的难处是：

> ……最大的难处是教会工作者一方面是新中国的人民，倒向以
> 和平为首的苏联；而另一方面又是基督徒，与英美教会发生最密切
> 的关系。就在这个双重关系上，政府当局或是中下级干部们都以我
> 们认识不清，所以在事工上处处受限制。而另一方面教会有些西国
> 朋友们和中国教会虔敬的信徒们，对目前的国内形势认识不清，处
> 处发牢骚说教会工作者没有忠于职守，似乎觉得违反了教条，连教
> 堂都不能守得住，随意借给人们应用。这个双重的不了解，外面的
> 和内面的，增加了困难不少。其次的困难就是在这划时代当中，教
> 会工作者的立场或是阶级成分问题，亦很重要。不错，宗教信仰是
> 自由的，但受薪的教会工作者是属于劳动的阶级呢？还是属于剥削
> 的阶级呢？这个工作者的地位，政府并未给我们什么确定。[43]

这段话可谓实情。南昌教会各位同工希望这两大问题能在将来举行全国基督教会议时特别提出并向政府建议。

江西省政府邵式平、市政府市长邓飞和其他党政首长，也曾出面招待访问团各成员。11 月 24 日早，政府设宴邀请访问团一行赴席。因为有好几位党政首长是吴耀宗的好友，他们在上海彼此熟识，所以大家相谈甚欢。恰巧那一天华侨代表陈嘉庚、广东省人民政府副主席古大存等人也到了南昌。赴政府欢宴后，吴耀宗和刘良模二人协同古大存、陈嘉庚等又受到南昌市民的盛大欢迎。在欢迎会上，邵式平还专请吴耀宗讲话。[44]可见，江西省政府对吴刘二人礼遇有加。如此做法，恐怕是因为他俩是民主人士和政协代表的缘故。

26 日早晨，访问团一行乘车赴长沙。长沙访问结束后，访问团又前往武汉。根据上文吴耀宗的记述，他们 12 月 4 日至 10 日在汉口，12 月 8 日至 9 日则在武昌，因此访问团驻武汉的时间段为 12 月 4 日至 10 日，且停留地以汉口为主。

在武汉市基督教界欢迎会上，访问团各成员分别致辞。五个人的致辞各有侧重。吴耀宗强调中共对于宗教信仰自由有"绝大诚意"。那么，为什么当前有种种针对教会的问题出现呢？吴耀宗说，为明了教会遭受困境的实际情形，

---

43 邱运熹：《欢迎基督教访问团大事记要》，《天风》，第八卷第十九期，1949 年 12 月 3 日，第 11 页。

44 邱运熹：《欢迎基督教访问团大事记要》，《天风》，第八卷第十九期，1949 年 12 月 3 日，第 11 页。

曾请王治心制成表格，分发各地教会具体填报，至本年8月收回，250份中，有60余处声称无困难，有160余处遭受摧残。有房屋被占用的，有家具被搬走的，有圣经被没收的，有牧师被架去的，此类报告，在华北方面信而有征，山东区域尤为显著。对此有牧师就会发问，宗教信仰自由是否还有诚意？吴解释这是因为教会的作风"在有形无形间受帝国主义之传染，在许多事工上未能表显基督精神"所致，当然也和当前的非正常局势相关。吴耀宗还称，访问团在济南、南昌、长沙请教会选派数人，政府方面也指派数人，成立一便于处理地方教会事务的机构。济南与南昌方面，教会代表人数业已选出，政府方面也已认可，长沙正在进行中。吴耀宗建议武汉也这样做，访问团可居中介绍。刘良模的口吻相对强硬，突出强调基督教要进行自我革新。他建议基督教要与"帝国主义者脱离联系"，多看有关新民主主义、人民民主专政、共同纲领的新书，并学会"尽量配合共同纲领，配合时代"。吴高梓此时虽去意已决，但仍代表全国协进会讲话。他说要想获得更多同道的意见，还须召开全国基督教大会，以收集思广益之效。他将这次大会与1922年成立全国基督教协进会的那次大会相提并论，并认为前者的意义更为重大。吴高梓另外透露，这次访问团希望拟定三个宣言：（1）与政府政策如何配合；（2）对社会有何贡献；（3）对国外有何表示。这样可使"各方面了解教会之精神而不致漠视"。[45]涂羽卿、艾年三的调子则又放缓许多。涂认为这次教会遇到困苦只是"急湍之下，必有洄流"的暂时现象而已。

在接下来的教会革新问题检讨会上，武汉市基督教界领袖和访问团进行了一次较为坦诚的意见交流会，当时还有外国传教士在场。武汉市教会领袖的意见集中于三点。首先是基督教和西方教会应该继续保持联系。对此，李辉祖认为"基督教有国际性，而共产党亦有国际性，何致少见多怪"。陈忠仁也说"先进差会资助后起教会，是出于纯洁友谊，不必一概拒绝，这与苏联援助中国工程师是同一个道理"。当然，这并不是说就否定建立本土教会的意义。万福林、宋如海等人都强调了建立本色教会的重要性。其次，教会应当保持其基督教性质。对此，陈忠仁认为今后教会招收信徒当取严格，学习"共产党之收党员，与青年团之收团员"；自养问题不是大问题，重要的是灵性生活如何。吕绍瑞、邵镜川、陈书等人也强调灵修的重要性。最后，教会要多强调服务人

45　《基督教访问团访问武汉教会笔记》，《鄂湘通讯》，第三卷第十一期，1949年12月，第5页。

民。林树华和陈忠仁都提出这一相同看法。吴耀宗也谈到这次革新的特点是"着重看清人民痛苦"。传教士贝禄的观点有点不合时宜。他说要站在爱神爱人的立场以革新，旧日的工作有其片面性，但今日多轻看救个人而看重社会，这也是一种偏向。[46]

此后，访问团还与武汉市基督教界共同举行过一次"教会与差会问题检讨会"。在这次会上，同样有外国传教士出席。武汉市基督教界人士的大体意见是，今后当由中国基督徒完全主持教会，而西教士充作顾问角色，或是从事医药、文字、技术等项工作；至于经济方面，仍希望得到差会方面的援助。在场的一位外国传教士雷牧师也表达类似意思，另一位外国传教士安牧师则说西教士极愿意为中国教会帮忙，不知是否能往内地布道，或办学校。至于访问团方面的意见。艾年三说，西国同工此时困难问题是行动不能自由，人民政府之所以这样做，"一是保护，二是防嫌"。而政府之所以根本不承认教会地位，"因其背后是西教士"。吴高梓谈到卫理公会江长川会督是中国人，为要出席上海教会会议而请发路条，结果路条是从外事处得来，这是政府不明了教会所发生的畸形事态，政府和教会之间要相互多作了解。而刘良模的态度严肃，放高了调子："当局怀疑教会与帝国主义勾结"，"美国加紧防共，希望西教士作桥梁建立两国间正常外交关系，而以行动证明。"[47]

华中访问团结束行程后，吴耀宗写了《基督教访问团华中访问记》一文，以作总结。吴耀宗认为访问团的一大成绩是帮助各地方基督教团体和地方政府建立沟通管道。他认为基督教目前所遭遇的困难是暂时的，而且大部分困难造成的原因也是由于基督教本身的错误与弱点。地方政府很诚恳地执行宗教信仰自由政策，问题是复杂和多方面的，希望教会不要单从主观的、片面的立场去做判断。第二个成绩是政协意义的传达。吴耀宗评点自己的报告主要涉及统一战线、共同纲领、民主集中制这三点。他又评价刘良模的报告除了对政协的一般印象外，"又引用许多事实来说明美国怎样变成一个帝国主义的国家，和我们为什么要反对美帝国主义"，帮助许多基督徒"消除了对美国的幻想"。吴耀宗总结到："我们的报告使一般的基督徒更了解新中国所走的方向；统一战线的意义和共产党领导的重要性；基督教在新时代中的地位和应有

---

46 《基督教访问团访问武汉教会笔记》，《鄂湘通讯》，第三卷第十一期，1949 年 12 月，第 7-8 页。

47 《基督教访问团访问武汉教会笔记（续）》，《鄂湘通讯》，第四卷第一期，1950 年 1 月，第 5-6 页。

的努力。"第三个成绩是进一步推动基督教改革运动。第一，是自立自养的问题。吴耀宗提出："现在时代变了，我们应当把这个运动推进一步，使中国的基督教事业能够有计划地、有步骤地在最短期间走上完全自立自养的地步。"第二，是教会经济的问题。吴耀宗提出："一方面我们要提倡中国信徒的捐输；另一方面，我们应当根据精简节约的原则，紧缩非必需的事业，藉以减少开支，同时我们也要极力提倡生产事业以开展经济来源。"第三，是中国教会与西方差会的关系。吴耀宗指出西教士在解放后的中国"几乎已经完全失去他们过去的重要性"，甚至成为中国教会的一个累赘。但是，"没有帝国主义色彩的有专门技能的人材，和灵性高深、学问渊博的人士，还是我们所需要的。"至于差会对中国教会的经济援助，在一个相当的时期内还是需要的，但是这种援助应当不带有任何政治的条件。吴耀宗认为：现在的世界已经分成两个对立的营垒，而解放后的中国正是这个对立的焦点。因此，中国基督徒和西方一般的基督徒之间就很容易发生思想上和见解上的矛盾。如果西方差会在援助中国教会之时，企图从这个矛盾出发去支配经济的用途，是中国教会所不能容许的。如果这种发展不可避免，"中国教会就宁可另求开源节流的办法，更快地走上自我更新的道路。"第四，是教会的事工。吴耀宗认为基督教的学校和医院在过去虽有其贡献，但它们以后的继续存在将成问题，"因为这些事业将来都应当完全由国家办理"。至于其它方面的服务事业，"多半是枝节的，改良主义的，对于社会的基本改造没有多少贡献。"第五，是教会的团结与合一。吴耀宗认为在一个相当时期内，中国教会信仰上的分歧，会不减反多，但是工作上的联合却是可能与必需的。第六，是基督教全国会议的召开。吴耀宗觉得这个会议很有召开的必要。[48]

3. 峰回路转

华中基督教访问团结束走访之后，中国基督教界进入一段相对平静的时期，1950 年 1 月，受各方瞩目的全国基督教会议进入筹备阶段，作为筹备委员会"宣传组"的成员，吴耀宗也参与其中。一直到1950 年 3 月，基督教全国会议的按期举行似乎并无任何大碍。在 3 月 11 日的《天风》所登载的文章中，吴耀宗还如此说到："现在在全国基督教协进会主持之下，基督教全国会议已决定于本年八月十九日至二十六日在北京举行。在这个会议中，大家都觉

---

48 吴耀宗：《基督教访问团华中访问记》，《天风》，第九卷第九期，1950 年 3 月 11 日，第5-7 页。

得应当通过一个共同工作的纲领，通过一个表示基督教态度的对内对外的宣言。这是基督教一个划时代的会议，我们预祝这个会议的完满成功。"[49]

但是，4月15日的《天风》突然登载了全国基督教会议延期举行的消息，声称近因筹备工作未能于匆促间就绪，全国基督教会议筹备委员会决定延期举行，"召开时间重行决定后，当另公告。"[50]短短一个月之间，全国基督教会议就宣布延期举行，不免令人莫名其妙。那么，究竟是何种缘故造成这一局面？4月22日的《天风》上的一段话，可以看出端倪：

> 这个大会不是容易开的，第一、我们是要来开团结大会，不是吵架大会。我们在这大时代的挑战下，各人对新环境的看法和作法虽大家不尽相同，却都是面临同一的挑战，都深深感觉须大家团结起来，将一切不必要的成见都放下，在新时代中齐心合力地前进。第二、我们的团结却又不能是没有原则的，在必争的原则上就必须争一争，我们是为着革新而团结，不是无原则地一团和气，大家对不革新或假革新之名以保顽故之实的人也不加以合理地争论和批评，那就又不对了。第三、我们是为着要解决问题而开会的，不只是为着空辩论一番空演讲一番便算数的。所以，我们必须实事求是，分清楚原则问题和非原则问题，彼此可以妥协的地方就应彼此互相妥协、互相尊重，（比如神学见解宗派习惯等分别，就应不多争辩），但对必争之点却丝毫不能苟且，必须争个到底（比如反对腐化、反对买办化、反对反动思想和行为等，就是绝不能有所妥协的。）但是，教会，尤其是中国教会，却是素来散漫惯了的，议决案要想做到能使大家都一致付诸实行，若不是真正大家都心服口服，真正是个大家的共同纲领，则管你通不通过都是一样的，谁也无法强制谁什么。所以高调不能空唱，必须诚恳实际。[51]

这段话充满火药味。整段话的意思层层递进，指向明确：召开大会固然要讲团结，但必须要有原则，解决实际问题。这个原则就是要真革新，这个实际问题就是要"反对腐化、反对买办化、反对反动思想和行为"。如若不然，就

---

49 吴耀宗：《基督教访问团华中访问记》，《天风》，第九卷第九期，1950 年 3 月 11 日，第 7 页。

50 《宗教的世纪》，《天风》，第九卷第四十期，1950 年 4 月 15 日，第 12 页。

51 《全国基督教会议延期召开》，《天风》，第九卷第十五期，1950 年 4 月 20 日，第 1 页。

算通过共同纲领，"则管你通不通过都是一样的，谁也无法强制谁什么"。显然，筹备委员会内部已发生不可调和的矛盾。而这种矛盾由来已久，其实是中国教会的左右之争。这点在前文已经述及，现在这种暗藏的矛盾终于表面化，左右派开始争夺全国基督教大会的主导权。

但是，全国基督教会会议暂缓召开的原因并非只是简单的内部矛盾。沈亚伦听到大会延期的消息之后，曾特别致信吴耀宗，提出许多意见。对于会议延期的原因，沈亚伦以为是"此会内部组织复杂，而思想不统一在会议中得不到结果，及经济来源不纯粹出于华人，容易引起外人疑为被人利用"，"那政府答复暂缓召开确实有充分的理由。"沈亚伦认为这种全国性的会议要想在新政府的指导之下顺利召开，"需要改变我们出席代表的对象，那对象的单位，并不是教会，乃是教会中的革新同志，换句话说，有前进思想者，那些自以为保守派者，让他们自由，我们绝不勉强拉拢，使他们难堪不自由！"那么，如何发现集聚这些"革新同志"呢？沈亚伦的办法是一面要"借着天风的呐喊"，一面要组织一个全国革新教会同志委员会，"只要有认识时代有革新教会的同道，随意加入"。[52] 沈亚伦甚至建议吴耀宗在为基督教访问团工作期间就可以发现启用这种同志同道，由他们组织该委员会。

沈亚伦一向快言快语，这封信证明大会延期不仅是内部矛盾，而是"政府答复暂缓召开"。沈说大会要想召开，就必须在新政府的指导之下，"需要改变我们出席代表的对象"，即大大增加"革新同志"的人数。为达到这一目的，沈亚伦还请吴耀宗出面召集。政府这样做，完全有充分的理由，其中一个就是全国协进会和美帝国主义联系密切。因此，如果全国协进会乃至中国教会内部先不大力革新，就冒然召开全国基督教会议，于政治上来说很不恰当。熊沛真[53]后来忆述说：全国基督教协进会原来是想在北京召开一次全国基督教会议，但中共中央不同意他们到北京来开会。因此，结合《天风》的那段话和沈亚伦致吴耀宗的信，可以大胆推论：在大会筹备期间，吴耀宗（甚至中共方面）

---

52 沈亚伦：《天国好像面酵》，《天风》，第九卷第十五期，1950 年 4 月 22 日，第 4 页。

53 熊真沛牧师(1904.3.19-1990.1.17)：广东省、广州市三自爱国运动的元老、发起人、带头人、领导人，是 1950 年"三自爱国革新宣言"的 40 位发起人之一，先后被推选担任广州市、广东省三自爱国运动委员会主席、全国基督教三自爱国运动委员会副主席、广东省基督教协会会长，曾任全国政协第六届委员、广州市人民代表、广东省政协第一、二届委员及第三、四、五届常务委员。英国循道公会背景。

提出自己的革新主张，但遭到全国协进会高层抵制，就在这时，中共断然出手，叫停大会。

那么，此时的吴耀宗又在干什么呢？登载大会延期消息同期《天风》，也曾报导吴耀宗的行踪。原来，吴耀宗一行组成华北区基督教访问团，已于 4 月 13 日离沪北上。他们的计划是 4 月 15 至 18 日访问济南，4 月 20 至 25 日访问北京，5 月 2 日至 6 日访问太原，5 月 11 至 18 日访问西安，5 月 21 至 24 日访问徐州。[54]访问团成员为吴耀宗、刘良模、涂羽卿、崔宪详、吴高梓、邓裕志，在北京时王梓仲也加入访问团。艾年三则是直接从上海到太原单独访问当地教会。[55]根据沈德溶的忆述，访问团的济南之行并不愉快，"15 日山东省人民政府的一位副秘书长出来商谈，据说谈话'不得要领'"。[56]接着，访问团离济去京。在京期间，访问团成员先与在京的基督教领袖开会商讨，后受周恩来所邀参加有关基督教问题的三次座谈会。周恩来代表中央人民政府发表重要意见。每次座谈会，被邀请者除访问团成员（吴高梓不在内）之外，另有北京基督教领袖陆志韦、赵紫宸、江长川等，以及政府首长、新闻记者，共约四五十人，可谓郑重其事。

在 5 月 2 日的首次谈话中，周恩来指出，尽管基督教在过去有进步的一面，但它与帝国主义之间存在千丝万缕的关系也是不争的事实，直到今日，"美帝国主义仍企图利用中国的宗教团体来进行破坏中华人民共和国的活动"。对此，周恩来要求作为宗教团体的基督教要坚持民族反帝的决心，割断同帝国主义的联系，实现独立自主，建立三自教会。同时，周恩来也强调："我们只要求宗教团体摆脱帝国主义的控制，肃清帝国主义的影响。我们不搞反宗教运动。"在 5 月 6 日举行的第二次谈话中，周恩来说明了基督教要在新中国立足，就必须在政治上拥护《共同纲领》。在传教问题上，周恩来说要受若干限制，比如在土改新区和乡村最好慢一点，也不要去增强东北这个新国防区的复杂性。关于基督教团体中的外籍人员，周恩来说今后不再请外国传教士到中国来，"因为外国传教士很容易自觉不自觉地做帝国主义的工具，而我们中国人很难看清他们"，但是已经在中国的传教士，"我们并不马上要他们走"。

54　《宗教的世纪》，《天风》，第九卷第四十期，1950 年 4 月 15 日，第 12 页。

55　《宗教的世纪》，《天风》，第九卷第二十一期，1950 年 6 月 10 日，第 12 页。

56　沈德溶：《在三自工作五十年》，上海：中国基督教两会出版部，2000 年，第 132 页。

关于外国捐款问题，周恩来指出基督教既然要清算和帝国主义的关系，自力更生办教会，就不应再向外国募捐，但现在"我们也不盲目排外"，没有附带条件的捐款仍可以接受。在 5 月 13 日的最后一次谈话中，周恩来再次强调基督教受帝国主义利用是历史事实，要求宗教界人士参加进反帝爱国运动中去，和帝国主义割断联系，这样基督教自身方能在政治上站稳脚跟，不会在新社会受人歧视。周恩来说，帝国主义利用宗教团体的问题，要做这样的解释："分清主观与客观，客观上是存在了的；分清少数与多数，事实上反动分子是少数。宗教界内部要通过自我批评，把自己的工作与组织进行检讨和整理。这是个原则性的工作。我们搞清楚这些原则，把这些工作做好了，帝国主义就不能再利用宗教团体了。这也就是宗教界的自卫。"[57]

以上是周恩来三次谈话的概要，其中心要点即基督教和帝国主义之间存在各种联系是历史事实，基督教今后要学会讲政治，遵照《共同纲领》，逐步割断和帝国主义的联系，加紧自我革新步伐，尽快走上三自道路。当然，考虑到中国基督教的实际情况，周恩来在讲话中也留有一定余地。

关于周恩来三次谈话内容，可以在一篇名为《欢迎基督教华北访问团返沪记略》的文章里得到进一步补充印证。[58]1950 年 6 月 3 日晚上 7 点，上海基督教各机关团体在八仙桥青年会召开基督教华北访问团返沪欢迎会，当时到会的基督教界人士约有 500 人，主要目的是了解吴耀宗、刘良模报告的周恩来关于基督教问题的谈话精神。而根据沈德溶的忆述，吴耀宗在 6 月 3 日确实曾出席过由青年会、女青年会等七团体举办的欢迎大会。[59]这篇文章的作者参加了欢迎会，并于 6 月 14 日晚追记了吴、刘报告的主要内容，而这个时间点距周恩来谈话结束不过一个月。由此可见，这是反映周恩来关于基督教问题谈话的第一手材料，包含多种鲜为人知的历史细节。

第一、基督徒与共产党员并不对立。周恩来说自己虽然不是基督徒，但相当熟悉基督教，因为他在天津南开中学和大学，读了多年书。他说自己曾是天

---

57 《关于基督教问题的四次谈话》，中共中央统一战线工作部、中共中央文献研究室著：《周恩来统一战线文选》，北京：人民出版社，1984 年，第 180-186 页。

58 佐同：《欢迎基督教华北访问团返沪记略》，《消息月刊》，第二卷第七期，1950 年 7 月 1 日，第 27-28 页。当时的《消息月刊》由中华基督教卫理公会中央议会执行部和中华基督教循道公会全国议会联合发行，主编为赵宗福。下面的周恩来关于基督教问题谈话的新的历史细节，都引用自此份材料，不再一一标注。

59 沈德溶：《在三自工作五十年》，上海：中国基督教两会出版部，2000 年，第 134 页。

津基督教青年会的会员，在 1919 年五四运动期间，还将青年会作为活动大本营。他说自己虽然是共产党员，是唯物主义者，但有很多朋友和同事是基督徒，这些基督徒加入共产党后并不一定就放弃共产党。周恩来说的时候还指着在座的浦化人。

第二、新民主主义中国不反宗教。周恩来说在苏联仍然有很多宗教信仰者，政府对宗教也多有包容。他举例说，在苏联有一家庭，父母都是东正教徒，儿子是共产主义青年团员，父亲死后，母亲要儿子用宗教仪式埋葬父亲，被其儿子拒绝。后来苏联团中央根据实际情况，指示那青年遵从母命。于是，儿子照办。周恩来进一步引申说，苏联是社会主义的国家，对宗教信仰者尚且如此宽大，何况我们新民主主义的中国呢。他表示，只要教会肃清帝国主义的影响，唯物的共产党与唯心的宗教就可以并存与合作。

第三、圣经里面也有许多宝贵的教训。某次谈话时，周恩来身旁有一位青年团员，他也是一位基督徒。当时周恩来问他是否读圣经，对方说没有读。周恩来说他应该天天读圣经，又说自己不熟悉圣经，但永远记得圣经里"财主人进天国，比骆驼穿过针孔还难"这句话，很有意义。周恩来认为，基督教应多阐扬耶稣的言论。

第四、中国基督教必须进行自我革命，清除帝国主义的影响。对此，周恩来打比喻说：一个人得了盲肠炎，就必须要开刀，开刀后发热等的反应是不能避免的。同样，中国基督教革命后也有痛苦，比如在经济方面，本来三个人吃的饭，现在要五个人吃，大家过穷生活。

第五、对于外国的捐款，要具体情况具体分析。周恩来认为中国基督教的自养，要有计划、有步骤，不必马上拒绝来自国外的一切捐款。他当着燕大校长陆志韦的面说，假如立刻一刀两断，对中国文化很有贡献的燕京大学就要关门。周恩来表示，要审查捐款的用意，可以接受对于中国人民有益的捐款，有害的则加以拒绝。

应该说，当时中国基督教内部对于是否割断自身与帝国主义的联系等关键问题是有不同意见的。但是，作为中共领袖和政府总理的周恩来，与基督教领袖谈话时没有用强制生硬的办法，而是设身处地，通过打比喻、举例子拉近双方的距离，非常善于做人的思想政治工作。就在看似和老朋友谈心的过程中，周恩来将中共对基督教的意见一一穿插其中，从而起到很好的统战效果。三次谈话的最大成果是直接催生了三自革新宣言的产生。这个三自革新宣言，实际上就是中国基督教按照周恩来的讲话精神，作出的一项政治表态。

原来，访问团去见周恩来的最初目的是要请中央人民政府下一个通令，要求各地人民政府严格执行共同纲领中宗教信仰自由的规定。但周恩来和他们谈话后，方向就变了。在第一次谈话时，访问团曾预备了一个文件，题目是《关于处理基督教问题的初步意见》，文件的第一段是"关于肃清帝国主义力量提高民族自决精神的办法"，然而这不是文件的主要内容。其它的几项才是文件的中心，即"关于基督教团体之登记"、"关于占用教会房产之处理办法"、"关于宗教信仰自由之各种规定"、"关于设立中央宗教机构问题"。[60]也就是说，最初这个文件不是一个宣言，而是准备请求政府解决基督教的问题，但后来却变成基督教自己表示态度的文件。《关于处理基督教问题的初步意见》应该主要出自吴耀宗和刘良模之手，因为很难想象，其他人会在第一段开宗明义地写"关于肃清帝国主义力量提高民族自决精神的办法"。另外，从该文件接下去的各项来看，显然吴耀宗等人又吸收了之前访问的各地教会领袖所反映的部分意见，但似乎没有再提全国基督教大会。可见，尽管吴耀宗和刘良模等人虽然先前得到中共的认可，但在周恩来代表党和政府明确对基督教的态度之前，他们仍试图解决当时基督教所面临的一些实际困难，这一点倒是和全国协进会的观点颇有共鸣。但是，周恩来的三次谈话，扭转了这一趋向，改为政治先行，同时亦表示中央政治权力开始正式介入中国基督教内部事务。

就在三次谈话期间，吴耀宗开始领衔草拟表示基督教政治态度的革新宣言。吴耀宗等人连写数稿，但都不为周恩来所满意。一直到文件的第五个修正稿，周恩来才表示初步的满意。5月20日，周恩来在和中共中央、政务院有关单位负责人座谈会上的谈话中，曾这样评价第五个修正稿："吴耀宗所拟定的第五次修正的宣言，比过去多了一个序言，把基督教同帝国主义的关系说得很偶然，那就让他那样吧。一个字不改，照样发表。宣言里说的话和我们说的话不一样，我们也不需要宣言和我们说的一样。这样便于团结群众。"[61]这第

60 吴耀宗：《展开基督教革新运动的旗帜》，《天风》，第十卷第十三、十四期，1950年9月30日，第15-16页。

61 《关于基督教问题的四次谈话》，中共中央统一战线工作部、中共中央文献研究室：《周恩来统一战线文选》，北京：人民出版社，1984年，第187页。1951年1月20日，周恩来在中共中央统战部举行的茶话会上的讲话中，再次谈到去年基督教革新宣言的修改问题："对基督教人士我们也做了一些工作，我曾和他们就革新

五个修正稿应该是在北京或是访问团在去西安的路上就已写好，因为访问团在谈话结束后，就打消访问太原、徐州的原定计划，直接奔赴西安，[62]吴耀宗事后曾说："当访问团从北京到了西安以后，我们便匆匆地把宣言的第五修正稿寄给国内数十位同道"。在第五个修正稿中还保留着这样一条："基督教在地方上所发生的问题，如教堂被占用等，得由有关之基督教团体随时向地方或中央人民政府报告，由政府处理之。"但在第六个修正稿中，这一条也删掉了。[63]5 月 29 日，访问团到达上海后，[64]宣言又经过几次重要修改，吴耀宗后来这样写到：

> ……和上海的基督教领袖们讨论这个宣言的时候，我们发觉他们有几点重要的修正与补充。第一点：把原来的一条"基督教团体应以不用外籍人员为原则，其实行办法应与政府协商规定之"，和提倡自治自养的一条合并起来，改为"中国基督教教会及团体，凡仍仰赖外国人才与经济之协助者，应立即拟定具体计划，在最短期内，实现自力更生的目标"。这个修正有两个涵义：第一是"不用"有排外的嫌疑；第二是原文未能指出中国教会过去对自治自养这个理想已经有了的努力与成绩。第二点：把原来的引论取消，改为现在的引论。原来的引论只提到与周总理谈话的经过，而现在的引论却指出宣言本身的意义。北京的领袖们则提出：把引文中"又因为把基督教传到中国来的国家，主要的都是这些帝国主义的国家"改为"又因为把基督教传到中国来的人们，主要的都是从这些帝国主义国家来的"，这个意见我们也接受了。在宣言公布的前夕，还作了最后的一个修改，将具体办法中第一项"应立即拟定计划"里面的"立即"两个字删去。这两个字引起了不少的误会，因为很多人

宣言座谈过几次。当然，如果由我起草一个宣言拿出来，他们也会同意。可是这样做就没有作用了，人家说是某某人起草的，那有什么用处呢？所以革新的话，还是由他们自己去说好。只要和国家的政策接近，只要大的方向对了，就不要去改他们的，差一点更好，完全和我们说的一样倒不好。不能要求十全十美。"周恩来的这番话，说明了为何中共要让吴耀宗等人起草宣言的原因。参见《在中共中央统战部举行的茶话会上的讲话》，《周恩来统一战线文选》，北京：人民出版社，1984 年，第 202 页。

62 《宗教的世纪》，《天风》，第九卷第二十一期，1950 年 6 月 10 日，第 12 页。

63 吴耀宗：《展开基督教革新运动的旗帜》，《天风》，第十卷第十三、十四期，1950 年 9 月 30 日，第 15-16 页。

64 《宗教的世纪》，《天风》，第九卷第二十一期，1950 年 6 月 10 日，第 12 页。

以为是要立即断绝外国的经济关系。[65]

可见，后面几次的修改是上海、北京等地的其他基督教领袖对吴耀宗等人施压的结果，降低了原先修正稿中的政治性调门和激进程度。就提出修改的几大要点而言，仍是基督教和帝国主义之间的关系、基督教实行三自的进度等关键问题。值得一提的是，就在访问团抵沪后的第三日即6月1日，周恩来曾致电吴耀宗：基本方针是好的。它打开了中国基督教会及其团体今后在《共同纲领》基础上在人民政府领导下新的努力途径，望以此精神，劝导中国基督教代表人物响应这一主张，以利基督教会的革新。[66]虽然现在暂时不清楚周恩来指的是第五修正稿还是第六修正稿，但这份电报无疑是对吴耀宗等人的最大支持。最后，这个八易其稿、经过各方讨价还价的宣言终于在7月28日定稿并公布，名为《中国基督教在新中国建设中努力的途径》。这份宣言要求"中国基督教教会及团体以最大的努力，及有效的办法，使教会群众清楚地认识帝国主义在中国所造成的罪恶，认识过去帝国主义利用基督教的事实，肃清基督教内部的帝国主义影响，警惕帝国主义，特别是美帝国主义，利用宗教以培养反动力量的阴谋"，同时要求"中国基督教教会及团体，凡仍仰赖外国人才与经济之协助者，应拟定具体计划，在最短期内，实现自力更生的目标"。[67]

4. 三自革新宣言签名运动

1950年7月28日，丁先诚、汪彼得、韦卓民、刘良模、吴耀宗、陈崇桂、赵紫宸、江文汉等40位中国基督教领袖联合署名的《中国基督教在新中国建设中努力的途径》正式公布，同时发出《文件发起人致全国同道的信》，标志着三自革新宣言签名运动的发动。运动实质是中共要求尽可能广泛的中国教会或基督徒以签名的方式表态支持这份宣言，带有强烈的政治含义。考察这40位中国基督教领袖的个人背景，吴耀宗、刘良模、江文汉等10人都属于男女青年会，占总人数的25%，比例为最高。[68]

签名运动正式发起的日期是1950年7月28日，但实际上5月中旬就已

---

65 吴耀宗：《展开基督教革新运动的旗帜》，《天风》，第十卷第十三、十四期，1950年9月30日，第16页。

66 当代中国研究所编：《中华人民共和国史编年》（1950年卷），北京：当代中国出版社，2006年，第328页。

67 《中国基督教在新中国建设中努力的途径》，《天风》第十卷第十三、十四期，1950年9月30日，第2页。

68 邢福增：《基督教在中国的失败？——中国共产运动与基督教史论》，香港：道风书社，2008年，第37-38页。

开始。当时华北基督教访问团从北京一到西安，吴耀宗等人便匆匆地把宣言的第五修正稿寄给国内数十位同道，请他们签名。[69] 访问团返沪之后，为修改宣言所发生的几番讨价还价，也是为了争取足够的签名。试想如果吴耀宗不作必要的让步，许多中国基督教领袖很可能不会同意签名。如果没有这些签名，7月28日运动发起之前就凑不满40位中国基督教领袖的名字，运动本身也就失去基督教内部支持的合法性。

但是，从宣言的八易其稿，以及一直拖到7月28日才予以公布来看，注定签名运动绝非一帆风顺。早在运动发起前，宣言就在某种程度上遭受抵制。中华圣公会主教朱友渔在其自传中说：在当时的基督徒中，有一股较为普遍的不满情绪，就是认为总人数不过12人的那些人，而且平素和教会也不是很亲密，能自行代表教会全体说话吗？在此情形下，中华圣公会的主教们向其信徒发了一封牧函，要求他们在为国服务的同时，还需保持坚定的信仰以及教会的普世精神。[70] 朱友渔提到的牧函即《致中华圣公会同道书》，发出时间为1950年7月5日，由中华圣公会总议会常委委员会及主教院同启。这封发出时间相当微妙的《同道书》表示要反对帝国主义、封建主义及官僚资本主义，支持教会早日达到自力更生的目标，同时又强调"贯彻教会圣而公的精神"，"养成基督化的人格与家庭"。[71] 作为该函起草人之一的沈子高主教后来检讨说："当时正是吴耀宗先生等发动三自革新运动的时候，然而在我们的牧函中仅仅提到拥护共同纲领宗教信仰自由，而没有提出拥护全部共同纲领；只提反对一切帝国主义，而没有提出反对美帝国主义。同时因为我认识错误，我好久不主张在三自革新宣言上签名。"[72]

运动过程中遇到不少阻力。如罗培德的继任者毛克忠主教当时就犹豫不决，不即签字，认为教会内部受美国的影响，并没有宣言中所说的那么严重。因为主教没有签名，以至于教区内一部分牧师和教友也不签名。毛克忠本人一直到翌年四月初方才签字。[73] 另外，还有基层基督徒给《天风》编辑部来信说

69 吴耀宗：《展开基督教革新运动的旗帜》，《天风》，第十卷第十三、十四期，1950年9月30日，第16页。

70 Andrew Y.Y.Tsu, Friend of Fishermen, (Ambler: Trinity Press, 1966), p.151.

71 《致中华圣公会同道书》，上档藏，U104-0-12。

72 沈子高：《控诉美帝国主义百年来利用圣公会之罪状》，《天风》，第十二卷第八期，1951年8月25日，第6页。

73 毛克忠：《控诉美帝国主义前任圣公会江苏主教罗培德》，《天风》，第十二卷第八期，1951年8月25日，第9页。

明内心的想法。比如，福建古田二保福音堂的黄祥麟在致刘良模的信中说：《中国基督教在新中国建设中努力的途径》一篇重要文件，我大致都赞同，只是基本方针里的"警惕帝国主义，尤其是美帝国主义，利用宗教以培养反动力量的阴谋"一句，我觉得有些过火……由帝国主义国家所带来的基督教，不免染着多少帝国主义的习气，这我是承认的。若说帝国主义利用宗教，有计划的、有步骤的来培养反动力量，我是不敢苟同的。[74]桂林圣公会道生医院的张崇德也对宣言发表了一点不同看法，他说：或者亦可能有少数西国的传教士，以利用宣教来作侵略的工具；但这是绝少数的败类，根本就不能代表整个的教会……我自小就生长在教会之中，我的父母也都是传道人，并且是工作多年了，在若干教会也负过责，我们很清楚的知道不论任何中西同工，都是以基督的爱来帮助人民，劳苦的为大家服务。[75]黄祥麟和张崇德既然都对宣言持保留意见，想必二人不会立即签名，即便签名也是不情愿的。

作为三自革新宣言40位发起人之一的熊真沛牧师回忆说：

> 恐怕有些同工还记得，广东的教牧同工在芳村礼拜堂开宣教同工夏令会的时候，我们去推动签名，但由于对帝国主义认识不足，有些同工不愿意签名，有些甚至很长时间都不签，于是有些签的，有些不签的，后来签名的与不签名的取得了妥协、谅解！怎么个谅解法？各个公会内部彼此酝酿谅解，说："好！你签我不签，如果共产党支持签名的，而形势仍是这样子，那么你来主持教会，保持教会；但如果帝国主义（差会）再回来的时候，你跟共产党走就不行了，那就我来当权。"[76]

可见，基督徒群体中不乏质疑宣言的声音，对是否签名持犹豫甚至抵制态度。不签名的原因，也是多种多样，甚至出现如熊真沛所言的极端例子。从根本上来说，是因为宣言带来的冲击过快过大，新中国成立才半年有余，基督徒就要以此方式作出政治表态，大部分人的思想很难跟得上，无论这种思想是出自个人感情或是源于宗教教义。

签名运动遇阻，并不意味着运动本身虎头蛇尾乃至偃旗息鼓。周恩来的三

---

74 刘良模：《"警惕"是否"过火"？》，《天风》第十卷第十二期，1950年9月30日，第4页。

75 《关于基督宣言》，《天风》第十卷第十二期，1950年9月30日，第8页。

76 熊真沛：《广东省、广州市三自爱国运动的历程（中）》，广州市两会网站：http://gzchurch.org/cn/index.php，2012年5月5日登陆。

次谈话已标志着中共中央正式介入基督教的内部事务，并试图引导运动的发展方向。6 月 1 日周恩来致电吴耀宗一事，即是证明。实际上，在签名运动发动前后，中共中央一直密切注视着事态的进展，审时度势，及时作出部署。

　　早在三自革新宣言尚未公布的 7 月 19 日，毛泽东将这份宣言批送周恩来时就说："吴耀宗文件是很有用的，请考虑用内部文件方式电告各中央局及各省市委，并要他们注意赞助。"[77]8 月 19 日，中共中央在给各中央局、分局的"关于天主教、基督教问题的指示"中，要求各地的党政机关和人民团体对这个签名运动"应从旁予以适当的赞助，经过适当关系，组织有爱国心的教徒，签名响应，并在教徒中进行宣传"。[78]9 月 8 日，毛泽东阅中共中央华东局统战部 9 月 6 日关于吴耀宗、刘良模等发起的中国基督教会三自革新宣言签名运动的各方面反映的报告，批送周恩来："此事不宜太急，太硬性，致失去团结较多的人的机会，造成对立，对吴、刘运动开展不利，请设法影响吴、刘。"[79]9 月 15 日，周恩来致潘汉年、夏衍转吴耀宗电："先生为发表宣言，推动各方，备极勤劳，至可感佩。此项文件，拟予全部发表，并由《人民日报》为文赞助，以广影响。"[80]9 月 23 日，《人民日报》全文发表了三自革新宣言，并用 3 个版面刊登了全部 1527 人的签名者名单，还在第一版发表了题为《基督教人士的爱国运动》的社论。社论借用第一个来华的美国传教士裨治文的话来说，传教士来中国的目的"与其说是由于宗教的原因，毋宁说是由于政治的原因"，社论特别列举了美国传教士与"美蒋勾结进行反共反人民活动的事例"。[81]从社论来看，矛头所对准的主要是美差会及传教士。

　　9 月 26 日，中共中央又发出《关于宣传基督教宣言和割断天主教、基督教同帝国主义联系的指示》，要求各级党委及干部在各地采取适当步骤，通过

77 中共中央文献研究室编：《毛泽东年谱（1949-1976）》（第一卷），北京：中央文献出版社，2013 年，第 165 页。

78 《中共中央关于天主教、基督教问题的指示》，中共中央文献研究室编：《建国以来重要文献选编》（第一册），北京：中央文献出版社，1992 年，第 410 页。

79 中共中央文献研究室编：《毛泽东年谱（1949-1976）》（第一卷），北京：中央文献出版社，2013 年，第 186 页。

80 中共中央文献研究室编：《周恩来年谱（1949-1976）》（上卷），北京：中央文献出版社，1997 年，第 79 页。

81 《报界对宣言发表的反映》，《天风》，第十卷第十三·十四期，1950 年 9 月 30 日，第 21 页。

基督教进步人士及青年会、女青年会、民教馆、报纸刊物等，扩大影响和宣传解释工作，"使教徒群众中造成广泛运动，并利用这个运动加强基督教中的进步力量，孤立和打击其中的反对力量。"为割断基督教与帝国主义联系创造充分条件，指示又要求各地党委"定出具体执行计划，由各级宣传部和统战部共同负责主持（青年会、女青年会工作由青年团主持），并与政府的民政、公安及外事部门密切联络。"[82]10 月 7 日，华东军政委员会新闻出版局也向上海市新闻出版处转发新闻总署出版总署"关于报刊协助基督教扩大自治自养自传运动的指示"，要求"各报刊应即协助基督教进步份子扩大这一运动，广泛组织教徒参加签名，在报刊（包括宗教刊物）上发表谈话和文章，并可出版各种小册子和宣传品，进行宣传解释工作"。[83]

这说明，继《人民日报》发表名单和社论之后，中共中央因势利导，要求在地方上也迅速掀起鼓励支持三自革新宣言及签名运动的浪潮。党的宣传机器的开动，就是要造成一种群众性运动的高压态势，支持鼓励基督教内部的进步份子，教育团结广大的普通教徒，狠狠打击少数保守份子。当然，中共非常注意斗争的策略，不希望因此引起广大教徒的反感。需要一提的是，以上指示将天主教和基督教相提并论，这是因为中共欲借此时机，试图在中国天主教会内部也发起一场类似的三自革新运动。但是，中国的天主教相比基督教，具有组织严密、信仰坚定、听命教宗等特点，所以其内部不易像基督教那样被撕开缺口。

1950 年 11 月，在全国范围内开展的抗美援朝运动进一步推动了签名运动的开展，在革新宣言上签名的基督徒人数随之大大增加。比如，1950 年 11 月的签名人数尚只有 16943 人，而翌年四月的签名人数，据不完全统计已超过三万人。全国在革新宣言上签名的基督徒来自四面八方，在地域上包括新疆、宁夏、西康、四川、云南、贵州、热河、绥远、海南岛等边远地区，在民族上还有苗、瑶、羌等少数民族。有些基督徒对于在革新宣言上签名一事非常重视。例如，"四川和安徽凤台等地的基督徒用精致的绸缎和白细布恭正地抄上了革新宣言全文，然后再签上名；有的在签名以后，再郑重地盖上自己的图章或手印。"全国基督徒在革新宣言上签名的，截止 1951 年 4 月中旬，计华东区

82 邢福增：《基督教在中国的失败？——中国共产运动与基督教史论》，香港：道风书社，2008 年，第 45 页。

83 《华东军政委员会新闻出版局关于转发中央人民政府新闻总署关于报刊协助基督教扩大自治、自养、自传运动指示的通知》，上档藏，B92-1-52-8，第 148 页。

有 57646 人，中南区有 34248 人，华北区有 14857 人，东北区有 9794 人，西南区有 6227 人，西北区有 4111 人。香港也有 5 位基督徒签名。以省份论，浙江省有 22631 位基督徒签名，全国第一；福建省有 12122 位基督徒签名，全国第二；河南省有 10265 位基督徒签名，全国第三；广东省有 9484 位基督徒签名，全国第四。[84]

可见，签名运动到 1951 年 4 月已有较大进展。虽然签名人数相较于百万基督徒而言，仍是少数，而且有些签名的基督徒对革新宣言并未学习，或者仅是为了敷衍，[85]但签名运动的确加速了基督教内部的分化，促使愈来愈多的基督徒认清形势，取得预期的政治效果。同时，吴耀宗一派的地位也随之更为稳固。

5. 全国协进会第十四届年会

全国协进会原本预备于 1950 年 8 月在北京召开全国基督教大会，但筹备期间保守一方和吴耀宗等人因会议方向问题发生矛盾，紧接着该会被暂缓召开，吴耀宗重新组织访问团前往华北，而全国协进会总干事吴高梓亦随同吴耀宗北上。当时来看，全国协进会已经受到不小的冲击。很快，吴耀宗一行别开生面，不仅领衔草拟三自革新宣言，还带头发动签名运动，并处处受到中共或明或暗的支持，三自革新运动就此轰轰烈烈地展开。在此背景下，全国协进会旧有的行动路线已走入历史死胡同，延期的全国基督教会议也不可能再行召开。

无奈之下，全国协进会转而计划召开第十四届年会。1950 年 7 月，缪秋笙被举为会务委员会主任委员。筹备过程中，缪秋笙认为全国协进会应该对三自革新运动保持超然态度。当时在常委会及干事部中，鲍哲庆、房福安和欧阳旭明等人也持有相同看法。缪秋笙还打算在年会时发表一篇完全以宗教立场谈三自革新运动的宣言，以针对吴耀宗等所发起的那篇宣言。且在拟定宣言委员会名单时，坚决不要请吴耀宗参加，只请大家认为的稳健分子做委员。但是，因为同工中没有一个人愿意担任这个委员会的干事，更不愿意负责起草，所以不久此事就无形搁浅。接着，依照旧宪章，美传教士黄安素送来卫理公会出席

---

84 吴耀宗：《八个月来基督教三自革新运动的总结》，《天风》，第十一卷第十七、十八期，1951 年 5 月 8 日，第 14-15 页。

85 吴耀宗：《八个月来基督教三自革新运动的总结》，《天风》，第十一卷第十七、十八期，1951 年 5 月 8 日，第 16 页。

年会的代表名单，内中有美籍教士四人。当时，缪秋笙认为这是合理的，同时对涂羽卿提出的扩大特约代表人数的建议加以反对。此后，缪秋笙还请海维德担任程序委员会的执行干事，并接受海维德的主张，在年会程序里排除最重要的"三自革新宣言"一项，而只插入旧"全国基督教会议筹委会"所预备的"教会革新问题"，作为分组讨论的材料。又在建议年会主席团名单时，极力主张以协进会主席鲍哲庆和两位副主席吴贻芳、涂羽卿为限，吴耀宗的名字还是最后经常委会的坚决要求才放进去的；但又增加房福安、应书贵、喻筠、陈见真等名字，以作缓衡。[86]

上述作法含有抵制吴耀宗一派的意味，且和中共对基督教的意见相左。但此时，中共政治介入的意图已越来越明显，力度也在加大。9月23日《人民日报》发表名单和社论，一下子打乱了年会筹备的步伐。9月26日中共中央的指示，明确要求各级党委协助三自革新运动的开展。10月9日，就在年会召开前夕，华东军政委员会召开座谈会，基督教方面应邀出席者包括：吴耀宗、缪秋笙、江长川、吴高梓、涂羽卿、江文汉、艾年三、刘良模、陈见真、邵镜三等；政府方面代表则有舒同（华东军政委员会宣传部长）、潘汉年（上海市副市长、华东局统战部长）、周而复（华东局统战部秘书长）、梅达君（统战部干部）、周力行（华东宗教事务处处长）等。会上提出的一个重要问题即关于外国传教士有无资格参加年会的问题。对此，一些人表示支持，一些人则不置可否，只有全国协进会一位职员表示反对。[87]座谈会最后对年会作出两点规定：一、协进会执行委员会中的外籍委员不应出席会议；二、年会应贯彻基督教革新宣言宗旨。[88]

10月18日至25日，全国协进会第十四届年会在上海召开，共148名代表出席。大会选出新一届执委会，新选出30位执委（另留出11个名额，授权新选的执委会于将来加入协进会的各教会和各地区协进会或联合会中补选之），吴高梓为会长，崔宪详、吴贻芳、吴耀宗为副会长。潘汉年在会上讲话，指出基督教义里面有充分的爱国主义思想与民族主义思想。

---

86 缪秋笙：《美帝怎样通过基督教协进会破坏三自革新运动》，《天风》，第十一卷第二十二期，1951年6月9日，第10页。

87 China-107, May 10, 1951, p.2.

88 邢福增：《基督教在中国的失败？——中国共产运动与基督教史论》，香港：道风书社，2008年，第46页。周力行当时的职务似乎还不是华东宗教事务处处长，因为宗教事务处次年才成立。

大会号召"拥护'中国基督教在新中国建设中努力的途径'的宣言，并号召全国信徒踊跃参加签名"。[89]这次大会有三大特色。首先是代表中没有一个外国代表参加；其次是全体代表对三自宣言的一致拥护；最后是革新宣言所号召的三自成为大会的中心议题，通过了决定在五年内完成自养的任务。[90]

这次年会具有转折性意义。第一，在中共政治介入的情形下，中国基督教和帝国主义必须割断联系已是大势所趋，不可阻挡。而这个帝国主义，不言而喻主要是指美帝国主义。第二，经过此次大会，全国协进会内原先强大的保守力量被边缘化，失却了往日的影响力，几位英美传教士也是碰了一鼻子灰，而吴耀宗等人则在全国协进会内完全占据了上风。第三，中共和吴耀宗借开年会的名义，让全国基督教代表人物齐聚一堂，一致表态拥护三自革新宣言，进一步增强了三自革新宣言在基督教内部的合法化地位，可收统一思想之效。

三、南京学生反美控诉运动

1950 年 10 月 19 日，志愿军第一批部队正式入朝作战。10 月 26 日，中共中央发出"关于在全国进行时事宣传的指示"。指示中确定宣传的基本内容有二："（一）我国对美军扩大侵朝，不能置之不理；（二）我全国人民对美帝国主义应有一致的认识和立场，坚决消灭亲美的反动思想和恐美的错误心理，普遍养成对美帝国主义的仇视、鄙视、蔑视的态度。"[91]11 月 2 日，中共中央又发出《关于发展抗美援朝运动的指示》。轰轰烈烈的抗美援朝运动就此到来。抗美援朝运动不仅是一场军事斗争，也是一场大规模的政治宣传教育运动。上述指示，中共中央都明确提出要在对广大人民群众的宣传教育中，坚决消灭亲美、恐美、崇美的错误心理，形成仇美、鄙美、蔑美的正确思想。在此背景下，南京学生反美控诉运动应运而生。

南京学生反美控诉运动起因于金陵女子文理学院费睿思事件和金陵大学"芮—林"事件。11 月 13 日，金陵女子文理学院社会系美籍教授费睿思（Helen Ferris）在批改医预科两个学生的英语造句时，把"美国出兵朝鲜"改为"联合国出兵朝鲜"。当这位同学据理提出质问时，费睿恩坚持说："据我所知不是美国政府独力出兵，而是联合国出兵。"这位同学致信校学生会

89　《协进》，第九卷第三期，1950 年 11 月 16 日，第 3-4 页。

90　《协进》，第九卷第三期，1950 年 11 月 16 日，第 17 页。

91　参见人民网: http://cpc.people.com.cn/GB/64184/64186/66655/4492585.html, 2012 年
　　8 月 18 日。

执委会，提出抗议。紧接着，金陵大学的学生也揭露该校教授芮陶庵[92]和林查理（Henry Charles Riggs）诋毁中国人民抗美援朝运动，公然为美帝侵略朝鲜、轰炸我东北和平居民等罪行辩护的情况。[93]费睿思、芮陶庵、林查理三人其实都是教育传教士，他们的言论放到今天来看，有一定道理，最多属于个人言行不当的范畴。同时，他们三人和中国师生获取有关朝鲜战争信息的管道不一样，前者很有可能收听"美国之音"。因此，不能因为他们是外籍教授就认定其政治立场一定偏向于美国政府。但在特定的敏感时期，此事被有意放大。——三人是外籍教授，所在学校又是美国津贴的教会大学，再加上其言论扰乱师生思想，就具备政治利用价值。如此，三人的言论不当事件上升为政治事件也就难以避免。

中共华东局派出徐平羽、周力行、张渝民等人组成的工作组到南京指导工作，周力行随后和陈秀云、王庆淑、朱井熙等人组成工作组进驻金大、金女院加强领导。对于如何发动群众，徐平羽建议采取控诉的形式，因为农村土改和大军渡江都是采取这一形式来发动群众的。[94]12 月 2 日，中共南京市委发出《关于广泛开展反侮辱、反诽谤运动的指示》，要求在全市大、中、小学校中深入开展时事教育，发动广大师生，控诉美帝国主义罪行，揭穿它的欺骗宣传，克服崇美、恐美思想，并召开全市学生代表参加的控诉大会和举行全市学生抗美援朝、保家卫国示威大游行，激发反美爱国热情，推动抗美援朝运动。[95]同日，金陵女子文理学院首先召开揭露批判费睿思反动言行控诉大会。12 月 5 日，金陵大学也召开全校师生 1500 人参加的反侮辱、反诽谤大会，前后有 14 位同学上台控诉。芮陶庵之后答复学生，同学们的言论让他很伤心，但他不承认自己是帝国主义分子，但表示愿意听大家的意见，检查改正。芮陶庵还说，自己接受马克思主义，但会不自觉地站在美国政府的立场，因为背景不同导致

---

92 芮陶庵的儿子芮效俭，1935 年出生于南京，后于 1991 年至 1995 年间任美国驻华大使。

93 江渭清：《七十年征程——江渭清回忆录》，南京：江苏人民出版社，1996 年，第 351 页。

94 李刚：《1950 年代初期南京"反侮辱、反诽谤"运动的历史考察——大学与"美国想象"的塑造》，收录于耿升等主编：《多元视野中的中外关系史研究：中国中外关系史学会第六届会员代表大会论文集》，延吉：延边大学出版社，2007 年，第 239-240 页。

95 江渭清：《七十年征程——江渭清回忆录》，南京：江苏人民出版社，1996 年，第 351 页。

思想上转变很困难，他还不无委屈的说"美国说我是共产党，共产党说我是帝国主义分子，我要在太平洋上飘了。"[96]

随后，南京全市所有学校都掀起反侮辱、反诽谤的反美爱国斗争。12月6日，南京市学联组织南京大学、金陵大学等15所大、中学校的七千余名学生在金陵大学举行控诉美帝文化侵略大会。同日，金陵女子大学和金陵大学联合组成呼吁代表团，分赴苏州、杭州和上海等地学校，举行控诉和呼吁。12月8日，南京70多所大、中学校的代表三千余人，举行南京学生反对美帝侵略罪行控诉大会。12月9日，南京市学联组织南京大、中学校师生万余人，召开"纪念一二·九运动十五周年、抗美援朝保家卫国大会"，并在会后举行声势浩大的示威游行，广大师生以前所未有的热情参加捐款活动和报名参军参干，把南京学生反侮辱、反诽谤反美爱国运动推向高潮。[97]

南京市学生的反美控诉运动经验得到中共中央的高度重视。12月7日，中共中央接到南京市委关于南京学校开展反对美帝国主义控诉运动情况给华东局并中央的报告。南京市委报告的主要内容是：1. 当前南京学生反对美帝的控诉运动的已有规模及教育意义。2. 控诉大会证明了美帝的毒素在某些知识分子中的严重危害。3. 控诉办法的有效性，同时说明只要在领导方面掌握得紧，对下面干部说明领导意图，就可以把运动导向正轨，不至于发生偏向。4. 运动的下一步计划，要以学生反对美帝斗争的热情去推动工商界和其它方面。同时准备对各教会学校校长、教员要求改为国立、市立的问题，作具体调查，以便在势必收回时提出处理意见。12月8日，刘少奇在给南京市委并华东局及各中央局、分局转各大市委的批示中，首先积极肯定了南京人民反美运动的重要意义，其次也提醒注意防止"左"的倾向，并鼓励南京市委在运动中不要怕美国停发学校经费，也不要怕外籍教师全部辞职，"如有外籍教师因此辞职者应一律批准，并令其迅速离开中国"，"如有停发经费者，应即由政府接收学校，继续办理"。[98]12月9日，毛泽东又亲自批示："南京市反美帝控

96 李刚：《1950 年代初期南京"反侮辱、反诽谤"运动的历史考察——大学与"美国想象"的塑造》，收录于耿升等主编：《多元视野中的中外关系史研究：中国中外关系史学会第六届会员代表大会论文集》，延吉：延边大学出版社，2007 年，第242 页。

97 中共中央文献研究室编：《建国以来刘少奇文稿》（第二册），北京：中央文献出版社，2005 年，第599 页。

98 中共中央文献研究室编：《建国以来刘少奇文稿》（第二册），北京：中央文献出版社，2005 年，第597-598 页。

诉运动的经验很好，各大城市均可参照进行，请加研究运用为盼。"[99]应该说，南京市学生反美控诉运动的深入开展，对当时全国反美爱国斗争起了重要的推动作用。毛泽东本人对南京市委的经验报告也是印象深刻，因为到了 1951 年 1 月 24 日，在他写给彭真的关于编印学校反美斗争文件发给各民主人士及党内高级干部看的信中，还专门提及这个报告。[100]南京市委遵照上述指示精神，又决定在学生反美控诉的基础上，以控诉日军制造南京大屠杀、反对美帝武装日本为内容，在全市范围内进一步掀起控诉高潮，发动工人、农民、街道居民、工商界和各行各业广泛展开控诉活动，还先后举行了有 70 万人参加的反帝爱国大游行。[101]

关于此次事件的政治意义，胡乔木后来曾这样总结到：

> 在上海、南京发起了对帝国主义的控诉运动，首先由教会学校金陵女大发起，然后各地和其它机关工厂学校继起响应，收到很大效果。控诉运动和各部份人民的单独游行示威，这两种办法，在这次宣传运动中都收到极重要成效。用控诉的方法，把抗美援朝与个人经验联系起来，也就是说以自己的经验上台现身说法，影响很大；游行示威，在马路上、在群众中抛头露面，跑到人民群众中表示他们的政治态度，对于工人、学生说来这算不得什么出奇，但对工商界、大学教授、以及家庭妇女们来说，却是很不容易的事。这在他们的精神生活上是一件新鲜事，这就是政治生活，这就是社会活动，这就提高了他们的政治积极性。[102]

南京学生反美控诉运动可谓风起于青萍之末，是中共试图在国内大张旗鼓地发动人民群众、进行抗美援朝运动宣传之际所找到的一大突破口。通过党所掌握的宣传机器渲染扩大此次事件的政治性意味，事件的影响力由点及面，从大学教室走上街头，连很多平时并不太关注政治的群体也开始参与其中，主动或被动地走上了中共预设的政治生活路径。政治即生活，生活即政治。与此

---

99 中共中央文献研究室编：《毛泽东年谱（1949-1976）》（第一卷），北京：中央文献出版社，2013 年，第 260 页。

100 中共中央文献研究室编：《毛泽东年谱（1949-1976）》（第一卷），北京：中央文献出版社，2013 年，第 291 页。

101 江渭清：《七十年征程——江渭清回忆录》，南京：江苏人民出版社，1996 年，第 352 页。

102 《胡乔木同志在中央统一战线工作会议上关于抗美援朝运动的报告》，中共中央统一战线工作部编：《统一战线工作》第四期，1951 年，第 29 页。

相映照的是，教会大学和美传教士也被塑造成美帝国主义对华文化侵略的象征。需要点出的是，胡乔木在上面这段带有经验总结性的讲话中曾说"用控诉的方法，把抗美援朝与个人经验联系起来，也就是说以自己的经验上台现身说法，影响很大"，这种控诉的方法此前在中共所发动的土改运动中并不鲜见，但在教会大学运用恐怕还是首次。当时控诉的方法在基督教界出现的频率尚很低，但数月后这种方法就得到大规模地推广，而这恐怕也与当初它在南京事件中的行之有效存在莫大联系。

四、差会渐失控制力——以中华基督教会为例

　　新中国成立后的第一年，是中华基督教会内部的差教关系急剧变化的时期。这种变化的最大特点，就是差会对中华基督教会的控制减弱，中华基督教会自立自治的趋向愈来愈显著。其实，这种变化在上海宣告解放以后就已显露出来。1949 年 6 月 11 日，在上海市高安路四十八号毕范宇寓所内，中华基督教会全国总会曾召开一次时事座谈会，除毕范宇外，其余都是中国同工，包括崔宪详、蔡志澄、朱晨声、姜泽民、黄安熙。在讨论新时代里中国牧师是否受薪，几位中国同工的意见就和毕范宇的意见起了冲突。当时，毕范宇认为，若牧师不受薪，另谋生活办法，就不能看顾教友，乡村教会或可试办，城市教会较难。朱晨声则提出异议，他认为必须拿出勇气拒收外款，建设一个适合中国社会情况的纯粹自立的教会局面；牧师应不应实行受薪制度，这不是教义问题，乃是教政问题，而教政是可以随时代的转变而改进的。崔宪详也倾向赞成朱的意见，认为中共列牧师为迷信职业者，为不事生产的剥削阶级，所以今后必须设法自养，而且教会工作者受薪是外洋传来的办法，并不是圣经的教训。

　　新中国成立之后，加强中国教会自立自治的呼声更加强烈。但在三自革新运动发起之前，差会认为自己将来仍有留在中国的可能，所以在将各项权力交给中国教会的关键问题上表现得并不积极。1950 年 2 月 28 日至 3 月 2 日，中国基督教会美南长老会华中差会召集同工在上海举行座谈会，出席者南自杭州北至徐州，计有苏州、江阴、镇江、泰州、盐城等十余区域，出席代表有牧师、长老、校长、医生，约计 40 余人，这次座谈会的总题"新时代与中华基督教会"。南长老会召开此次会议的中心思想是要加强中华基督教会，使之更健全。而加强中华基督教会组织的目的，其实是为其接收差会移交权力做好组

织上的准备。但是，会上关于女传道和产权的问题，迟迟无法统一认识。对于女传道当否隶属于当地区会工作范围之内，一种意见是女传道仍旧应属于差会，因为女传道多为差会所聘用，另一种意见则认为在现时代女传道应属于大会，因为差会并不被人民政府所承认，随时都有可能遭取缔。在产权方面，议论的声音更多。照理说，差会如将产权移交中国教会，那当然是移交大会，可是有些大会却一直没有健全的组织，因此会议只好又讨论到如何加强大会的组织，使得问题转了一个大圈又回到了起点。

无论是女传道还是产权问题，都涉及到差会是否愿意将旧有的权柄早日移交给中国教会的问题。对此，参加会议的沈亚伦犀利地指出，差会里面有的人听到移交两字时仍旧是皱眉头。沈的评论道明了会议之所以产生分歧的根源。——某些传教士顾虑重重，不愿意让教会独立。沈的意见是中国教会今后必须学会自己"行走"。要做到这一点，反过来需要进一步改革原来的组织模式——抛弃"横"的组织，强化"纵"的组织。横的组织，是差会来华之后建立的开荒布道区组织，纵的组织是中华基督教会本身所有的堂会—区会—大会—总会四级制组织。沈亚伦最后指出："要团结教会组织的主动力是谁？乃是属于差会，能否放弃原有执行权为关键。"[103]

随着三自革新运动的日益升温，美差会及传教士留在中国的可能性已微乎其微，差会向中华基督教会移交权力的速度加快。但是，差会仍然留有一手。

1950年10月27日至28日，中华基督教会全国总会在沪召开扩大常务理事会会议，此次会议的一项重要议程是重新厘定中国教会与宣教会之间的关系。因此，会议的中心目的是确定宣教会向中国教会移交人事、财权和产业等的各项办法。这里所称的宣教会，主要意指美国的宣教会，当然也包括其它西方国家的宣教会。首先，关于人事及事工的移交，要求所有宣教会在华原有人事及事工，移交与其有关的大（协）会，由大（协）会负责调遣或接办，但须呈报总会备案，必要时需与总会协商。其次，关于宣教会对本会事业的协款办法，接受宣教会经常协助的大（协）会，"可与各有关宣教会洽商核减其协助额数，至其期限为止，至协款拨付办法，可尊重各宣教会与其有关大会之历史关系，依照惯例直接拨付"，"倘有其它本会全国性事业之捐款，（如奖学金、救济金、宣教区特捐等）需交由总会统筹分配者，总会愿尽此份内之义务。"

---

103 沈亚伦：《团结教会组织的主动力是谁》，《公报》，第二十二卷第四期，1950年4月，第5页。

最后，关于宣教会房地产及其设备交由该会使用的暂行办法，一共有十条，关键的则是（二）、（三）、（八）三条：

> （二）所有宣教会总部在华产业之产权，仍为该部所有，惟按目前宣教会工作人员逐渐返国之具体需要情况下，其所有产业，宣教会得按照地域，分别与有关大（协）会订立使用合同，规定年限，双方信守履行。

> （三）上项合同内应载明所有房地产均应为继续发展教会事业之用，惟于必要时，得有权将某一部分出租或改建，但不得出售，此外，并应载明所有房地产遇有非人力所能控制之损失时，大（协）会方面不负赔偿之责。

> （八）所有房地产捐税，地价税，及修缮费等。除原业主及使用者另有协议外，其地价税，在产权依法移交前，应依照中国政府法令规定由原业主负担，至房捐及修缮等概归使用者负担。[104]

也就是说，中国教会对宣教会总部在华产业仅有使用权，没有产权。合同订立期间，中国教会是"代管"宣教会总部的财产。这些房地产的用途也规定"应为继续发展教会事业"，中国教会只能部分出租或改建，没有出售的权利。在税负问题上，房地产的地价税仍由宣教会承担，中国教会只负责房捐及修缮费用。应该说，这个暂行办法是不彻底的，对中国教会来说，也是有利有弊。一方面说明尽管外部政治压力越来越大，但差会仍不愿完全放手；另一方面是出于经济上的考虑，中国教会实际上没有能力承担地价税等大额的税负，出租房屋也成为今后城市教会的主要经济来源之一。另外，综观上述各项办法，人事、拨款及产业的移交对象基本上都是各大（协）会，全国总会仍然只起协调作用，各自为政的局面并未有本质上的改变，仍然带有旧时代差会控制的影子。

就在这次会议上，议决由全国总会代管美国北长老会在上海的住宅房产，总会财产保管委员会除原有委员邹秉彝、应书贵、陈裕光三人外，又增加了张孝基、张福庆、杨益惠、袁景唐四人。[105]山东大会遵照总会会议精神，也组织中华基督教会山东大会使用济南外籍教会房地产管理委员会，经数度会议之

---

104 《中华基督教会全国总会扩大常务理事会会议纪录》，《公报》，第二十二卷第十一期，1950 年 11 月 1 日，第 5 页。

105 《中华基督教会全国总会扩大常务理事会会议纪录》，《公报》，第二十二卷第十一期，1950 年 11 月 1 日，第 6 页。

后，决定接管美国北长老会山东差会济南东关及城内三处房屋，及基督教英浸礼会济南四处房屋，并于 1950 年 12 月 28 日正式订立使用合约，同时分别呈请济南市人民政府民政局及公安局备案。[106]

随着差会控制力的减弱，中华基督教会内部的合一步伐也有所加快。这方面最显著的成就是 1950 年 11 月河北协会的正式成立。河北协会是由中华基督教会的河北大会与华北大会合一而来。华北大会的差会背景是英国伦敦会，传教区域包括北京、天津、沧县等区及其附近各县，还有山东西北部的几个县，共约 30 余县，一万五千名信徒，两个中学，4 个小学，3 个医院，还有和其它公会合作的事业，一百多位布道工作人员，1933 年加入中华基督教会，改组为华北大会。河北大会的差会背景是美国北长老会，教区皆在河北省内，包括北京、保定、顺德等区及附近各县，共约 20 余县，信徒近万人，两个中学，4 个小学，3 个医院，也有合作事业，布道工作人员约百余人，1927 年中华基督教会全国总会成立之初，就改组为河北大会。两大会在工作地域上颇多重合之处，早在数年前就曾计划实现合一，却一直没有成功。比如 1947 年 5 月 13 至 16 日，两大会同工曾在北京鼓楼西举行首次联合进修会，在最末的讨论会上交换合一意见之时，"因为一二人的固执，不肯放弃成见，发生了不必要的争论，乃至拖长了合一的时日。"解放之后的 1950 年 5 月 4 日至 17 日，两大会又在北京鼓楼西教会举行了两周的进修，达成了两会合一的意向。5 月 18 日即召开首次筹备委员会组织会议，此后筹委会又一共举行了 7 次会议，才最终实现合一。[107]

为何两大会的合一，时隔三年方有所成？除了彼此的门户之见外，最主要的还在于差会经济上的补助。中国教会在接受美国等西差会援助的同时，也必然受其牵制，难以走上合一的道路。特别是战后美国差会（如北长老会、南长老会、公理会等）每年都津贴数额不菲的美金予全国总会及下面的大（协）会，因此在合一的事情上若没有得到美差会的首肯，断难推动。但新中国成立后，教会的经济日益捉襟见肘。在此情形之下，教会不得不更注意于自立自养，而在自立自养的过程中，教会之间多彼此帮助，在彼此帮忙中，就自然而然地走

---

106 郑子修：《中华基督教会山东大会消息数则》，《公报》，第二十三卷第五期，1951 年 5 月 1 日，第 12 页。

107 杨涤洲：《河北协会成立经过概述》，《公报》，第二十三卷第一期，1951 年 5 月 1 日，第 8-9 页。

上合一的道路。因此，"从悲观的方面说，今日中国教会所受的许多困苦，乃是上帝对教会的审判；但从乐观的方面说，这也是上帝对教会的恩典，使中国教会可以摆脱外国差会的牵制而走上合一的道路。"[108]

---

[108] 李志杰：《走上合一的道路》，《公报》，第二十三卷第三期，1951 年 5 月 1 日，第 5 页。

第五章 全面肃清基督教内的美国影响力

一、对教会及附属事业的初步处理

1. 相关政策方针的提出

中共出兵朝鲜之后，美国政府试图从经济上扼制中国。1950 年 12 月 16 日，美国国务院发表关于管制中国在美资产及对中国实施禁运的新闻公报。对此，中共立即着手制定政策予以反击。12 月 28 日，政务院发布在中国管制清查美国财产、冻结美国公私存款的命令。[1]

同日，中共中央下达"关于处理接受美国津贴的文化教育机关团体办法的指示"。指示首先指出由于帝国主义的长期侵略，在中国有许多接受外国津贴的文化、教育、救济机关及宗教团体，此外还有少数有外国人直接办的机关（如西差会），而上述机关大多数与美国有关系。过去因为条件上尚不具备，所以暂时允许这些机关存在，但是现在由于"反美爱国运动已经成为高潮"，并且由于"美帝冻结我们的资金"，致使其中一部分机关"已经表示不能支持下去"，所以决定对接受美国津贴的文化、教育、救济机关及宗教团体，采用登记和接办办法，"使其做到与美帝完全脱离关系"。指示要求，凡由美国

---

[1] 中共中央文献研究室编：《周恩来年谱（1949-1976）》（上卷），北京：中央文献出版社，1997 年，第 109 页。1951 年 1 月 12 日，周恩来就去年 12 月 28 日发布的关于管制清查美国财产、冻结美国公私存款的命令，作出解释：这是"指美国的财产，美人的经济企业和美人的存款，其他接受美国津贴的学校、教会、医院等则不应视为美国所有，因此它们的存款不应冻结，仍准动用"。

人出资津贴或经营的文化、教育、救济机关及宗教团体，"其财产如尚属美国人所有"，则依照 12 月 28 日政务院命令，对"此等财产予以管制清查"，而对于主权属于中国但接受美国津贴的这类机关，则依照即将颁布的《接受外国津贴及外资经营的文化、教育、救济机关及宗教团体登记办法》，使"各地必须做到使这类机关一律登记"。[2]

在对于接受美国津贴的文化、教育、救济机关及宗教团体的接办问题上，指示要求应分别阐明性质、不同历史特点，并清楚估计自己的力量，作下列三种处理：

> （甲）由政府接办变为国家所办的机关。对于一部份学校、医院和全部救济机关（由人民救济总署出面）应采取此种办法。（乙）委托中国私人团体自办，即由原机关的董事会除去外国的董事，并增加新的成份，实行中国人民完全自办并由国家给以经济与人力的帮助。对于一部份大学，大部份中小学校和一部份医院应采取此种办法。（丙）实行中国人民自办，除去一切外国董事，但国家不给以帮助或只给以极少数帮助。对于经济情况可以自足的一部份小学以及全部宗教团体，应采取此种办法。如果美国津贴仍继续送来，而在形式上亦无政治条件者，则暂允许有关机关继续接受；但必须向当地人民政府履行登记和报告手续。当地人民政府对这类机关经过登记和报告手续后，应加强管理。[3]

在登记、接办上述机关的同时，为了使其"永远脱离帝国主义影响"，指示还特别要求在所有接受外资津贴的文化、教育、救济机关及宗教团体中，尤其在教会学校中，展开群众的反美爱国运动，揭露帝国主义的侵略阴谋，讨论即将发表的郭沫若副总理的报告，以及其它负责人的对在接受美国津贴的文化、教育、救济机关及宗教团体中的中国人员的号召，举行对美帝国主义的控诉和示威，揭露和打击少数的反动份子，团结最大多数群众。这样做的目的是在思想政治层面扫除美帝国主义对这些机关及其中国人员的影响。为避免发生过火行为，指示又明确要求在执行上述方针时必须严格注意不反宗教，不排外侨，"除反动有据或违犯国家法律查明属实者应由司法机关依法处理外，对

2　《中央关于处理接受美国津贴的文化教育机关团体办法的指示》，中共中央统一战线工作部编：《统一战线工作》第四期，1951 年，第 78-79 页。

3　《中央关于处理接受美国津贴的文化教育机关团体办法的指示》，中共中央统一战线工作部编：《统一战线工作》第四期，1951 年，第 80 页。

一般中外教士与教徒均应尊重其宗教信仰与习惯。"[4]

12 月 29 日，周恩来主持政务院第六十五次政务会议。周恩来在会上作关于政务院发布管制美国在华财产、冻结美国在华存款的命令的报告，指出：过去我们曾设想，要把美帝国主义的残余势力从中国完全肃清，还需要三四年的时间。但最近美国宣布冻结我国在其境内的财产，这就给了我们一个很有利的机会，我们可以提早把美帝国主义在我国的残余势力肃清出去。现在，我们宣布这一命令，对美帝国主义是一个严重打击。[5]会议听取郭沫若副总理关于处理接受美国津贴的文化教育救济机关及宗教团体的方针的报告。该处理方针的主要精神依据中共中央 12 月 28 日的指示。郭沫若在报告中表示：一百余年来美国帝国主义对中国人民的文化侵略，一定会被"最后地、彻底地、永远地、全部地加以结束"。[6]会议最后通过《中央人民政府政务院关于处理接受美国津贴的文化教育救济机关及宗教团体的方针的决定》等文件。

12 月 30 日，《人民日报》发表题为《肃清美帝在中国的经济和文化侵略势力》的社论，指出美帝国主义不仅对中国实行经济侵略，还大量"投资"中国的宗教、文化、救济事业，企图在精神上扼杀中国人民。社论号召一切爱国的人民，包括接受美国津贴的文化教育救济机关和宗教团体中的人员，把美帝国主义在我国经济上、文化上的侵略势力加以彻底清除。[7]

12 月 31 日，政务院发出有关处理接受美国津贴的医院、文教机关问题的指示。"关于处理接受美国津贴的医院的指示"中要求，各地应有计划地有步骤地慎重地处理这一问题，着重在组织、发展和巩固全国文教卫生界的反帝统一战线，不能急躁，不可造成反宗教和排外的偏向。在中央处理计划未决定前，各地对接受美国津贴的医院一律不要接收。防止帝国主义分子对这些医疗机构的破坏，并做好安定人心的工作。同时，对教会医院，应令其不得再接受美国津贴，对经费困难者，政府应给予补助。"关于处理接受美国津贴的文教机关问题的指示"对接受美国津贴的高等学校、中学、幼儿园

4　《中央关于处理接受美国津贴的文化教育机关团体办法的指示》，中共中央统一战线工作部编：《统一战线工作》第四期，1951 年，第 81 页。

5　中共中央文献研究室编：《周恩来年谱（1949-1976）》（上卷），北京：中央文献出版社，1997 年，第 110 页。

6　《中央人民政府政务院关于处理接受美国津贴的文化教育救济机关及宗教团体的方针的决定》，《人民日报》，1950 年 12 月 30 日，第 1 版。

7　当代中国研究所编：《中华人民共和国史编年》（1950 年卷），北京：当代中国出版社，2006 年，第 995 页。

及聋哑、盲童学校的具体办法做了规定。当日，周恩来同宋庆龄商谈接收美国津贴的救济机关问题时指出，从财力上看，人民政府接收这些机关是负担得起的。在上海的这些机关，儿童救济机构拟请中国福利会接办，医院由卫生部接办，医疗队由红十字会接办。当它们在美帝国主义手里的时候，除技术和药物比我们占优势外，从工作人员从事救济事业的责任心方面看，接收后的工作是可以做得更好的。[8]

为有效执行政务院的决定，1951 年 1 月 9 日，中共中央又下达"关于设立宗教问题委员会及宗教事务处的指示"，决定在党内和政府中设立专门处理宗教事务的部门。鉴于中央要负责统筹全局，而"帝国主义宗教活动中心都在上海"，指示特别说明中央和华东尤应首先成立上述宗教事务机构，"华东局对这个工作尤应担负更多的责任"。[9]3 月 15 至 19 日，第一次全国宗教工作会议在京召开。会议的目的是建立政府对宗教事务的行政领导机构，研究推进天主教、基督教反帝爱国运动。[10]

由上可见，中共出兵朝鲜以及美国对华的经济制裁，致使中共全面肃清基督教领域的美国影响力的进度骤然提速，并在短时期内完成下达指示、发出号召、组织机构的前期准备工作。在中共看来，基督教是以往美国对华进行政治

8　当代中国研究所编：《中华人民共和国史编年》（1950 年卷），北京：当代中国出版社，2006 年，第 1002-1003 页。

9　《中央关于设立宗教问题委员会及宗教事务处的指示》，中共中央统一战线工作部编：《统一战线工作》第四期，1951 年，第 75-76 页。

10　当代中国研究所编：《中华人民共和国史编年》（1951 年卷），北京：当代中国出版社，2007 年，第 182-183 页。根据沈德溶的忆述，1951 年 3 月华东军政委员会文教委员会在上海设立宗教事务处，由周力行任处长。周力行建国初期在杭州新民主主义青年团工作，不久调来上海，在青年团华东工作委员会联络部任职，华东宗教事务处成立后就调来宗教处。参见沈德溶：《在三自工作五十年》，上海：中国基督教三自爱国运动委员会、中国基督教协会，2000 年，第 80 页。1951 年 7 月 12 日，政务院又发出《关于设立省、市及省辖市宗教事务处的规定》。《规定》指出，宗教事务处的任务是，研究有关基督教、天主教及佛教的政策，指导处理接受美国津贴的文化教育、救济机关及宗教团体的工作。并决定在省、自治区、直辖市及一部分省辖市和专署及县建立宗教工作机构，列为各级政府的直属机构之一，负责掌管宗教工作。对暂不设立宗教工作机构的市（专署）及县，要指定专人负责宗教工作，并与上级宗教工作部门建立工作关系。有关对宗教工作的方针、政策性问题的决定，对外国传教士以及重大问题的处理，要上报请示，经审批后贯彻执行。根据政务院的这一指示，到 1952 年底，各省、直辖市及省辖市共成立了 39 个宗教事务处，顺利地开展了工作。可见，宗教事务机构的成立是按照主次顺序，从上至下逐批成立的，前后花了不少时间。

渗透、文化影响以及经济控制的重要一环，对其加以整顿是迟早必然的事情，但若没有抗美援朝这一时机，恐怕相关的处理工作仍要延后一段时间，节奏上也不会如此迅疾。这一点，胡乔木于 1951 年 1 月 17 日在中央统一战线工作会议上所作的关于抗美援朝运动的报告中说得很明白。

胡乔木认为当时群众对美帝的认识上尚未统一，思想上还有一定的混乱。他说，美国侵略中国的方法主要是文化侵略，而在人民中对美国的文化侵略的反映就不一样，"觉悟的人认为是侵略，不觉悟的人则认为美国在中国办学校办医院是好事，办教堂是宗教信仰。"胡乔木谈到，政务院发布的关于处理接受美国津贴文化教育救济机关及宗教团体及冻结美国在中国的财产的两个决定，就是要消灭美国在中国的经济侵略势力和文化侵略势力，这也使抗美援朝运动得到了具体结果，"这件事是我们人民民主的国家本来就要作和应该作的，而在这样一个反帝高潮中采取这一步骤，却是最好的时机。"在胡乔木看来，基督教问题相对较好处理，因为组织松懈，天主教则组织严密，听命于梵蒂冈，但也不是不能被改造的。胡乔木还说，中央人民政府决定在各地成立宗教事务处，就是要进行对教会的公开管理，政府要和教会的领袖公开谈判，"对他们说清楚，你反对帝国主义，政府就保护你。他们要不要政府保护呢？当然要，因此就必须拥护政府。"言下之意，就是要求各地对宗教问题采取积极的态度，同时胡乔木也提醒下面不能用压迫的办法，"如果管得人家太死，不让人家动一动，那就只能引起反感。"[11]

2. 上海的登记工作

1951 年 1 月 8 日，上海市委常委会讨论关于"处理接受美国津贴的文化教育救济机关及宗教团体"的问题。会议形成以下几点重要意见：首先，对于接受美国津贴的文化、教育、救济、宗教等机关团体的处理工作，应在更进一步提高与深入反美爱国运动的基础上来进行；其次，在宣传上不要开始就强调一切由国家接办，而应首先强调与帝国主义斩断关系，强调如何从为美帝国主义政策服务转变为祖国为人民服务，以此来广泛展开爱国统一战线，"团结一切中间份子，扩大帝国主义份子与中国教会领袖中国教授之间的矛盾，孤立少数顽固份子，及时稳定动摇份子，同时又从这些工作中加强依靠我们的积极份子的团结，形成骨干，并又使之与中国群众相结合"，这样才能使以后工作顺

---

11 《胡乔木同志在中央统一战线工作会议上关于抗美援朝运动的报告》，中共中央统一战线工作部编：《统一战线工作》第四期，1951 年，第 26、30、32 页。

利。再者，要认识到这是反帝国主义的斗争，要防止排外，"应特别注意克服在工作进行中某些左的偏向，警惕敌人用左的口号来欺骗群众制造事件来破坏我们。"[12]

会议决定，由市委设立专门委员会领导这一工作，并以军管会名义成立登记处。同日，市委就决定成立处理接受美国津贴的文化、教育、救济机关及宗教团体委员会，以夏衍、黄华、鲁光、唐守愚、戴白韬、曹漫之、赵朴初、陈行庚、姚溱、杨帆、于伶、周力行、俞沛文、王楚良、王子成等十五人为委员，并以夏衍为书记，黄华、鲁光为副书记。1 月 19 日，上海市军管会又决定设立外国津贴及外资经营的文化教育救济机关及宗教团体登记处，任命夏衍为处长，黄华、沈体兰、曹漫之为副处长。登记处的内部组织结构如下：（甲）高教组：受理大学、专科学校、研究机关等高等教育事业之登记事宜；（乙）普教组：受理中等学校、初等学校、幼儿园、体育馆及其它教育事业之登记事宜；（丙）医药卫生组：受理医院、疗养院及其它医疗卫生机关之登记事宜；（丁）救济福利组：受理救济机关及救济福利事业等之登记事宜；（戊）宗教团体组：受理宗教团体之登记事宜；（己）文化出版组：受理报馆、印刷厂、出版社、书店、博物馆、图书馆、文化委员会等文化事业之登记事宜；（庚）秘书室：受理询问并不属上述各组范围之登记事宜。[13]

以上各室组在办理登记工作时，还有严格的"工作须知"，以防中间出现失误。其中第八条规定，对牵涉有关登记以外的询问问题，例如"政府是否来接办××团体、教养院"，"希望政府拨款维持"，"政府对于属于美国的房地产如何处理"等等，不论对方以任何方式提出，一律不予解答，不表示态度，凡应予解答，但内部未有所决定之问题，就令其向秘书室询问。第九条规定，各室组对牵涉有关登记及登记表本身的询问问题，应适当的给予解答，如对方提出"我们的团体过去接受外国津贴，但现在已自办了"，"我们团体现在已改组了"，"外国人已全部离职，现完全由中国人主持"，"我们团体已在举办登记前几个月结束了"等借口来问是否需要登记时，各室组应避免与对方进行任何讨论，但可简单回答："应依照军管会布告及登记处通告规定办

---

12 《中央政务院关于外国津贴及外资经营的文化教育救济机关及宗教团体登记实施办法及上海市贯彻执行情况》，上档藏，B1-1-1996。

13 《中央政务院关于外国津贴及外资经营的文化教育救济机关及宗教团体登记实施办法及上海市贯彻执行情况》，上档藏，B1-1-1996。

理。"[14]这次登记工作从 1 月 19 日开始至 3 月 5 日止。向登记处履行登记的共有 660 个单位，其中基督教占 412 个单位，天主教占 183 个单位，其中约有 290 多个单位是接受美国津贴或美资经营的。[15]

3. 对救济机关、医院及教会大学的初步处理

1951 年 1 月 10 日，政务院发出"关于处理美国津贴的救济机关的指示"。指示说：1. 对全部或大部依靠美国津贴或资助的救济社团（如基督教世界服务委员会中国分会、全国天主教福利委员会等）及各地的分会，应由各地民政部门负责立即加以管制。2. 对仅接受美国少部分津贴或临时津贴的救济社团，暂时不予管制，维持现状。3. 对上述团体、机关中的工作人员和受益人员，应进行宣传解释管制，注意他们的生活不因听候处理而受到影响。4. 上述团体、机关如经费发生困难，可酌予补助。由于各地接受美国津贴的救济社团和救济机关情况复杂，为了顺利地进行处理工作，3 月 5 日，政务院又发出"关于成立接受美国津贴救济机关处理委员会的通令"。通令要求省市以上设立各级接受美国津贴救济机关处理委员会，由中国人民救济总会及其分会、政府有关部门及其它有关团体和个人组成，统一进行调查、研究、计划、指导、处理等工作。[16]此后，主要由中国人民救济总会出面对接受美国津贴的救济机关进行了处理工作，截至 1952 年 9 月 29 日，已全部处理接受美国津贴的救济机关和少数办理不善的接受其它外国津贴的救济机关共 246 个（其中儿童救济机关 159 个），收容人数有 18800 人，工作人员 2500 多人。[17]

关于美国津贴的医院，1 月中旬周恩来召集陆定一等人，研究接收接受美国津贴的医院的具体办法。最后决定，对接受美国津贴的医院，不可企图一次全部接办，可以先接办京、津规模较大的医院。1 月 20 日，卫生部正式接收美国津贴的私立协和医学院。卫生部副部长贺诚在接收大会上宣布，依照政务院关于处理接受美国津贴的文化教育、救济机关及宗教团体的方针的决定，正式接收协和医学院，全体职工一律原职原薪留用，教学制度也予以维持。教育部

---

14 《办理登记工作须知》，《中央政务院关于外国津贴及外资经营的文化教育救济机关及宗教团体登记实施办法及上海市贯彻执行情况》，上档藏，B1-1-1996。

15 《教会消息》，《天风》，第十一卷第十三期，1951 年 4 月 7 日，第 15 页。

16 当代中国研究所编：《中华人民共和国史编年》（1951 年卷），北京：当代中国出版社，2007 年，第 25、157 页。

17 当代中国研究所编：《中华人民共和国史编年》（1952 年卷），北京：当代中国出版社，2009 年，第 586 页。

副部长钱俊瑞在会上讲话，号召协和医学院的全体师生要在经济、政治及思想上完全同美帝国主义断绝关系，爱护国家财产，力求节约，以新的为人民服务的态度进行教学。协和医学院院长李宗恩、董事长朱继圣、工会副主席张锡钧、学生会代表瞿敬贤等代表全校师生员工在会上讲话，保证要在人民政府和共产党的领导下把协和医学院办得比以前更好。2 月 12 至 16 日，卫生部在京召开华北区处理接受美国津贴的医院会议。华北区 10 所接受美国津贴的医院及 12 所接受其它国家津贴的医院的院长、董事、工会代表，华北五省二市及华东、中南、西南卫生行政机关负责人，华北事务部代表等 70 余人出席会议。卫生部部长李德全在开幕式上讲话，副部长贺诚作总结，中央文教委副主任邵荃麟、陆定一到会讲话。会议拟定了接受美国津贴的医院的三种处理方式：一、由政府接办；二、改为中国人民自办；三、改为与政府合办。会议通过了《处理接受美国津贴的医疗机构实施办法草案》和与会代表的《联合宣言》。《联合宣言》表示，今后愿意在政府的领导下，割断和美帝国主义在政治、经济、思想上的一切关系，彻底肃清美帝国主义文化侵略的影响，本着"为人民服务"精神把医院办得更好，执行政府的卫生政策，参加抗美援朝、保家卫国运动。[18]

3 月 9 日，政务院批准《处理美国津贴的医疗机构实施办法（草案）》。《办法（草案）》指出，接受美国津贴医疗机构的总方针是，分别情况，或由政府予以接办改为国家事业，或由私人团体继续经营改为中国人民完全自办的事业。接受美国津贴的医疗机构，在改为国家事业或中国人民完全自办的事业之后，应保证其业务不受影响并充分发挥效能。[19]

与此同时，对美国津贴的教会大学的处理工作也相继展开。1 月 16 至 22 日，教育部召开处理外国津贴的高等学校会议。会议由教育部部长马叙伦，副部长钱俊瑞、韦悫、曾昭抡主持。出席会议的有华东、中南、西南各大行政区教育部或文教部及山西教育厅的负责人和全国接受外国津贴的 20 所高等学校的董事长及教职员或学生代表。[20]会议历时七天，根据具体情况讨论了每校处

---

18 当代中国研究所编：《中华人民共和国史编年》（1951 年卷），北京：当代中国出版社，2007 年，第 43、48-49、102 页。

19 当代中国研究所编：《中华人民共和国史编年》（1951 年卷），北京：当代中国出版社，2007 年，第 174 页。

20 实际到场的只有 19 所高校的代表，重庆求精商学院代表未赶到。参见当代中国研究所编：《中华人民共和国史编年》（1951 年卷），北京：当代中国出版社，2007 年，第 42 页。

理方案。会议在 16 日上午开幕，教育部部长马叙伦致开幕词，首先说明了这次会议的历史意义，明确的指出处理的方针原则。[21] 接着教育部副部长钱俊瑞和曾昭抡分别致辞，钱俊瑞强调"集中火力，肃清美帝文化侵略的影响，夺取美帝在中国的文化侵略阵地"。会议自 16 日下午小组讨论三位部长的报告。17 日起分别小组讨论每校处理方案。21 日休会，组织了与会代表参观中国人民大学。22 日上午分组讨论，部长并与各校代表进行个别谈话，下午闭幕。[22]

会议期间，"联董"于 1 月 16 日由麦克慕伦签名，打电报给燕大校长陆志韦、齐鲁大学校长杨德斋、金陵大学代理校长李方训，邀请他们派代表去香港商谈汇寄津贴费事宜。虽然当时各教会大学普遍陷入经济困境，但这份电报发得如此不合时宜，马上被加以美帝企图用利诱的办法破坏本次会议的罪名。在 22 日的大会闭幕式上，陆定一说："在中央人民政府成立的时候，政府对于美国津贴，曾经容忍一时，但在政府决定已经发布以后，对于像托事部这类显然是美帝的机关，如果再去理睬，就丧失了我们作为中国人的人格。"[23]

会后各校发动群众控诉美帝文化侵略的罪行，同时进行调查研究，酝酿协商，拟定方案，分别情况妥善处理。处理结果：

（1）接收后改为公立的 11 所：燕京大学（原接受美国津贴，以下凡不注

---

21 马叙伦在报告中指出：首先，必须首先集中力量解决接受美国津贴的学校的问题，坚决彻底地肃清美帝国主义文化侵略的影响；而对于接受其它外国津贴的学校，除政治上坚决反对中华人民共和国者以外，目前一般地只采取履行登记，督促他们逐步改造，使其适合于中国人民利益的方针。其次，对于接受美国津贴的学校，应该根据不同情况来具体商榷处理的办法。譬如从经费情况来看，有的学校经费全部或绝大部分由美国津贴；有的学校经费之一部分来自美国津贴，另一部来自其它外国之津贴；也有原来学校经费之一部来自美国津贴，大部靠学费收入或由中国私人筹募的。这些不同的情况，都须加以区分，以便根据郭沫若副总理的报告中所指示的方针，分别予以处理。由于国家财政还有困难，因此对于中国私人愿意出资办学的积极性，采取加以鼓励的方针。再者，在处理过程中，一般地应该维持学校现状，不迁校，不合并，不调整院系。关于这些学校中人员的处理，原有美籍董事，应该一律解职，美籍人员不得担任行政职务；美籍教师除反动有据者应予辞退外，其余留任；如果有不愿留的，可允其离开。中国教职员工不分宗教信仰，一般原职留用，使他们安心继续工作，政府接办的学校，经费照旧。参见马叙伦：《处理接受外国津贴的高等学校会议的开幕词》，《人民教育》，第二卷第四期，第 5-8 页。

22 《中央教育部在京召开处理外国津贴高等学校会议》，《人民教育》，第二卷第三期，第 64 页。

23 陆定一：《在处理接受美国津贴的高等学校会议上的讲话》，《人民教育》，第二卷第五期，第 7 页。

明者，均为接受美国津贴）、津沽大学（原接受罗马天主教会津贴）、协和医学院（接收后改称中自协和医学院）、铭贤学院（接收后部分系科改为山西农学院，部分系科与山西大学工学院及西北工学院合并）、金陵大学、金陵女子文理学院（接收后二校合并称金陵大学）、福州协合大学、华南女子文理学院（接收后二校合并为福州大学）、华中大学（接收后调整为华中师范学院）、文华图书馆专科学校、华西协合大学（接收后改称华西大学）。

（2）接收后，改为中国人民自办，仍维持私立，政府予以补助的9所：沪江大学、东吴大学、圣约翰大学、之江大学、齐鲁大学、岭南大学、求精商学院、震旦大学、震旦女子文理学院（后二校原接受罗马天主教会津贴，接收后合并为震旦大学）。[24]

4. 陷入窘境的中国教会

这一时期，对于美差会所办的中国教会，其地位显得颇为尴尬。首先，面对中美两国的敌对国关系以及政务院的决定，在政治上必须明确表态，主动割断和美帝国主义的联系，不仅教会的普世性会逐步消失，最大的经济来源也即将荡而无存。其次，割断联系后，教会从政府那里很难得到大量的经济补助，因为1950年12月28日的"中央关于处理接受美国津贴的文化教育机关团体办法的指示"中已经明确说明，全部宗教团体实行中国人民自办，除去一切外国董事，但国家不给以帮助或只给以极少数帮助。虽然指示中同时说明如果美国津贴仍继续送来，只要不附政治条件，则暂允许有关机关继续接受，但毕竟这是要冒很大政治风险的事情。[25]最后，随着政务院决定的实施，学校、医院、救济机关等教会附属的事业纷纷被政府剥离出去，不仅减少了经济来源，而且教会以往所具有的社会志愿服务功能也日益弱化。此时的中国教会，用当代中

---

24 转引自南京高等学校研究所校史编写组编：《金陵大学史料集》，南京：南京大学出版社，1987年，第72页。

25 当然，政府也会给予教会一定的经济支持，主要是免税方面。1951年2月26日的浙江《当代日报》通讯栏内载称：奉中央财政部指示，为现在天主教、基督教摆脱帝国主义的各种依赖，掀起革新爱国运动，应予适当照顾，对天主教、基督教之教堂本身所占之房地，一律免征房地产税。不属于前项范围者，除用作教育救济部分得酌予免征外，一律照征，此项免税用意，是结合反帝运动，与对宗教的态度无关。上海市税务局于是年2月中旬也作出相应规定。参见"中央人民政府照顾教会困难免征宗教房地产税新规定"，《协进》，第九卷第八期，1951年4月16日，第1-17页。但这种免税措施对教会经济来说作用并不是很大，因为此前的房地产税，多是由差会缴付的。

国基督教史专家陶飞亚教授的话来说，已近乎于"裸教"了。

值得注意的是，此时的中国教会内部泛起了一种"轻浮性"，不少人乐意作"甩手掌柜"。比如，自 1950 年 12 月形势突变以后，中华基督教会全国总会的朱晨声就看到教会内部的一派少壮人物，轻松地说实现三自并不难："这件事有什么困难的呢，按着自己的力量，能办多少事，就办多少事，没有钱，咱就来个树倒猢狲散，关门大吉，学校可以停，医院可以停，服务事工可以停，布道堂所可以停，甚至有形的教会可以停，反正信仰是在人心里，只要基督徒信心不死，教会总是存在的，不过无形罢了。"[26]这样的"高论"只能促使教会早日消灭。这些人在政治上，也是不折不扣的"骑墙派"与投机分子。

综上所述，就不难理解 1951 年初中国教会所发生的如下现象：对外纷纷宣布割断与美国及其它西方国家教会的联系，以求实现自立；对内往往实行经济上的紧缩政策，裁撤人事，削减事工规模，以求实现自养。

1 月 22 日，中华基督教会全国总会召开本会常务理事会紧急会议，决定拥护政务院于去年 12 月 29 日颁布的登记条例及办法，自当年 1 月份起，不再接受任何外国津贴，不只是美国，连其它如英、澳、加等国一并拒绝。[27]但假若来自美国等西方国家的津贴完全断绝，按照当时中华基督教会 17 万教友的经济能力，就很难实现自养。因为中华基督教会自办与合办大学及神学院有 21 所，中学 87 所，医院 74 所，直辖宣教区 3 处，每年经费需达数百万美元。唯一的办法，就是削减如此庞大的教会事业规模，或是由政府接办一部分机构。为了进一步缩减开支，教会工作人员的薪给制度也不得不有所改变。朱晨声建议：第一步，应将工作员工的薪俸，依照递减办法，降至最低的接近平衡的合理标准，本着三人的饭五人吃，五人的工作三人干的精神，来共同渡过目前的经济难关；第二步，应彻底消除薪给制度，改为供给制，就是说，在社会经济基本好转之后那些无兴趣于教会工作者，可自由转业，愿意完全献身教会的人，教会也只负责其个人衣食上的供给。[28]按照这种办法，"吃教"是越来越难了，教会工作人员的数目也必然大大减少。

26　朱晨声：《漫谈三自运动（二）：促进三自防止三差》，《公报》，第二十三卷第二期，1951 年 2 月 1 日，第 2 页。

27　《中华基督教全国总会站起来了》，《公报》，第二十三卷第二期，1951 年 2 月 1 日，第 1 页。

28　朱晨声：《漫谈三自运动（三）：自养三部曲》，《公报》，第二十三卷第三期，1951 年 3 月 1 日，第 4 页。

1 月 25 日，中华信义会总务部扩大会议在汉口开幕，历时 5 日，29 日闭幕。这是解放后第一次执行委员会扩大会议，召集了全国各地 40 多位本会负责人及平信徒，代表 9 万信徒。会议首先听取了中共武汉市委宣传部李尔重部长，市协商委员会李伯刚秘书长，及该会代总监督喻筠等报告。大会取消了该会前任总监督彭福（已经前往香港）的教会职务；将以外文为主译成中文的名称改为中国基督教信义会；宣布今后坚决与各差会断绝经济关系；该会原有 16 个以差会为背景所设立的总会，把它们统一起来，划为教区；废除了原有为帝国主义所控制领导的机构，改为民主集中制的执行委员会；在本会各教会中深入展开基督教革新宣言的签名运动与抗美援朝保家卫国运动；并加强时事学习，提高本会信徒的政治觉悟。[29]

2 月 20 日至 22 日，中华基督教卫理公会中央议会执行部会议在上海景林庐一号召开，主席为江长川会督。会议议决今后不再接受外国教会的津贴，商请美国基督教卫理公会将在华一切财产所有权移转中华基督教卫理公会，并等中国人民政府法令许可移转时，进行移转手续。另议决由中央议会执行部向政府呈请减免捐税，因为教会现在正进行"三自"，无力缴纳捐税。会计李中道报告去年冻结前，差会会计乐安伦已将差会捐助本公会款项移交，由中央议会执行部会计接收。会议还对江长川、陈文渊两位会督的工作职责进行了分工。议决福州、延平、兴化、江西、华西及华中六个年议会由陈会督负责；华北、山东、张家口及华东四个年议会，归江会督负责。江会督住址，暂定北京；陈会督住址，暂定南京。[30]

是年春，为达到"三自"，复临安息日会中华总会全体执行委员会也在上海举行会议，决定将教会公报性质的《牧声》、《传道者》、《青年之友》在本年 3 月起联合出版，以便节省人力物力，减轻同道订阅负担。[31]同时，为应付缺乏经济、人才的景况，会议决定：简化区会组织，将教友数及教会数比较少的区会归并到其它区会，联会会长兼任联会总部所在地的区会会长。因此西康区会并入西川区会，更名为川康区会。宁夏区会并入甘青区会，成为甘青宁区会。江西区会与湖南区会合并而成湘赣区会；对于完全不能自养的教会，尤其是乡

29 《中国基督教信义会通过重要决议》，《天风》，第十一卷第六期，1951 年 2 月 17 日，第 6 页。

30 《中华基督教卫理公会中央议会执行部会议纪录》，1951 年 2 月，第 5-6、8-9 页。

31 陈民：《为联合版第一号说几句话》，《基督复临安息日会中华总会公报（牧声、传道者、青年之友联合版）》，第一年第一期，1951 年 3 月，第 1 页。

村教会，可以减低传道人薪水，实行供给制，增加教友奉献，以达到自养；对所属的医院、诊所，设法计划立即完全达到自养；各初中级研究社，通过增加生产、减低待遇、实行供给制等达到完全自养。如果研究社需要依靠区会或联会之津贴，应分别情形予以停办或缩小范围。[32]

3 月 21 日，圣公会江苏教区毛克忠主教发出关于教区自养计划一函。函称教区自养委员会已于该月 17 日在沪成立，通过组织及实施方案，并接受教区主教及常务委员会所提，每月自养津贴最低数字为人民币 1200 万元，作下列之分配：1. 圣品 23 人每人每月 20 万元，共计 460 万元；2. 男助士 15 人每人每月 15 万元，共计 225 万元；3. 女助士 8 人每人每月 10 万元，共计 80 万元；4. 告老圣品 2 人每人每月 10 万元，共计 20 万元；5. 告老男助士 3 人每人每月 7 万 5 千元，共计 22 万 5 千元；6. 告老女助士 10 人每人每月 5 万元，共计 50 万元；7. 受抚恤金者 12 人每人每月 5 万元，共计 60 万元；8. 主教薪水 80 万元；9. 教区办事处书记薪水 40 万元；10. 教区妇女工作干事薪水 40 万元；11. 教区办事处费用 100 万元。共计 1177 万 5 千元。函又称：这些自养津贴款完全由本国爱主信徒慷慨捐输，并无分文国外金钱在内，也不会代差会担负其原有的经济责任。所以希望各地各堂教友有所警惕，"急起完成本身自养"。而且这种自养津贴办法，只是自本年 3 月份起（抚恤金自 4 月份起）施行 6 个月，期满不再继续。[33]因此，江苏教区的这种自养计划只是经济上的临时过渡性安排，多少带点发放遣散费的意味。

二、教会的控诉运动

1. 北京全国基督教团体会议

北京会议于 1951 年 4 月召开，它的主要目的是中共要求中国教会在思想上彻底割断与美帝国主义的联系，进一步推进三自革新运动，会上发动的控诉运动对中国教会的发展影响深远。关于此次会议召开的背景，可以从两方面予以剖析。

首先，必须联系此前戛然而止的全国基督教会议、周恩来关于基督教的三

---

32 《一九五一年中华总会全体执行委员会议决案》，《基督复临安息日会中华总会公报（牧声、传道者、青年之友联合版）》，第一年第一期，1951 年 3 月，第 3-4、13-14 页。

33 《江苏教区自养计划》，《圣公会报》，第四十卷第四期，1951 年 4 月 15 日，第 10-11 页。

次谈话、三自革新宣言的起草及签名运动的发起、全国协进会十四届年会的召开等一系列重大事件。正是通过这些事件，中国基督教的发展方向被归置于反帝爱国的时代洪流之中，吴耀宗一派亦开始在教界全面占据上风。但是，当时因为缺乏类似抗美援朝外运动这样的外部条件，同时中共刚开始着手处理基督教问题时相对谨慎，既没有过多的抛头露面，也多留有余地，所以那一时期的三自革新运动实际上留有"后遗症"——在思想上尚未统一认识。关于这一点，仅在三自革新宣言的修改问题上就暴露无遗，宣言本身就是各方妥协的产物。对于这些，中共高层洞若观火，内心也并不满意，但彻底解决之则需要等待时机。随着抗美援朝运动和基督教界的反美爱国运动之间的相互激荡，美差会对中国教会的控制不复存在，基督教界内的保守一方在政治上陷入愈来愈被动的境地。此时若对教会内部的政治思想问题予以彻底解决，可谓水到渠成。

其次，要联系北京会议召开之前抗美援朝运动的最新动态，毕竟基督教界的三自革新运动和反美爱国运动要服务于此大局。1951 年 1 月 19 日，毛泽东在与各中央局及大城市党委统战工作干部的谈话中，询问西南、西北抗美援朝运动的情况，两地干部报告此运动已在大中城市及部分小城市展开。毛泽东指示："应该趁此时机展开，这是一个极大的教育。小城市如天水的商人最近曾有电报给我，说他们已经举行了游行示威。这运动应普遍展开，普及到所有的工厂和农村，使得家喻户晓，大家都参加进来。"对于有干部反映，朝鲜战争中，特别美国在仁川登陆前夜，谣言较多，思想混乱，当时在宣传上还作得不够。毛泽东说："在宣传上应当采取攻势。对特务造谣，镇压一下好。"[34]2 月 2 日，中共中央在发给各中央局、分局并转各省市区党委、各大军区党委的"关于进一步开展抗美援朝爱国运动的指示"中，要求进一步在全国普遍开展各阶层人民的抗美援朝、反对美国重新武装日本及铲除匪特镇压反革命活动的运动，以与前线胜利相配合相呼应。在各阶层人民，特别是在工农群众中，广泛进行时事教育，开展蔑视、鄙视、仇视美国帝国主义与提高民族自信心自尊心的运动。[35]因此，当时进一步开展抗美援朝运动的要求也势必促进基督教界的三自革新运动和反美爱国运动。

---

34 《毛主席与各中央局及大城市党委统战工作同志们谈话纪要》（1951 年 1 月 19 日），中共中央统一战线工作部编：《统一战线工作》，第四期，1951 年，第 17 页。
35 当代中国研究所编：《中华人民共和国史编年》（1951 年卷），北京：当代中国出版社，2007 年，第 75 页。

结合以上背景，方能理解中共在 4 月召开北京会议的深层意图。为顺利召开此次会议，中共也提前做足准备工作。1951 年 3 月 5 日，中共中央下发"关于积极推进宗教革新运动的指示"。指示指出，总结过去经验，为了顺利推进天主教、基督教的自治、自养、自传运动，必须有下列四个条件，即：（一）政府积极出面推动；（二）不怕麻烦，与其上层的中国领导人谈判，但须完全撇开外国人；（三）在其下层教徒中进行爱国的教育，发动他们逼迫上层实行自治、自养、自传；（四）对教会的各个单位要切实与其中国负责人商量，经济上准备解决其自养问题。接下来，指示就各地如何做到上述四点分别作具体布置。[36]细读之，相较过去，中共在前期处理基督教问题上累积一定经验后，有了更大的政策自信，主张对运动采取积极领导而不是消极等待的政策。[37]指示要求各大行政区及各重要省、市应该迅速按照周恩来于 1 月 17 日邀集华北区天主教的主要上层分子举行茶话会的经验，由文教委员会或文教厅（局）出面，请当地天主教、基督教中的上层分子及进步分子举行茶话会或座谈会（天主教与基督教应分作两次开），使发动下层的工作与这种上层的推动工作相配合。指示说，政务院文教委员会准备于 4 月间召开全国基督教会议，全国天主教的同样会议也计划于下半年召开，"上列工作即是会议的准备，望积极推行，务使得到成绩。"[38]

3 月 15 至 19 日，第一次全国宗教工作会议提前在京召开。会议经中共中央批准，由政务院文教委员会会同中共中央统战部、公安部、青年团中央共同召开。华东、中南、西南、西北行政大区及广州、济南、南京和华北行政区五

36　之所以这样说，是因为天主教内部的宗教革新运动和基督教并异步，前者要滞后许多。但因为基督教内的宗教革新运动发展相当顺利，而广元天主教徒王良佐等也发表了《天主教自立革新运动宣言》，因此中共拟一鼓作气，齐头并进，加快天主教内部的宗教革新运动的步伐。文件中有一段专门说到："为了由上而下地推动天主教的革新，政务院文教委员会已于一月十七日邀集华北区天主教的主要上层分子四十余人举行茶话会，并由周恩来同志讲话，详细解释了政府对于天主教的政策，号召中国天主教徒起来爱祖国，割断教会被帝国主义利用的关系，实现自治、自养、自传的方针。到会的天主教徒表示接受政府的号召。在这次茶话会后，他们举行了会议，目前正在酝酿发表全国性的宣言。虽然其中还有不少甘心为帝国主义及天主教中反动头子服务的人，但在天主教徒爱国运动发动起来后，中国天主教的革新运动，也会跟着发展的。"

37　《中央关于积极推进宗教革新运动的指示》，中共中央统一战线工作部编：《统一战线工作》，第四期，1951 年，第 83-84 页。

38　《中央关于积极推进宗教革新运动的指示》，中共中央统一战线工作部编：《统一战线工作》，第四期，1951 年，第 88 页。

省二市宗教工作的负责人、中央国家机关有关部门的负责人共 39 人出席。会议的目的是建立政府对宗教事务的行政领导机构，研究推进天主教、基督教反帝爱国运动。各大行政区汇报了当地宗教工作的情况。陆定一在会上讲话指出，做好宗教工作是加强反帝爱国统一战线的需要，天主教、基督教要逐步实行自治、自养、自传，做好基督教会议的准备工作。[39]

　　4 月 16 至 21 日，处理接受美国津贴的全国基督教团体会议在北京举行。会议由政务院文教委员会宗教事务处召集。基督教全国、区域、地方性各团体和个人代表共 151 人出席，代表 31 个基督教派和 26 个基督教团体。会议地点在中央教育部大礼堂。会场布置庄严，台上中间为毛主席像，像旁两面巨大国旗，台前悬一红色横幅，上有"政务院文化教育委员会宗教事务处处理接受美国津贴的基督教团体会议"等字。会场右面空中悬挂红布横幅一块，上有"人民政协共同纲领第一章第五条中华人民共和国人民有思想、言论、出版、集会、结社、通讯、人身、居住、迁移、宗教信仰及示威游行的自由权"，左面空中横幅上的字为"在中央人民政府领导下团结一致，把一百多年来美帝国主义对中国人民的文化侵略最后地、彻底地、永远地、全部地加以结束"。[40]

　　会议期间，政务院副总理郭沫若、中共中央统战部部长李维汉、内务部部长谢觉哉、文教委员会副主任陆定一、政务院文教委员会副秘书长邵荃麟、内务部副部长陈其瑗等人都曾先后讲话或作报告，[41]足见会议规格之高。在 4 月 16 日陆定一的报告中，可见中共召开此次会议的最大初衷。陆在讲话中点名批评去年 5 月 8 日北美国外宣教事业协会中国委员会给中国基督教领袖的复信。对于信中的"以西泽的物还给西泽，上帝的物还给上帝"的说法，陆认为这是"以宗教为外衣，暗地里勾结美帝反抗人民政府"。对于信中在经济方面说，愿意捐款帮助中国教会，"而不至有所赃害"，陆认为是"改变公开津贴的方式为秘密津贴，这种秘密津贴的方式，毫无疑问，就是收买"，并公开点了中华全国基督教协进会的名。陆说北美国外宣教事业协会以及在华的美差

39　当代中国研究所编：《中华人民共和国史编年》（1951 年卷），北京：当代中国出版社，2007 年，第 182-183 页。

40　沈德溶：《在三自工作五十年》，上海：中国基督教两会出版部，2000 年，第 3-4 页。

41　当代中国研究所编：《中华人民共和国史编年》（1951 年卷），北京：当代中国出版社，2007 年，第 284 页。

会，都是"美帝国主义的侵略工具"。因此，上述问题是一个政治问题，而不是信仰问题。陆要求教会协助政府，将毕范宇之流的帝国主义分子、"死心塌地的帝国主义走狗"以及"国民党反革命匪帮分子"这三类人，予以大力的批判和揭露。[42]

陆的讲话可谓严厉，表明中共中央已下定决心将中国教会和美差会的联系切断，也预示着教会内部思想整风的来临。中国教会此前谈及美国差会及传教士所表现出的藕断丝连、模棱两可的暧昧态度，在中共看来，是思想政治上不彻底的表现，是试图"超政治"，走"中间路线"。但在当时的政治环境里，没有中间道路可走。陆定一的讲话对与会者来说无疑是一记棒喝。缪秋笙刚收到宗教事务处通知书的时候，以为既然这次会议称作"处理接受美国津贴的基督教团体会议"，一定要花不少时间，商讨处理办法。直到他听取了陆定一和邵荃麟的讲话后，才明白这次会议不是一般的事务性会议，而是一个启发思想的会议。处理办法固然重要，但若是信徒的思想没有搞通，"怎样肃清百余年来美帝国主义对我国的文化侵略的影响"这个历史根本问题就无法彻底解决之。[43]因此，会议接下去的重头戏——控诉运动，主要就是解决教会团体的思想问题。

但是，对美帝的控诉一开始并没有顺利开展，因为让在座的各位中国基督教领袖开口控诉与自己有千丝万缕关系的"昔日朋友"，实在是为难。当时，基督教全国性的负责人都编在第一组，沈德溶作为《天风》的主编也参加第一小组。据其回忆，"会上，我亲眼看到各教派的头头对于'控诉'这件事顾虑重重，不敢表态。有的平时口若悬河，此时却噤若寒蝉，有的则虽发言却是'王顾左右而言他'。"同在第一小组的周力行眼看打不开局面，"不得不声色俱厉地推动大家起来控诉"。[44]当时参加会议的熊沛真后来回忆道：

在那次会议上，我们宗教界开始第一次控诉美帝利用宗教进行侵略的罪行，这在中国教会历史上是从未有过的，所以那次控诉不简单。有一个主教会后说："由一个主教来控诉另一个主教的罪行，真难啊！"因为这个控诉的人是个中国主教，被控诉的是外国主教，

42 《陆副主任定一的讲话》，《公报》，第二十三卷第五期，1951年5月1日，第4页。
43 缪秋笙：《我从北京带回来的几个感想》，《天风》，第十一卷第二十期，1951年5月26日，第7页。
44 沈德溶：《在三自工作五十年》，上海：中国基督教两会出版部，2000年，第81页。

没有控诉的时候，大家是兄弟，控诉以后，大家成了敌人，所以他说这事真太不简单了。有的同工说，控诉了以后下场来一身大汗，当时是集中控诉美帝，没有控诉其它的帝国主义，我当时的思想也是糊胡涂涂的。我问一个同志说我的教会是循道会，英国系统的，要不要控诉呢？他说现在不控，但都是帝国主义啊！他说现在是控诉美帝，但我们对所有的帝国主义都是反对的，他都是侵略的，我当时自己感到侥幸，没有流汗，实在胡涂……[45]

从熊的忆述中可见，当时的控诉对与会者所造成的心理压力之大，同时也表明控诉的重点是美国差会系统。尽管如此，要让所有中国教会领袖思想上立即搞通并不那么容易。参加会议的缪秋笙对控诉大会的第一个阶段，就觉得不习惯，也有些不舒服，尤其是在控诉顾仁恩时，曾因控诉人提出"像顾仁恩这样的人，该杀不该杀？"台下一片怒吼："该杀！该杀！"缪闻见之后不禁毛骨悚然。慢慢的，缪才提高了政治认识。[46]熊沛真还述及北京会议期间发生的一件事：

……因为当时思想未通，认识不足，在我们广东的人中，有人把北京会议的情况，个人写信回来讲给广州其它教会的同工知道，后来广州教会也做了一些不大合适的事。虽然后来这事解决了，但当时发的那些声明思想是混乱的，对帝国主义本质认识不清楚，认为打过我们的才是帝国主义，那些没有打过我们又帮助我们办学、办医院的就不是帝国主义嘛，这是胡涂思想。

最先打破僵局的是中华基督教会全国总会总干事崔宪详，他是第一个起来控诉毕范宇。据其之后所说，在预定控诉的前夜，他一夜不曾瞌睡。他说到："在这一夜当中，我的感触多极了，我深深的体会到思想斗争的苦痛和事后的快乐。"[47]崔在控诉一开始，就说"我要坚决打破小资产阶级的情面"，将美帝国主义分子毕范宇的"罪恶"彻底的暴露出来。接下来，崔宪详从几个方面重点加以控诉，包括毕范宇的政治主张是彻底的反苏反共，抗日战争期间毕范

45 熊真沛：《广东省、广州市三自爱国运动的历程（中）》，广州市两会网站：http://gzchurch.org/cn/index.php，2012 年 5 月 5 日登陆。

46 缪秋笙：《我从北京带回来的几个感想》，《天风》，第十一卷第二十期，1951 年 5 月 26 日，第 7 页。

47 崔宪详：《我对于控诉的一点经验和体会》，《公报》，第二十三卷第六期，1951 年 6 月 1 日，第 3 页。

宇曾作了蒋介石的顾问，毕范宇可以和美国国务院直接联系，毕范宇还设法破坏三自革新运动，等等。[48]这次控诉，崔宪详不仅批判了毕范宇，而且也斗争了自身思想上的错误！他说通过这次控诉，"我清算了过去思想上的历史包袱，和顾全小我的自私观念，打破了人情和面子的一切顾虑。"[49]邵镜三也对毕范宇加以批判，揭露其想利用经济利诱手段收买人心的"罪行"。[50]

重庆中华路德会牧师李牧群在对陈文渊的控诉中，谈及蒋介石将其在重庆的黄山官邸交给陈文渊，陈用宋美龄和美国的捐款，创办了"中正福幼村"，由一个美国人负责，"对中国儿童施行奴化教育"。此外，李牧群揭露陈文渊曾拒绝在革新宣言上签名，当卫理公会的同工韦恕生道友亲自把宣言送至陈文渊家里，他看后顽固地说："我不承认基督教与帝国主义有什么关系。"[51]青年会全国协会副总干事江文汉控诉梁小初在充当青年会全国协会总干事期间，"紧密地勾结了北美青年会协会，使中国青年会直接或间接地服役于美帝国主义，在中国知识分子当中，进行崇美、亲美、恐美思想的宣传。"江提及梁等到上海快要解放的时候，以"告老退休"的名义，坚持在继任总干事还未就任以前离职。1949年11月在曼谷召开的世界基督教教会协进会的亚洲会议中，梁还发表反动言论，比如把中国共产党所领导的中国人民解放，说成是"中国帝国主义"。[52]中华圣公会主教院主席主教陈见真则对本会的另一位主教朱友渔进行了控诉。首先，陈见真说出了朱和美国及国民党的密切关系，如在抗战后期，做了美军牧师，穿上美军制服；其次，陈指责朱破坏三自运动，中华圣公会陕西传道区素来是中国信徒自养教区，但朱兼任中华圣公会总议会传道部总干事后，就以美国差会捐款供给陕西传道区经费，破坏了原来自立自养的基础。[53]陈见真还作了自我检讨，说其本人"小资产阶级的情面观

48　《本会总干事崔宪详对帝国主义分子毕范宇的控诉（转载四月二十八日上海大公报）》，《公报》，第二十三卷第五期，1951年5月1日，第7页。

49　崔宪详：《我对于控诉的一点经验和体会》，《公报》，第二十三卷第六期，1951年6月1日，第3页。

50　邵镜三：《控诉罪恶的毕范宇》，《天风》，第十一卷第十七、十八期，1951年5月8日，第20页。

51　李牧群：《控诉帝国主义走狗陈文渊》，《天风》，第十一卷第十七、十八期，1951年5月8日，第23页。

52　江文汉：《控诉美帝国主义走狗梁小初》，天风》，第十一卷第十七、十八期，1951年5月8日，第24页。

53　陈见真：《控诉美帝国主义走狗朱友渔》，《天风》，第十一卷第十七、十八期，1951年5月8日，第25页。

点太重，斗争的坚决性不够，缺乏嫉恶如仇的精神与正义感，警惕性不高"。

以上被控诉的毕范宇、陈文渊、梁小初、朱友渔，每一位莫不在海内外基督教界具有一定的影响力。因此，对他们进行控诉，不仅对控诉者本人造成相当大的心理震撼，等到传达下去后，对广大基督徒也会产生同样的效果。这样，就如3月5日指示所预期的那样，"使发动下层的工作与这种上层的推动工作相配合"。此外，控诉的内容主要是揭露这些人与美国、国民党的关系、反对共产党以及不配合三自革新运动的"旧账"。其实，作为过来人，控诉者本人也多少存在类似的问题。因此，每回的控诉都基本要和自己的思想检讨相结合。这种模式在之后各地发起的控诉大会上屡见不鲜。

在这次会议上，还产生了几项值得注意的结果。第一，与会者发表了"中国基督教各教会各团体代表联合宣言"。宣言中说，"我们认为割断与帝国主义的关系，肃清教会内帝国主义的一切影响，是中国基督徒与全世界基督徒所必须努力的方向。"[54]这个宣言在政治立场上无疑是鲜明的，用词也是铿锵有力，不再如半年多前的三自革新宣言将基督教与帝国主义的关系说得那么偶然。第二，会议通过了政府提出，而经代表们讨论修正的《对于接受美国津贴的基督教团体处理办法》，该"处理办法"在政务院批准后，即将公布实施。[55]第三，宣告成立"中国基督教抗美援朝三自革新运动委员会筹委会"[56]，"以进一步号召推动全国的基督徒实现反帝爱国三自革新运动的伟大任务"。筹委会主席是吴耀宗，常务委员为吴耀宗、涂羽卿、陈见真、邓裕志、李储文、沈德溶、施如璋、崔宪详、刘良模、谢永钦、罗冠宗。[57]

54 《中国基督教各教会各团体代表联合宣言》，《天风》第十一卷第十七、十八期，1951年5月8日，第2页。虽然宣言说要割断与帝国主义的关系，但政府对教会接受外国津贴一事上还是网开一面。据熊真沛忆述说：北京会议有不成文的规定，就是各个教会回去以后，容许再接受一年的外国津贴，不能再有第二年。所以回来以后，很多教会纷纷与外国差会商量要他们多给一些钱，也做出了一些不适当的事，不太好的，有些不太忠实，但大体还是好的。

55 1951年7月24日，政务院公布《对于接受美国津贴的基督教团体处理办法》。

56 据熊沛真说：之所以称为筹备委员会，是因为当时人民组织各类团体虽有自由，但要经过一个筹备期，没有成熟就不要匆匆忙忙成立。不光是我们基督教，其它团体都是一样。各党派也是一样要经四年的筹备期，叫做筹备委员会。1954年，第一次全国基督教代表会议在北京召开时，原先的筹备委员会才正式成立，定名为中国基督教三自爱国运动委员会。

57 《中国基督教抗美援朝筹委会成立》，《天风》，第十一卷第十七、十八期，1951年5月8日，第20页。

筹委会的成立，使得全国基督教的爱国运动与革新运动有了统一的领导机构。吴耀宗后来将三自革新运动分为两个时期：1950 年 7 月发表三自革新宣言至 1951 年 4 月成立"筹委会"，是革新运动的"胚胎和萌芽"时期；"筹委会"成立后，则是革新运动的"诞生和成长"时期。[58]至此，全国基督教协进会靠边站，两条路线的斗争以吴耀宗一方的胜利告一段落。仔细分析这份常务委员会的名单，可以发现里面青年会系统出身的人占据绝对主导地位，吴耀宗、涂羽卿、邓裕志、李储文、沈德溶、施如璋、刘良模、罗冠宗等 8 人无一不是青年会背景。[59]另外，里面的许多人都是生面孔，个别人的身份也值得考究。比如，李储文的另一层身份是中共地下党员，解放前曾由青年会派出留美；刘良模的组织关系则在中央，"控诉运动后，他就一直在上海政协上班"。[60]可见，常委会委员的人选是经过精心考虑的。

4 月 17 日《人民日报》发表社论《彻底割断基督教与美帝国主义的联系》。题目开宗明义，点出这次会议的意义。社论指出基督教革新运动的主要目的是"肃清帝国主义特别是美帝国主义在宗教事业中的影响，使宗教摆脱帝国主义的操纵与控制，成为完全由中国人自办的宗教事业"。社论对美国差会及传教士下了逐客令，要求美国差会"停止在中国的活动，并撤出中国国境"，中国基督教的传教工作"应该完全由中国教士来担负"。[61]

2. 各地掀起控诉运动

北京的"处理接受美国津贴的基督教团体会议"对毕范宇、朱友渔、陈文渊、梁小初等人的集中控诉，"激起了到会代表对美帝国主义的仇恨情绪，大大提高了基督教徒爱国热忱和肃清帝国主义文化侵略，实行三自革新的决心，因而使会议得到圆满的收获。"控诉的短期效果可谓立竿见影。因此，4 月 24 日的《人民日报》社论《开展基督教徒对美帝国主义的控诉运动》将基督教徒的控诉运动作为"在广大教徒中普及与深入开展三自革新运动的最重要的方

---

58 吴耀宗：《全国基督教抗美援朝三自革新运动近况》，《天风》，第十一卷第二十五期，1951 年 6 月 30 日，第 1 页。

59 邢福增：《基督教在中国的失败？——中国共产运动与基督教史论》，香港：道风书社，2008 年，第 71 页。

60 参见涂继正、李宜华：《默默耕耘半世纪——记父亲涂羽卿博士的一生》，http://www.csscrc.org/doc/YcTuTraditional.pdf.；邢福增主编：《大时代的宗教信仰——吴耀宗与二十世纪中国基督教》，香港：基督教中国宗教文化研究社，2011 年。

61 《彻底割断基督教与美帝国主义的联系》，《天风》，第十一卷第十七、十八期，1951年 5 月 8 日，第 12-13 页。

法"，并号召全国各地的基督徒积极参加对美帝国主义的控诉运动。[62]

5月2日，中国基督教抗美援朝三自革新运动委员会筹委会向全国基督徒发出通告。通告指出，三自革新运动当前的任务，是要坚决割断与美帝国主义的一切关系，彻底肃清教会里面一切美帝国主义的影响。全国基督教教会与团体5月份的中心任务是"搞好传达，搞好控诉"。在北京召开的处理接受美国津贴的基督教团体会议是中国基督教历史上划时代的大会，要做到每一个中国基督徒都知道会议的精神和内容。控诉潜藏在教会里面的帝国主义分子和他们的爪牙，是肃清教会内部帝国主义影响所必须马上做的工作。凡有外国传教士工作过的地方，要调查清楚他们做了些什么说明帝国主义侵略中国与其它违反中国人民利益的事情，也要调查那些潜藏在教会里面的帝国主义走狗、美国特务所做的坏事，然后举行控诉大会。此外，5月份要学习中国基督教各教会各团体代表联合宣言、陆定一讲话等文件。[63]归结起来，就是要做好"传达、控诉、学习"三件事，其中控诉是重点，是关键。

作为筹委会常委的刘良模是推行控诉运动的负责人与鼓吹手之一，他认为控诉的同时也是对自己进行深刻检讨的过程，"有好几位同道几个晚上睡不着觉"，"可是在大澈大悟以后，就觉得心里面的愉快是说不来的"。刘将此经验称作是基督教里的"重生"。[64]刘良模还总结出要开好一场控诉会的几大步骤：第一，要打消许多基督徒思想上的顾虑；第二，要做好准备工作。准备工作的第一步是每一个教会和全市性的教会联合会应先组织一个控诉委员会，先研究要控诉谁，请谁来控诉，然后请那些参加控诉的人出席一个控诉动员会，"使他们在思想上建立为什么要控诉、与控诉什么的观念，同时，也懂得了怎样来控诉。"准备工作的第二步，是先在各教堂、各团体举行控诉小组会，让大家踊跃发言和控诉，从这里面发现控诉最有力的几个人，请他们参加控诉大会；第三，要衡量好控诉是否成功的标准。刘良模根据崔宪详的控诉经验，指明控诉要依据事实，要破除情面，同时做到要句句话是从心里面讲出来的，且要彻底、痛痛快快、诚诚恳恳地和盘托出，当然还要站稳自己人民的立场；第

---

62 《开展基督徒对美帝国主义的控诉运动》，《天风》，第十一卷第十七、十八期，1951年5月8日，第17页。

63 当代中国研究所编：《中华人民共和国史编年》（1951年卷），北京：当代中国出版社，2007年，第319页。

64 刘良模：《划时代的大会》，《天风》，第十一卷第二十期，1951年5月16日，第8页。

四，在全城或全市教会举行控诉大会之时，要控制好会场秩序与气氛。控诉者程序的排列，"应该按照先紧张、后缓和、再紧张的程序来排列"，"在控诉到很激动人的阶段，可以用鼓掌的方法来表示。"最后，在控诉大会整个筹备过程中，"我们应该请当地的宗教事务处、人民政府、民主党派或其它有关以及有经验的方面来辅导"，"精彩的控诉词应记下来交给当地报纸发表。"[65]

控诉运动很快在全国各地展开。在6月12日的基督教抗美援朝三自革新运动委员会筹委会第九次常务委员会上，吴耀宗报告说，近来收到革新签名的函件在所收到的函件中所占比例大大减少，而报告各地传达、控诉、学习等工作的函件大大增加。吴认为这说明革新运动已经从签名阶段进入行动阶段。当时，全国开会传达"处理接受美国津贴的基督教团体会议"的地方有上海、南京、桂林、杭州、福州等25处。其中南京截至5月16日开了18次传达会，听讲的信徒有2700人，占全市教徒65%。开控诉会的地方有上海、济南、南京、宿迁等36处。[66]

4至6月，全国各地基督教团体举行控诉会的基本情况如下：[67]

全国各地基督教教会团体举行控诉会情况一览					
举行日期	控诉会名称	举行地点	参加人数	控诉人	控诉对象
4月19-20日	处理接受美国津贴的基督教团体会议控诉会	北京教育部礼堂	赴会代表151人	崔宪详、江长川、邵镜三、胡翼云、李牧群、江文汉等	美帝份子：毕范宇、梅立德、骆爱华；教会败类：陈文渊、梁小初、朱友渔、顾仁恩
4月22日	湖南循道会、祁阳天主教联合控诉会	循道会堂	一百多人	江辉	美帝阴谋、教会黑幕
4月29日	贵州遵义县基督教、天主教联合控诉大会		三百多人	杨相华	美帝份子：宋道明

65 刘良模：《怎样开好教会控诉会？》，《公报》，第二十三卷第六期，1951年6月1日，第4页。

66 吴耀宗：《全国基督教抗美援朝三自革新运动近况》，《天风》，第十一卷第二十五期，1951年6月30日，第2页。

67 《全国各地基督教教会团体举行控诉会情况一览》，《协进》，新一卷第二号，1951年7月，第12-13页。

5月17日	苏州宗教界肃清反革命控诉大会		各教一千多人	苞谷平、陆纯真	教会败类：顾仁恩
5月27日	苏北宿迁传达"北京会议"暨控诉帝国主义份子罪行大会		446人	康仙洲	美帝份子：梅克堪
5月27日	梧州基督教抗美援朝三自革新会议	宣道会	二百多人	陈鸣山、李郁文	美帝份子：毕济时、陈法言
5月27日	广东罗定基督教团体控诉大会			魏竞	美帝份子：包义森
5月28日	济南基督教控诉会	自立会堂	八百多人	于相虞	美帝份子：那约翰
5月29日	南京市协商委员会社会事业组扩大会议		宗教团体代表一百六十多人	邵镜三、吴贻芳、蒋翼振、诸培恩	"基督徒学联"徐超尘
5月31日	南京市基督教协进会控诉美帝利用协进会进行侵略罪行大会		三百多人		美帝份子：高福绥、黄安素；教会败类：顾仁恩、朱友渔、陈文渊、梁小初
6月1日	全国基督教协进会揭露美帝侵略阴谋的罪行控诉大会	上海慕尔堂	一千二百余人	崔宪详、廖秋笙、吴高梓、陈见真等	美帝利用协进会侵略中国罪行
6月2日	信义会控诉反革命份子教会败类	汉口新光小学	七百多人	邓恩庆、陈日新、关春龄	吕绍端、安同勖
6月2日	无锡市宗教界传达大会根据《天风专号》材料控诉	圣公会大礼堂	各教代表280人	张景一等	美帝份子：强克胜；教会败类：陈文渊、朱友渔、顾仁恩
6月3日	上海市灵粮世界布道会灵粮堂控诉大会	怀恩堂	一千多人	周福庆、陆传芳	教会败类：赵世光、顾仁恩
6月3日	合肥市基督教会控诉美帝国主义利用基督教进行侵略罪行大会		六十多人	郑世慈、胡亚兰	

6月5日	沙市基督教团体控诉会		三百多人		美帝份子：崔灵满；教会败类：欧柴新
6月5日-7日	南京市基督教团体控诉帝国主义份子反革命败类大会			吴贻芳、邵镜三、蒋翼振、诸培恩	世界基督教协进会、国际宣教协会、美帝份子：毕范宇、贝德士；教会败类：徐超尘
6月8日	青岛市基督教联合会于传达"北京会议"时控诉		代表256人	黄安慰、张家新、张天人	美帝份子：范爱莲；教会败类：顾仁恩
6月10日	上海各教会团体控诉美帝利用基督教侵略中国罪行大会	上海逸园	一万多人	吴耀宗、江长川、邓裕志、崔宪详、吴高梓、徐华等人	帝国主义份子：安迪生、黄安素、毕范宇、慕天恩、李提摩太等；教会败类：陈文渊、顾仁恩、赵世光、梁小初
6月10日	广州教会三自临工会控诉美帝利用宗教进行侵略大会	救主堂	八百多人	唐马太、黄启光	帝国主义份子：叔末士、谢珍珠、欧敦士等；教会败类：赵中辉
6月10日	杭州基督教控诉美帝利用基督教侵略中国罪行	鼓楼堂	四百多人		美帝份子：万克礼、汉福恩
6月10日后	广州青年会控诉美帝利用青年会进行侵略大会		一百五十多人	王以敦	美帝份子：骆爱华
6月11日	宁波控诉美帝国主义罪行大会	百年堂	一千多人	徐台扬、崔志干	美帝份子：毕范宇；教会败类：顾仁恩等
6月11日	成都市各教会团体控诉大会		六百多人	王俊贤、邹秉彝等	美帝份子：毕范宇、卓伟；教会败类：陈文渊
6月12日	山东泰安区教会控诉会		代表一百四十多人	敬奠瀛等	美帝国主义

6 月 22 日	松江基督教控诉大会	乐恩堂	各界各教代表二百多人	赵宗福、邓洪生	美帝利用基督教罪行；教会败类：陈文渊、顾仁恩、赵世光
6 月 27 日	福州卫理公会控诉大会	天安堂	八百多人	陈寿民、杨昌栋	美帝份子：海珥玛、毕范宇；教会败类：陈文渊

由上表，可见各地控诉运动的几大特点：首先，控诉目标有的放矢，牢牢对准美国传教士，以及和美差会过往密切的中国教会领袖。其次，控诉者所在的教会团体和机构也恰恰多属美差会系统，而控诉者本人又熟悉被控诉者，个中用意不言自明。最后，各地控诉的日期相对密集，参加人数少则上百，多则数千，甚至上万，这就是要扩大控诉在普通基督徒群体中的影响力，转化为一种群众性运动。

表格中提及全国协进会于 6 月 1 日在上海市慕尔堂所举行的控诉大会。出席控诉大会的有本市基督教各团体代表，各教堂牧师及教友等 1200 余人，大会由基督教青年会全国协会总干事涂羽卿主持。中国基督教抗美援朝三自革新运动会筹委会吴耀宗主席、陈崇桂副主席均在大会上致辞。协进会副会长、中华基督教会全国总会总干事崔宪详，前协进会会务委员会主任委员、现任中华基督教宗教教育促进会执行干事缪秋笙，协进会会长吴高梓，协进会干事林永俣，中华圣公会主教院主席主教、协进会执委陈见真先后上台控诉。[68]全国协进会曾经是中国教会的最高当局，它在建国前后的作为以及表露出来的政治立场，自然让其成为控诉的重点对象。

崔宪详"供述"了 1946 年 7 月自己随同协进会会长梁小初及副会长吴贻芳面见司徒雷登和马歇尔的情况。[69]崔宪详在末尾检讨自己"受了美国的摆布"，"替帝国主义卖了力气"，"甚至后来被举为协进会执委时，还被利用去南京访问，最胡涂的是我因受毒太深，自己被利用了，还认为那是'爱国爱教'行动"。崔宪详说自己在参加今年四月的"北京会议"时，"领受了政府

---

68 《基督教协进会举行控诉大会》，《天风》，第十一卷第二十二期，1951 年 6 月 9 日，第 4 页。

69 崔宪详：《控诉美帝国主义利用基督教协进会侵略中国的阴谋》，《天风》，第十一卷第二十二期，1951 年 6 月 9 日，第 6 页。

首长一切讲话后，经过了剧烈的思想斗争，才在政治觉悟上提高了一步，认清了敌友"，并表示"今后我绝对站稳人民立场"。[70]崔这种过去和美国教会、国民党的联系，这时候已经成为其身上的"政治污点"，这个"污点"的浓淡浅深，全不由他自己掌握。缪秋笙则在一开头就说"我要向全中国基督徒和全中国人民谢罪"。缪重点谈及黄安素、海维德等帝国主义分子妄图利用协进会第十四届年会破坏三自革新运动的情况，并坦白了自己当时因立场不稳而作出的种种错误行为。[71]林永俣在控诉中重点谈海维德，说他是"美帝帮凶"和"特务头子"，经常发送秘密情报给英美差会。[72]陈见真控诉美帝如何利用协进会散布反动思想毒素，并深刻检讨自己的错误："我个人对于吴耀宗同道等所发起的三自革新宣言，没有早日参加签名，积极拥护。今日思之，万分惭愧，并且愤恨，我决心今后要不再留情面地与人民的敌人斗争到底。"[73]

同样出现在表格上的 6 月 5 日至 7 日的"南京市基督教团体控诉帝国主义分子、反革命败类大会"也值得一书。在这次控诉大会上，南京卫理公会城中会堂沈邦彦牧师控诉帝国主义的差会，金陵神学院教务长蒋翼振控诉美帝国主义分子毕范宇，南京基督教青年会诸培恩总干事控诉美帝利用青年会进行侵略，金陵女子文理学院吴贻芳校长控诉"世界基督教协会"和"国际宣教协会"，中华基督会邵镜三总干事控诉美帝国主义分子贝德士。[74]

其中，邵镜三的控诉对象贝德士其实是自己的老师。邵的控诉内容较为平实生动，总是结合自己的心境历程谈起。他说南京快解放时，自己内心陷入极大斗争，在到底是去长沙还是留南京之间犹豫，为此大病三天，正是贝德士来信劝其留下来，以便"将来可以影响共产党政府的政策"。当邵决定留在南京，贝德士又来信说他为此十分高兴。但邵对贝德士的控诉并未占多大篇幅，重点反而放在检讨自己的错误之上。邵说南京解放那天他自己心中"有一种说不出来的错综复杂的不安情绪"，承认自己"当时在认识上在感

70 崔宪详：《控诉美帝国主义利用基督教协进会侵略中国的阴谋》，《天风》，第十一卷第二十二期，1951 年 6 月 9 日，第 7 页。

71 缪秋笙：《美帝怎样通过基督教协进会破坏三自革新运动》，《天风》，第十一卷第二十二期，1951 年 6 月 9 日，第 10 页。

72 林永俣：《美帝利用中华全国基督教协进会作为情报间谍机构》，《天风》，第十一卷第二十二期，1951 年 6 月 9 日，第 12 页。

73 陈见真：《控诉美帝国主义通过协进会散布反动思想毒素》，《天风》，第十一卷第二十二期，1951 年 6 月 9 日，第 14 页。

74 《教会消息》，《天风》，第十一卷第二十三期，1951 年 6 月 21 日，第 19 页。

情上与自己的人民政府是有距离的"。他说自己解放后虽然在理性上认识到美帝是我们的敌人，但对美国传教士还有感情，每逢到外面视察工作的时候，总要抽出时间去看美国传教士，和他们谈谈，怕他们感到"太孤独"、"太寂寞"，直到抗美援朝运动教育了他。他还说解放前自己对苏联有很深的成见，认为苏联占领了旅顺与大连，也是帝国主义，直到中苏友好互助的事实教育了他。邵是三自革新宣言的40个发起人之一，但在一开始邵认为三自是教会的事，不需要人民政府如此关心。就在参加"北京会议"之前，邵还有疑虑，"深恐政府搞一个统一组织来管治我们"。邵最后这样总结到："解放后的一年半中，我的思想十分矛盾，过去受毒太深，因此很多时候就以怀疑的眼光，看自己的政府，中了帝国主义分子的宣传，感到没有办法，只得做两面人，公开场合应付一番话，心底里另外有一套想法。一年半双重人格的生活，我感到痛苦！可耻！我自问谁分裂了我的人格，就是贝德士，我痛恨他！我要控诉他！"[75]

在表格上提及的6月10日的"上海基督教教会及团体揭露美帝利用基督教侵略中国罪行控诉大会"也值得注意。因为这次控诉大会是在中国基督教抗美援朝三自革新运动委员会筹委会的直接领导下、经过一个多月的积极筹备才得以举行的。当日下午，大会在逸园举行，会场主席台正中高悬毛主席巨像，两旁树立大国旗各十面，台前红布横幅一块，上面写着此次大会的全称，台前两旁有两块大标语牌，左面的是"肃清基督教内一切美帝影响"，右面是"坚决实行三自革新运动"。参加大会的有各教会主教、牧师、长老、执事、男女信徒及各基督教团体工作人员共一万余人。大会执行主席涂羽卿致开幕词后，吴耀宗首先作了一个总控诉。接着，卫理公会华北区会督江长川控诉了教内的美传教士安迪生、黄安素、中国会督陈文渊等人；女青年会全国协会总干事邓裕志控诉了和青年会有密切联系的孔祥熙、王正廷、黄仁霖、梁小初等人；广学会总干事胡祖荫、安息日会会长徐华、中国基督教长老会总会主席贾玉铭、牧师灵工团监督竺规身、中华基督教会全国总会总干事崔宪详、全国基督教协进会会长吴高梓先后联系本教会或机构过去的历史，进行了控诉。在这些控诉中，每一个控诉人都结合自我，作了检讨。[76]

75 邵镜三：《我控诉贝德士并检讨自己》，《天风》，第十一卷第二十五期，1951年6月30日，第4-6页。

76 《上海教会及团体举行控诉大会》，《天风》，第十一卷第二十三期，1951年6月21日，第2页。

众所周知，上海是中国基督教活动的中心，大部分教会团体和机构都将其总部放于上海，因此上海也成为控诉的重点地区。在前表中，上海已分别于 6 月 1 日、6 月 3 日和 6 月 10 日举行三次控诉大会，其中以 6 月 10 日这次规模最大，涉及的宗派教会也最多。这三次控诉大会可以说为接下去的七八两月的控诉大会拉开了序幕。下面表格记载的就是上海市基督教团体七八月份举行的控诉会：[77]

上海市基督教团体举行控诉会日程表			
单　位	动员会日期	控诉会日期	动员会讲员
男、女青年协会	7 月 23 日	7 月 27 日	政府人员
圣公会	7 月 24 日	7 月 29 日	吴耀宗、施如璋
出版协会、广学会、圣经会	7 月 26 日	8 月 2 日	吴耀宗、沈德溶
卫理公会	7 月 25 日	8 月 11 日	许由恩、施如璋
浸会	7 月 29 日	8 月 9 日	涂羽卿、戚庆才
协进会、促进会	7 月 26 日	8 月 10 日	涂羽卿、李储文
自立会	7 月 25 日	8 月 12 日	谢永钦、许由恩
中华基督教会	7 月 24 日	8 月 14 日	陈见真、李储文
安息日会	7 月 26 日	8 月 12 日	陈见真、刘良模
灵工团	7 月 21 日	8 月 21 日	竺规身、刘良模、高毓馨
聚会处	7 月 21 日	8 月 21 日	刘良模、竺规身
上海男、女青年会	8 月 10 日	8 月 24 日	政府人员
主日学合会、主日学推进会	7 月 28 日	8 月 26 日	刘良模、竺规身
中国布道会、中传道	7 月 28 日	8 月 30 日	刘良模、竺规身、高毓馨

关于这些控诉大会的具体内容，在此可以试举两例。表格中提到，7 月 27 日中华基督教青年会全国协会与女青年会全国协会联合召开控诉大会。这次大会地点在慕尔堂，邓裕志（女）、陆干臣、吴耀宗、王秀卿（女）、涂羽卿、张天宪等 6 人分别上台作控诉。在邓裕志的控诉中，1947 年世界女青年会在杭州举行的扩大理事会成为美帝的一桩"阴谋"。对于宋美龄参加大会发表演说，邓认为是美帝为了扶持蒋介石政权，中国女青年会现在为此感到"万分

---

[77]《上海市基督教团体举行控诉会日程表》，《协进》，新一卷第二号，1951 年 7 月，第 7 页。

的可耻"。[78]吴耀宗则重点控诉了青年会的"粉饰门面、逃避阶级斗争、反对采用革命手段来推翻旧的社会制度"的改良主义的危害作用，对穆德、艾迪二人严加批判。吴还检讨了自己早年身上带有的"改良主义"及"唯爱主义"思想，还一并检讨了青年协会出版组过去的工作。[79]王秀卿是女青年会全国协会的财务干事，所以多是从美帝如何利用财政经济控制女青年会的角度来控诉。[80]涂羽卿主要从美帝如何对青年会的人事和经济进行控制方面加以控诉。[81]张天宠是全国协会的会计主任。他检讨自己，"我对于苏联不了解，对于自己的政府不了解，最根本的原因是因为对于美帝国主义侵略的本质没有清楚的认识，以致认敌为友，认贼作父。"[82]8月4日，中华基督教出版协会、广学会及中华圣经会三个基督教出版机关也联合举行了控诉大会，出席各教会、团体同道及上海市的新闻出版界代表共370余人。会上，首由出版协会总干事张伯怀控诉美帝利用基督教出版事业对我国进行文化侵略的罪行。其后，中华圣经会理事缪秋笙控诉了美帝利用圣经及上海圣经会侵略我国的罪行，并控诉了慕天恩。张伯怀和缪秋笙都联系自己过去的错误作了自我检讨。广学会《读经会报》主编谢颂羔和该会《女铎》月刊主编刘美丽都作了自我检讨，并控诉了造成他们错误的美帝国主义。[83]

插句题外话，上表中多次出现的动员会讲员之一竺规身，当时也是"戴罪立功"。竺是上海灵工团的监督，可谓德高望重。1948夏，以色列在巴勒斯坦复国，竺规身在上海的"中华基督教堂"借这事讲耶稣再来的预兆，还常讲《启示录》中的"红马"、"白马"，说"红马"是共产党国家，"白马"是指英、美等基督教国家。还说"白马"必消灭"红马"。[84]当1951年3月7

---

78 邓裕志:《控诉美帝如何通过美国女青年协会及世界女青年会进行对东南亚及中国的侵略罪行》,《天风》,第十二卷第六期,1951年8月11日,第4页。

79 吴耀宗:《控诉美帝国主义在青年会内利用改良主义侵略中国》,《天风》,第十二卷第六期,1951年8月11日,第8、10页。

80 王秀卿:《美帝怎样控制中国女青年会执行侵略政策》,《天风》,第十二卷第六期,1951年8月11日,第12页。

81 涂羽卿:《控诉美帝国主义在解放前后利用青年会侵略中国的阴谋和罪行》,《天风》,第十二卷第六期,1951年8月11日,第13-14页。

82 张天宠:《控诉美帝国主义毒害我的思想并利用我做侵略的工具》,《天风》,第十二卷第六期,1951年8月11日,第17页。

83 《教会消息》,《天风》,第十二卷第六卷,1951年8月18日,第19页。

84 范基民、方兆麟等主编:《文史资料存稿选编》(社会卷),北京:中国文史出版社,2002年,第819页。

日政府将顾仁恩（顾是之后的四月北京会议上遭控诉的对象之一）逮捕后，当晚即有人从青岛潜来上海与灵工团中的人联系，竺规身立即召开紧急执委扩大会议，要求大家立即签名保释顾仁恩。当时有人坚决拒绝签名，被迫签名的只有十几人。签名盖章后，交给来人，叫他速赴青岛"营救"。翌晨，竺听见外面的风声不对，急忙追回"保信"，将盖章红印撕下交还签名的人，算了却这一风险。[85]管窥见豹，当时的竺规身和参加控诉的许多同道，头顶上始终悬着一把剑，不敢稍有差池。

3. 控诉运动造成的结果

控诉运动在一定程度上受到各地的暗中抵制。截至 1951 年 8 月，全国各地教会与团体的控诉运动的发展仍极不平衡，有些地区尚未发动，已展开控诉的地区，则除上海、南京、青岛等处较为认真外，其它地方大部分的控诉还表现有敷衍了事，避重就轻，有控诉而无自我检讨，甚至利用控诉来争取或巩固自己的地位等倾向。《天风》主编沈德溶认为，这是因为一些基督徒有思想顾虑：1. 有些教会领袖到现在为止还有"变天思想"，对当前形势和两大阵营的力量对比认识还不清楚，怕美国和国民党卷土重来。2. 有些自立教会的说"我们早已三自了，我们与帝国主义一向没有关系，我们愿意控诉，可是没有材料"。3."我的子女现在还在美国，我控诉了美帝国主义，对他们会有影响。"4."我的教会或机关中还有不少的存款，不少的物资，就说坐吃吧！也可以吃上三五年，何必今天搞什么三自！搞什么控诉！"[86]不过，控诉运动此后仍然进行。

总体而言，控诉运动还是达到了相当大的效果。

控诉运动是一个对基督徒思想进行教育和改造的运动，它试图达到个人思想与国家意志逐步合一的最终效果。正是通过一系列的控诉，使得广大基督徒的思想得以"纯净"，以往动不动流露出来的亲美思想、和美国的联系开始成为一条政治上的"高压线"，谁都不敢轻易触碰。正是控诉，让原本较为保守的一些重要人物低头。控诉这种中共屡试不爽的政治运动中的斗争策略，至少可以起到两方面的作用。一方面是一旦控诉，控诉人就难以再收回自己的话，以证明控诉人已和过去的历史做了断，已和国外教会、传教士断绝关系，

---

85 范基民、方兆麟等主编：《文史资料存稿选编》（社会卷），北京：中国文史出版社，
　　2002 年，第 823-824 页。

86 沈德溶：《论目前少数基督徒对控诉运动存在的一些思想问题》，《天风》，第十二
　　卷第七期，1951 年 8 月 18 日，第 1-2 页。

说明自己政治上已站稳立场；另一方面，控诉可以让当事者吐露出不少过去的秘事，自己检讨自己，而这些都是"政治污点"，成为握在别人手里的"政治把柄"，从此让控诉者本人在政治上背上沉重的负担。因此，控诉运动对于人性来说，是严重的考验，邵镜三描述自我的"双面人"现象，并不鲜见。当然，控诉运动所带来的思想统一，也在一定程度上促进了全体基督徒对"抗美援朝、保家卫国"的认识，提升了对新中国的国家认同。

同时，控诉运动的目的又不仅局限于政治思想范畴。运动背后的一大目的是推动三自革新运动，从组织上"洁净"教会。在北京的"处理接受美国津贴的基督教团体会议"上，正是先行通过控诉，再成立了中国基督教抗美援朝三自革新运动委员会筹委会（下称筹委会）。这也为之后各地的控诉运动确立了运作程序上的模板。当五六月间控诉运动在全国展开后，各地不少教会与团体曾纷纷去信筹委会，要求准予成立筹委会分会（简称分会）。对于这个要求，筹委会于 8 月 6 日下达通知，要求在控诉运动没搞好前，暂缓成立分会。[87]这说明控诉运动是"洁净"旧组织，建立新组织的必要手段。通过控诉，一些重要的教会团体和全国性机构的领导层逐步被架空，新换上合适的人选，从而达到革新之目的。

1952 年 9 月 23 日，中国基督教抗美援朝三自革新运动委员会筹委会暨上海基督教各教会、各团体，在上海教会大礼堂举行联合庆祝三自革新运动两周年纪念大会。各教会、各团体机关教徒参加庆祝大会者约 1500 余人。列席的天主教、佛教、伊斯兰教等代表 100 多人。大会推举吴耀宗、陈见真、邓裕志、刘良模、江长川等 11 人组成主席团。华东宗教事务处罗竹风处长在讲话中这样评价控诉运动的意义："……控诉运动，是一个自觉的运动，富有教育意义。使人认识帝国主义者过去如何利用宗教侵略我们的罪行。通过这个运动，广大教友，肃清了崇美、亲美、反苏的思想，树立起爱国主义国际主义的精神；更明白了爱国爱教并无矛盾之处。……"[88]

三、《田家》停刊风波的历史考察

《田家》是民国时期基督教界面向广大农村发行的一份重要刊物，具有存

---

87 《全国各地基督教会与团体暂缓成立分会》，《天风》，第十二卷第六期，1951 年 8 月 11 日，第 2 页。

88 《中国基督教三自革新运动两周年纪念》，《华东消息》，第一百九十五期，1952 年 10 月 1 日，第 4-5 页。

续时间长、读者群特殊、社会影响大的特点。首先，这份刊物自 1934 年 8 月在济南创刊，至 1957 年停办，历时 24 年。其次，刊物面向的读者群主要是广大农民和乡村教友，这与其他基督教刊物一般面向城市和知识分子是大不相同的。最后，刊物内容丰富，立场鲜明，为广大读者接纳和喜爱。就是这样一份重要刊物，却在 1950 年 1 月底停刊，一直到次年 11 月方才复刊，中断出版近两年之久。究其原因，表面上看是因为主编张雪岩的突然过世，但实则背后藏有不为人知的来龙去脉。

1. 办刊路线的分歧

《田家》创刊于 1934 年 8 月，就组织上而言，它实际上一直隶属成立于 1931 年的华北基督教农村事业联合会（简称联合会）的文字组。[89]它最初的作用，可视为联合会在华北地区推行基督教乡村建设运动的一项重要舆论工具。《田家》通过向河北、山东等地的广大农村宣传通俗且实用的乡村建设知识，以达到巩固和发展乡村教会的最终目的。抗战爆发后，联合会的工作逐步陷于停顿，《田家》则辗转于长沙、重庆和成都，勉强维持。1946 年，《田家》迁回北平。与此同时，在美国公理会传教士胡本德及美国北长老会传教士梅尔文的主持之下，联合会得以恢复并重新改组。1946 年 1 月 19 日，改组大会正式召开。由大会通过的决议可见，每个基本会员团体在人力和财力上对联合会的支持力度大大加强，联合会的工作重心在河北省的三个中心区昌黎、通县及保定。所谓的基本会员除了出身英国差会系统的中华基督教会华北大会（英伦敦会），其余都为美国差会系统，包括友爱会、中华基督教会河北大会（美长老会）、卫理公会华北年议会、华北公理会。[90]联合会的董事会主席是燕京大学

89　30 年代以后，为在中国广大的农村地区扎根，教会的宣教工作往往与教会的乡村建设运动相互结合，以乡村建设来推进宣教工作，逐渐形成双位一体的组织模式——基督教乡村事业联合会。所谓基督教乡村事业联合会，是一种联合该区内各公会及各教会事业机关共同推进全区乡村教会事工的组织。最早成立的是华北基督教农村事业联合会（1931），第二个是江西省的基督教农村服务联合会，抗战时在四川也成立同样的组织。抗战胜利之后，又相继成立苏皖（在安徽滁县）、福建（在福州附近），及华东（在苏州）三区的基督教乡村事业联合会。中华全国基督教协进会下设专门的乡村事工委员会，毕范宇担任主席。协进会的乡村事工委员会的任务是协助各区联合会，向农复会、美国教会援华会、美国农业宣教团体及国外宣教会议的乡村委员会，请求事工津贴。除宣教工作外，各区联合会同时须从事以下五事工：农业改良工作；乡村工业；医药卫生；社会教育；家庭改良等工作。

90　〔美〕海珥玛著：《基督教会的乡村工作》，何慈洪译，广学会，民国三十八年五月，第 68-70、71 页。此外，联合会还有以下合作会员：齐鲁大学、金陵大学

宗教学院的教授李荣芳博士，但总干事是胡本德，后因其被暂时借给联合国教育科学文化组织（UNESCO）担任中国基本教育计划的顾问，故由美北长老会的贝纳女士（Miss Margaret Barnes）暂代总干事职务。[91]总的来说，华北基督教农村事业联合会由美国差会及传教士控制。

在此情况下，《田家》在办刊过程中也没法避免受到联合会董事会及其背后的美国差会的制约，它们希望刊物能站在教会的立场上，秉持纯粹的"基督教路线"。但是，作为《田家》的灵魂人物，主编张雪岩并没有简单盲从。张雪岩五岁丧母，从小性格刚强。他虽然一直接受教会学校的教育，但对传教士并不唯唯诺诺。他将基督教视作改造不平等社会，实现社会理想的途径。在战后的国共内争中，张雪岩作为一位知名的民主进步人士，是九三学社的筹办人之一。张雪岩的此种人生理念，自然也反映在其办刊思想上。1947 年 3 月，美国农业传教基金会（the Agriculture Missions Inc. USA）干事、前金陵大学农学院院长芮思娄（John H.Reisner）曾亲自来华实地走访联合会。在李荣芳的主持下，联合会为此在北平的基督教青年会召开扩大会议，向芮思娄汇报工作。[92]在会上，张雪岩用图表、宣传册及口头表述等方法来介绍"田家社"的工作。他一方面对西方的补助表示感谢之情，认为这是国际友谊的表现，同时他也希望努力实现自身的自养。[93]张雪岩明白，《田家》唯有在经济上独立自主，才能在办刊路线上不受他人控制。

1948 年初，遭国民党通缉的张雪岩，前往美加两国讲学、讲演。《田家》主编一职暂由燕大年轻毕业生张绪生担任。[94]张雪岩此行，一方面是谋求《田家》的自力更生，一方面则是揭露国民党的黑幕，表扬新政府的民主和合理性。从 1948 年冬到 1949 年春，张完成横贯北美大陆的旅行演讲，"宣传中国解放区的福音"。在此期间，美国教会要人曾要求《田家》随国民党政府南迁，但被张雪岩驳回，使他们很不满意。1949 夏，张雪岩回国后，立即筹划田家社的独立，并拟扩大董事会，积极开展业务，发起 50 万订户运动，以便自给。

农学院、金陵神学院、北平协和女子神学院、汇文神学院、燕京大学、华语学校。
91 〔美〕海珥玛著：《基督教会的乡村工作》，第 73 页。贝纳女士大概是 1947 年底至 1948 年初前来暂代胡本德的职位，时间是一年，她也是农业方面的专家。但胡本德在为联合国教科文组织工作的一年时间内会被允许回来至少三次。
92 China-14, June 17, 1947, p.1.
93 China-14, June 17, 1947, p.4.
94 China-23, January 6, 1948, p.3.

不久，张雪岩又成为新政协会议的基督教代表。[95]被选为政协代表后，张雪岩常受到攻击，"因为他非但不歌颂美国，反而批评美国的反动政策"。于是，"美帝分子乘隙向纽约教会控告他。纽约方面，要他悔改，不谈政治，每期刊物要寄一份到纽约检查，否则停止经费"。张雪岩对此难以忍受，筹划创办田家工艺社，以副业生产来补助经费。[96]

1949 年 12 月 15 日，张雪岩在《田家》发表《圣诞新解》一文。张在文中认为，将耶稣生日神圣化的理由主要有四点。第一、耶稣在宗教信仰上是一个伟大的革命家，他用批判的革命精神驳斥了犹太民族传统的封建的反动的历史观世界观和人生观。第二、耶稣更是一个革命生活的实践者，坚决主张理论和实践并重。第三、耶稣的宗教信仰是科学的。第四、耶稣所走的是群众的路线。耶稣在工作中所接触的，"都是劳工、贫农、病人、儿童、妇女和一切其它封建社会所瞧不起的下等阶级"。同时，耶稣所走的"是无产阶级的群众路线"，因为跟从耶稣的门徒的首要条件是先将财产放弃。[97]张雪岩的这篇文章可以集中反映出其基督教的社会福音观点和马克思主义的历史唯物观已相互调和统一起来。

张雪岩的以上个人经历和言论，可折射出《田家》的办刊路线。在时代的大变局中，《田家》所走的路线并非是纯粹的基督教路线，而是趋于"偏左"的激进路线。这种路线，自然不为华北基督教农村服务联合会[98]，以及背后的美差会和传教士所称许。李荣芳就曾多次劝导张雪岩要遵守农联章程。[99]但是，鉴于张雪岩的资深经历和基督教代表身份，华北农联虽对其有所不满，却也无可奈何。出人意料的是，张雪岩因责任繁重，操劳过度，又因田家复杂问题，"气愤伤脑"，不幸于 1950 年 1 月 28 日患脑充血故去。[100]张雪岩遽逝，当时应该没有留下只言片语，接下来浮现的问题就是由谁来主导《田家》。

95　1949 年 9 月 21 日至 30 日，张雪岩与吴耀宗、邓裕志、刘良模、赵紫宸四人一并作为基督教的代表参加了在北京召开的新政协会议。

96　董谋芳：《祝贺田家复刊，纪念张雪岩同志》，《田家半月刊》，复刊特大号，第十七卷一二两期合刊，1951 年 11 月 15 日，第 5-6 页。

97　张雪岩：《圣诞新解》，《田家》，第十六卷第十期，1949 年 12 月 15 日，第 8 页。

98　"华北基督教农村事业联合会"后又改名为"华北基督教农村服务联合会"，简称"华北农联"。

99　刘家峰：《中国基督教乡村建设运动研究: 1907-1950》，天津人民出版社，2008 年，第 198 页。

100　董谋芳：《祝贺田家复刊，纪念张雪岩同志》，《田家半月刊》，复刊特大号，第十七卷一二两期合刊，1951 年 11 月 15 日，第 6 页。

2. 复刊拉锯战

张雪岩去世后，华北农联执委会立即召开会议，决定董谟芳（张雪岩的妻子）还可以在田家社居住一段时间，并给予 500 元美金的津贴，主要用于张雪岩女儿今后的教育费用，华北农联董事会主席李荣芳暂代文字组主任之职。李荣芳即着手准备出下一期的《田家》。[101]在华北农联看来，经过如此安排，《田家》今后将回归基督教性质的办刊路线。可是，董谟芳对此并不认同，她自行将《田家》的登记证缴销，政府也照办，这让华北农联措手不及。[102]这样，《田家》不得不陷入停刊境地。

为《田家》存续问题，中华基督教出版协会[103]及其主要代表人物吴耀宗开始出面，再三与华北基督教农村服务联合会文字组往返函商，促请优先延聘适当人选早日复刊，并曾协助其多方物色相关人选。[104]吴耀宗在中华基督教出版协会内部占有重要地位，他是青年协会书局的负责人，长期担任《天风》周刊的主编，他和张雪岩一样，代表的是基督教文字出版界的革命进步路线，因此《天风》和《田家》的办刊路线是极为贴近的。吴张二人相交甚深，内战期间两人还都曾因遭国民党当局的通缉，不得不分避于香港和美国，此后两人又都当选基督教代表。因此，张雪岩的猝死，无疑使吴耀宗少了一位知己和"同路人"。建国后，随着吴耀宗在基督教界地位的跃升，他又逐渐成为中华基督教出版协会的代表人物。所以，吴耀宗说自己在张雪岩去世不久后，就开始各方奔走，谈及原因，吴耀宗说："我自己是从事基督教文字事业的，又是张雪岩先生多年的朋友，对于田家的复刊，似乎是'责无旁贷'。"[105]吴耀宗这样做，于公于私都可以理解。但是，双方却迟迟未能谈拢，究其原因还是在于今

---

101 China-95, October 13, 1950, p.1.

102 《中华基督教出版协会 1950 年工作概况报告》，1950-1951，上档藏，U130-0-6-[1]，第 4 页。

103 中华基督教出版协会是由各基督教出版机构形成的联合组织，其前身为"基督教联合出版社"（United Christian Publishers）。新中国成立之初，中华基督教出版协会的基本会员有 16 个团体。出版《田家》的田家半月刊社是 1942 年组成基督教联合出版社的四家会员单位之一，1947 年 11 月，联合出版社改组为基督教出版协会后，它依旧是基本会员单位，张雪岩还是出版协会的执委之一。因此，田家半月刊社与基督教出版协会之间有很深的渊源。

104 《中华基督教出版协会 1950 年工作概况报告》，1950-1951，上档藏，U130-0-6-[1]，第 4 页。

105 吴耀宗：《"田家"复刊词》，《田家半月刊》，第十七卷第三期，1951 年 12 月 1 日，第 2 页。

后《田家》的办刊路线问题。当时，包括吴耀宗在内的张雪岩旧友的态度是只要《田家》能维持过去的方针，就能重新予以登记。但华北农联的立场是，除非联合会能自行选择《田家》的主要职员，即在人事上有控制权，并且办刊路线是基督教性质的，不然华北农联不会对《田家》负责。[106]华北农联之所以有这份底气，是因为《田家》的经费主要来自美国的津贴，而美国方面的态度是和华北农联基本保持一致的。退一万步，既然张雪岩的旧友说有办法重新登记，那下一步他们只要能筹集到足够的经费，就完全可撇开华北农联，自行复刊《田家》。但事实是，当时他们尚无力做到这一点。吴耀宗后来也承认，《田家》的复刊，实非易事，因为田家从创刊到停刊，主要的经费完全是依赖美国的津贴，这一事实给田家带来诸多困难，甚至停刊之后也是如此。[107]正是因为有上述关键原因，才会导致《田家》迟迟未能复刊。

商谈无果之下，华北农联决定另起炉灶，新办一份《华北农联通讯》的刊物，以完全代替过去的《田家》。《华北农联通讯》当时并不需要向政府登记，因为它是免费发行的。新刊物每份的成本是 3 美分，而《田家》每一份的成本则需 11 美分，但新刊物的订阅量相比《田家》比较少。同时，刊物的主编素来和华北农联关系密切，既是一位专业记者，也是热心的基督徒，而且主编会把主要时间放在通县，这是田家从来都没有过的。[108]1950 年 8 月 25 日，华北农联总干事杨绳武在通县致信北美国外宣教事业协会中国委员会的寇润岚及其他美国教会人士，报告关于《田家》和《华北农联通讯》的重要事宜。信中说，不久前，华北基督教农村服务联合会执委会和文字组委员会召开联席会议，决议对《田家》采取以下四个步骤。(1) 田家社所有的职员和工友将结清工资。(2) 原来订阅《田家》的客户名单将转给新办的《华北农联通讯》，订阅费用不再返还。(3) 张雪岩的遗孀董谟芳应将田家社所有的财产及相关重要文件移交。(4) 在董谟芳完成上述移交后，将给予其家庭生活及子女教育一定的津贴。杨绳武在信中要求寇润岚给予《华北农联通讯》一年的试用期，因为《华北农联通讯》还要发给以前订阅《田家》的各用户，这必然增加成本，所以杨绳武还要求寇润岚准许他们使用一部分《田家》的资金。另外，根据决议，现有的职员和工友要结清三个月的工资，这部分钱也需要寇润岚的批准。最

---

106 China-95, October 13, 1950, p.2.

107 吴耀宗：《"田家"复刊词》，《田家半月刊》，第十七卷第三期，1951 年 12 月 1 日，第 2 页。

108 China-95, October 13, 1950, p.2.

后，杨绳武提交了关于文字组 1951 年的经费预算，总额达到了 6740 美金，其中有 3200 美金是为了《华北农联通讯》的发行。[109]

　　杨绳武的信说明，华北农联当时已决心彻底结束田家社，永远停办《田家》，改为重点支持《华北农联通讯》，而这都需要中国委员会的支持。但从信中也可以看出，董谟芳仍坚持不移交田家社，似乎要和华北农联抗争到底，不然杨绳武在信中也不会强调只有在董移交手续办妥后方能给予其津贴。董谟芳如此强硬，说明其背后也有人在支持。比如，在当年 10 月中华基督教出版协会的年会中，就曾指派吴耀宗、孙恩三、余牧人、张伯怀为委员继续研究《田家》复刊办法。[110]看来，华北农联和董谟芳之间，对峙日久。但依据当时的政治形势来判断，优势正慢慢转向董谟芳和吴耀宗一方。就在 9 月 23 日，《人民日报》全文发表了由吴耀宗领衔发起的三自革新宣言，并用三个版面刊登了全部 1527 人的签名者名单，还在第一版发表了题为《基督教人士的爱国运动》的社论。而此时的华北农联却仍旧试图争取美国差会方面的支持，正是接下去三自革新运动的批判对象。

　　华北农联终于在 1950 年 11 月中旬等来了寇润岚发来的电报。电报内容是，"中国委员会同意试办《华北农联通讯》一年，对你们的四项表决予以批准"。尽管只有短短一行字，却让接到电报的胡本德激动不已。胡立即把电报交给杨绳武，里面的内容让大家都高兴不已。因为除了财政上的允诺，这份电报无疑还包含着中国委员会对华北农联的信任与支持。11 月 21 日，华北农联执委会和文字组委员会又召开联席会议，会上公布了这份电报，议决《华北农联通讯》应该根据政府规定申请登记，同时对于中华基督教出版协会的复刊《田家》的要求也决定不加理会。11 月 23 日，胡本德在给寇润岚的信中对以上决定说明了原委。他说，申请登记，是因为政府出了新的规定。至于对基督教出版协会的要求予以拒绝，是因为胡本德本人认为《田家》现在复刊是不合适的，但是"如果吴耀宗和他的朋友希望《田家》复刊，他们因此向中国委员会申请资金支持，我们对此也不会表示反对"。在信中，胡本德还特别说到杨绳武信中提及的欲对田家社进行清算的计划。他说，虽然中国委员会在电报中对此表示支持，但是这个计划已不可行，"因为董谟芳

109 China-95, October 13, 1950, pp.1-3.
110 《中华基督教出版协会 1950 年工作概况报告》，1950-1951，上档藏，U130-0-6-[1]，第 4 页。

仍然占据着田家社的房产，在她的背后，一股强有力的政治势力在支持她。现在我们要是想拿回田家社的资产，那无疑是火中取栗。"胡本德还说，他们不想加入中华基督教出版协会，因为这个机构已经迅速地被政治化。他们还是想坚持基督教的路线。[111]

胡本德的信里流露出一种喜忧参半的复杂心理。喜的是自己的主张得到中国委员会的支持。忧的是，抗美援朝运动正以燎原之势在全国兴起，相距北京不远的通县想必已闻到反美的气息，从政治角度而言，华北农联此时再接受中国委员会的这种支持，于己大为不利。尽管如此，胡本德还是不愿让新办的《华北农联通讯》加入中华基督教出版协会。稍后，让胡本德更为忧心的事情接踵而至。是年12月28日，政务院发布在中国管制清查美国财产、冻结美国公私存款的命令。同日，中共中央下达"关于处理接受美国津贴的文化教育机关团体办法的指示"。至此，形势对于华北农联一方来说，可谓急转直下，基督教出版协会开始占据主导地位，《田家》复刊一事又重燃希望。

3.《田家》的再生

1950年12月间，为《田家》复刊一事，孙恩三、张伯怀二人又亲往北京研究。[112]1951年1月至3月间，基督教出版协会又推派吴耀宗、张伯怀等赴北京调查并了解该刊停刊以来的种种情况，发现原有主管团体已不可能使《田家》复刊。于是，吴耀宗等人决心撇开华北农联，自行筹备《田家》的复刊工作。3、4月间，基督教出版协会的吴耀宗、胡祖荫及执行干事张伯怀[113]等开始物色能够担负复刊责任的人选，最后请到前《田家》编辑刘龄九由四川来京负责推动复刊工作。5月，基督教出版协会接收田家财产，并聘请王梓仲等9人为复刊委员，进行清理财产，及向北京新闻出版处申请登记。9月22日，接奉北京新闻出版处发下"新字二六五号登记证"，准许《田家》复刊。[114]至此，《田家》复刊已经毫无悬念。正所谓此一时彼一时，基督教出版协会推动

111 China-99, December 15, 1950, pp.1-2.

112 《中华基督教出版协会1950年工作概况报告》，1950-1951，上档藏，U130-0-6-[1]，第4页。

113 中华基督教出版协会的原来的执行干事林天铎于1950年5月辞职离会，继任执行干事张伯怀于8月下旬到会。张伯怀在基督教出版协会之后的一系列活动中，都扮演着重要角色。

114 中华基督教出版协会工作概况（1951年2月20日起至9月30日），上档藏，U130-0-6。

的复刊一事之所以能顺利进行，主要原因在于这一时期外界抗美援朝运动以及基督教界内部三自革新运动的开展，原本试图阻碍《田家》复刊的华北农联因为与"美帝国主义"联系紧密，自身已经岌岌可危，在政治上被打入另册是迟早的事。

那么，《田家》复刊所需的经费又从何而来？实际上，经费问题也是先前张雪岩的旧友无法自行恢复《田家》的主要原因。实际上，《田家》复刊初期的经费，除接收前董事会交下人民币七百余万元、冻结美金八百余元之外，主要还是依靠几个教会团体的捐助，此外还有一部分好友的支持。到重新出版前，《田家》实收捐款四千七百余万，在教会团体中，仅中华基督教会出版协会就捐款两千四百万元，另外捐款较多的有中华基督教会边疆服务部（五百万元）、中华基督教会四川大会文字部（四百万元）等。[115]但这些经费只能解一时燃眉之急。因为就当时的物价水平而言，《田家》出刊一期，至少需要四百万元（每本合成本 1300 元），每月两期连其他必要开支，至少要一千万元。新的《田家》编辑部为缩减成本，只好要求老读者做出牺牲，即过去订的田家，不论哪一天满期，均自愿放弃过去的权利，作为乐捐，提前新订。另外，编辑部还号召广大读者有钱出钱，有力出力。[116]

1951 年 11 月 15 日，复刊特大号的《田家半月刊》正式推出。刘良模、崔德润、刘龄九、张伯怀、董谟芳等人都在这一期上刊文纪念。吴耀宗因为出国，其纪念文章刊于第二期上。这些人都是已故前主编张雪岩的挚友亲属。没有他们的鼎力协助，《田家》想要复刊是难以想象的。张伯怀说，《田家》停刊后，"美帝国主义者虽然曾蛮横地将田家的经费转移给了其它方面，中国教会以内的帝国主义份子虽然曾一度地阴谋将田家的生命结束，教会广大群众的呼声却始终不曾放弃这个正义的要求。基于这个要求，基督教出版协会才不顾一切地设法使田家复刊。"[117]新任主编刘龄九则阐述了新《田家》的办刊原则：首先，要割断与美帝国主义的一切联系；其次，要通过宣传，提高教友群众的思想认识及政治觉悟水平，推动大家参加新中国的各项建设工作；最后，

---

115 《支援田家复刊第一期捐款光荣榜》，《田家半月刊》，复刊特大号，第十七卷一二两期合刊，1951 年 11 月 15 日，第 36 页。

116 编者：《敬告读者》，《田家半月刊》，复刊特大号，第十七卷一二两期合刊，1951 年 11 月 15 日，第 35 页。

117 张伯怀：《我对于"田家"复刊的感想》，《田家半月刊》，复刊特大号，第十七卷一二两期合刊，1951 年 11 月 15 日，第 4 页。

要更好地帮助读者解释各项迫切需要解决的问题。[118]从此，再生后的《田家》开始以一种崭新的姿态，服务于社会主义事业建设和广大农村教友群众，直至1957年结束其历史使命。

4. 结语

由上可见，新中国成立初期基督教界重要刊物《田家》的停刊与复刊，实际上是一场剧烈的办刊权力之争，其背后又牵涉到办刊路线、经费筹措、人脉关系、政治气候等一系列复杂问题。《田家》停刊风波的导火索是其灵魂人物张雪岩的突然去世，但深层次原因在于刊物虽受美国津贴的支持却走革命进步的办刊路线，早已引起华北农联及背后的美国差会的不满，以致张雪岩本人颇为愤懑，在他生命最后几年中也有谋求刊物独立的动作。张雪岩的遽然离世，使得华北农联总干事杨绳武等人认为可以乘机收回《田家》的控制权，不想却受到张雪岩的遗孀董谟芳的坚决反对，她将《田家》的登记证向政府缴销是导致其停刊的直接原因。紧接着，事件进一步升级。中华基督教出版协会的吴耀宗、张伯怀等人开始出面与华北农联交涉《田家》的复刊事宜，但在关键问题上双方始终未能谈拢，以致陷入僵局。最后，华北农联在取得美国差会及传教士的大力支持下，试图新办《华北农联通讯》以代替《田家》，而中华基督教出版协会因经费与人员的掣肘，一时竟无力恢复《田家》。但随着政治局势的迅速变化和基督教三自革新运动的兴起，这场纷争即被贴上政治立场的标签，进而转化为敌我矛盾，此后华北农联再难翻身，田家社的财产也由中华基督教出版协会接收，《田家》得以复刊并延续张雪岩时期的办刊路线。

从《田家》停刊风波这场事件可见，新中国成立前后美国差会及传教士通过把控人事和经济，对中国基督教界仍具有相当大的影响力。首先，从张雪岩苦苦寻求《田家》独立而不得，到张去世后《田家》就遭遇停刊整顿，再到此后华北农联时时处处向国外报告事件进展并争取对方资金上的支持，无不折射出美国差会及传教士的这种影响力。相反，中华基督教出版协会方面虽有心及早复刊，但因为缺乏经费等缘由，在《田家》停刊后很长时间内仍不免俯就于华北农联，与其反复磋商。其次，《田家》停刊风波也透露出，在政局变动的时代大背景下，中国基督教界业已发生明显的思想意识形态上的分化，这集中体现于办刊路线上的分歧。此外，《田家》最终能复刊并存续多年，可以说

---

118 刘龄九:《重返"田家"》,《田家半月刊》,复刊特大号,第十七卷一二两期合刊,1951 年 11 月 15 日,第 6 页。

是一个异数，这和同时期绝大多数基督教期刊的停刊形成鲜明的对比。不谈办刊所需的经济、人才等事项，这种对比说明，在当时的社会政治条件下，任何基督教机构或基督徒个人想要走"超政治"的路线都是不可能的。

四、上海基督教出版业走向联合的前因后果

1. 基督教出版业内部的自发联合

1942 年，在中华全国基督教协进会（简称"全国协进会"）的协调下，由英华书局（成都）与当时前往华西的青年协会书局（上海）、广学会（上海），及田家半月刊社（北平）4 个团体在成都联合组成"基督教联合出版社"（the United Christian Publishers）。基督教联合出版社的组建可谓是抗战背景下严峻形势所造就的时代产物，因为各家"在神学思想和社会观点上存在很大分歧"。但客观地说，联合是有实质性内容的。当时，上述 4 家出版机构曾达成一项协议。首先，各出版机构要将它们的全部书稿交由基督教联合出版社统一支配，并以联合出版社的名义出版，否则就退还给相关机构，由其自行决定是否以自己的名义出版。其次，每一部书稿出版之后，上交书稿的机构在保留其版权的同时将 50%的纯收入分给基督教联合出版社以弥补其在该项出版物上的费用。再者，4 家出版机构的编辑工作也要受基督教联合出版社的集体指导。[119]按照该项协议，基督教联合出版社掌握相当分量的行政权力。

基督教联合出版社在战时除了编辑出版这 4 家单位的书籍，还直接负责刊行《天风》周刊与《基督教丛刊》为联合出版品。在 1946 年该社迁沪之前，除原有的 4 个会员外，又有汉口"圣教书会"、成都"青年问题月刊社"、南京"载社"（其后改为"金陵神学院编辑部"）加入为正式会员。[120]这样，联合出版社内已有 7 个会员团体。但是，等到战后各成员单位返回上海、北平、南京等地，再加上内战的爆发，联合出版社内部的旧有矛盾就日益浮现，最明显的就是神学观点上的分歧，比如广学会的人就曾经抱怨他们的董事会对联合出版社直接刊行的《天风》周刊从来就不满意，因为后者"太自由派"。[121]

争论的结果就是，基督教联合出版社不得不重新加以改组。1947 年 11 月

---

119 〔美〕何凯立著，陈建明、王再兴译：《基督教在华出版事业（1912-1949）》，成都：四川大学出版社，2004 年，第 164-165 页。

120 《中国基督教出版协会的缘起与略史》，上档藏，U130-0-5-1，第 2 页。

121 〔美〕何凯立著，陈建明、王再兴译：《基督教在华出版事业（1912-1949）》，成都：四川大学出版社，2004 年，第 166 页。

6 日至 8 日，基督教联合出版社举行年会，然后依据年会决议，改组为"基督教出版协会"（The Council of Christian Publishers），重新修订章程，计划协作事工。新任职员如下：主席缪秋笙，副主席文励益（Rev.F.G.Onley），会计薄玉珍，执委胡祖荫、吴耀宗、张雪岩、吴高梓、慕天恩等人。至于该社所出版之《天风》周刊及《基督教丛刊》两大定期刊物，则另组"天风社"负责进行编辑发行事宜。同时天风社加入基督教出版协会为会员之一。[122]此次改组的一大成绩是合并了"书报发行合会"（the Christian Publishers Association）。[123]为避免发生之前的摩擦纠纷，这次改组大大削弱了基督教出版协会统合各会员单位的权力。相较之前的基督教出版联合会，新的协会主要具有以下几个特点：1. 除刊行《出版界》这份行业杂志，协会本身不再出版其他报刊书籍，而是扶助各家出版机构的联合发行事宜；2. 协会之会员仍有自行创作与发行文字作品的权利，不过需要和其他各家出版机构协商；3. 协会之章程还特别规定选举其中的 6 家会员机构，每一家分别为协会服务 3 年，主要职责是协助协会下拨资金，并代表读者的利益；4. 协会不会截留各会员单位日常的经营收入，亦不会干涉其收入作何使用，相反协会将设法争取外界的各项资金支持，以加强各会员单位的力量。[124]可见，新的协会不再享有原来的出版发行、分享利润之权益，而是转化成为一个松散的服务机构，最重要的服务项目就是向国外争取资金，再将资金下拨给各会员单位，而协会里面的各会员单位则拥有很强的自主独立性。这个转变非常重要。

经过改组后，陆续又有新的基督教出版机构加入协会。大概到 1948 年底，已有天风社（上海）、中华信义会书报部（汉口）、中国宣道书局（武昌，后迁香港）、中华基督教宗教教育促进会（上海）、中华圣经会（上海）、广协书局（上海）等 6 家机构。1949 年 10 月，协会举行第一届年会时正式接受上列各单位为基本会员。1950 年，协会第二届年会又接受下列正式会员：中华圣公

---

122 《天风》，第 98 期，1947 年 11 月 29 日，第 15 页。

123 该机构是上海基督教出版机关为了在文字工作方面谋求合作而组织起来的一个团体，成立于 1917 年，其最大贡献是刊行《出版界》以沟通文字消息。1937 年因受战事影响曾宣告停顿。当时"书报发行合会"正在设法恢复其原有组织并已于 10 月间将《出版界》复刊。经双方磋商后，该机构于同年 12 月决定将原机构取消，正式并入基督教出版协会，而《出版界》的编印与发行亦移交基督教出版协会办理。参见《中国基督教出版协会的缘起与略史》，上档藏，U130-0-5-1，第 2-3 页。

124 China-55（原文无日期），p.4.

会书籍委员会（上海）、希望月刊社（成都）、恩友月刊社（北京）。[125]这样到新中国成立之初，中华基督教出版协会的基本会员有 16 个团体。

可见，中华基督教出版协会是促进基督教出版机构之间联系与合作的上层组织，其中有 7 家会员位于上海，而且抗战结束后也以上海为活动中心。从基督教联合出版社到中华基督教出版协会的转化，深刻说明了基督教出版业内部因为各自神学基础的不一致，以至于对待联合问题莫衷一是，最后索性退回到互不相扰的"安全距离"。关于这一点，在 1950 年 8 月上旬由华东新闻出版局和上海新闻出版处召开的"上海市公私营出版业座谈会"上亦可看出。在会上讨论联营出版与单独出版的利弊得失时，宗教出版业的代表就提出"宗教书出版联营有困难，希望能自由出版"。[126]这一先天缺陷，在此后中华基督教出版协会筹备上海基督教出版事业的联合工作中暴露无遗。

2. 北京座谈会

1950 年 10 月 18 日至 25 日，全国协进会第十四届年会在沪召开。大会选出新一届执委会，吴高梓为会长，崔宪详、吴贻芳、吴耀宗为副会长。[127]这次年会具有转折性意义。第一，中国基督教和帝国主义必须割断联系已是大势所趋，不可阻挡。而这个帝国主义，不言而喻主要是指美帝国主义。第二，经过此次大会，全国协进会内原先强大的保守力量被边缘化，而吴耀宗为代表的教会内部进步力量则在全国协进会内完全占据了上风。就在这次会议期间的 10 月 22 日下午，由中华基督教出版协会主办的中国基督教文字事业座谈会也在沪召开。会议主席为出版协会执委会主席缪秋笙，出席者为中华全国基督教协进会年会代表 120 人，暨参加东道之 10 个基督教出版机关[128]的代表 20 人。会上，吴耀宗讲演《人民时代的基督教文字事业》。吴耀宗认为基督教文字事业过去的一大毛病便是闭户造车，任何事情都由少数人来决定，不肯协商，不能收集思广益之效，今天的会就是要纠正这样的错误。[129]而在全国协进会第十四届年会结束数日后，即 10 月 30 至 31 日，中华基督教出版协会第二届年会

125 《中国基督教出版协会的缘起与略史》，上档藏，U130-0-5-1，第 3-4 页。
126 中国出版科学研究所、中央档案馆编：《中华人民共和国出版史料（1950 年）》，北京：中国书籍出版社，1996 年，第 447 页。
127 《协进》，第 9 卷第 3 期，1950 年 11 月 16 日，第 3-4 页。
128 10 个基督教出版机关分别为广协书局、中华圣经会、天风社、中华基督教宗教教育促进会、青年协会书局、广学会、浸会书局、中国主日学合会、勉励会、福音书房。
129 应元道记录：《中国基督教文字事业座谈会纪要》，《天风》，第 10 卷第 17 期，1950 年 10 月 28 日，第 10 页。

即在上海举行，到会代表 40 余人。[130]这次年会正式通过一条议案，即"决意促成联营书店的实现"。[131]

吴耀宗的讲演和之后年会通过的那条议案都大有深意，是和国家当时逐步对全国出版事业进行调整的时代背景密切联系的。是年的 9 月 15 日至 25 日，第一届全国出版会议在北京召开。出版总署胡愈之署长在会上作《论人民出版事业及其发展方向》的报告。会议决定本着"统筹兼顾，分工合作"的原则调整公私出版业之间的关系，并逐渐消除出版发行工作的无组织、无计划的现象，以求有计划地充分供给为人民所需要的各种出版物。10 月 28 日，政务院又发布"关于改进和发展全国出版事业的指示"。指示中有几项要求对基督教出版业的发展相当紧要，即"全国公私营的书刊出版机构应当按时向出版总署提出其工作计划和工作报告，以便得到及时的调整和改善"；"出版总署也应当尽可能协助私营的大出版社确定专业的出版方向，并协助小出版社在自愿原则下合作经营，以克服出版工作中的盲目竞争和重复浪费现象。"[132]就在同一日，经政务院批准，出版总署发布了第一届全国出版会议的五项决议。上述政府的报告、指示与决议，意味着当时的基督教出版业即将走上"精简合作"的道路。担任出版协会执行干事的张伯怀后来说，政府的文件对当时参加中华基督教出版协会第二届年会的代表们"发生了很大的感召作用"，"在每次讨论会中大家都觉得我们对于出版总署所决定的发展人民出版事业的基本方针，应该切实掌握，努力实行。"[133]

第二届年会结束之后，在接下去的大约三个月内，基督教出版协会即着手向全国各基督教出版机关进行一般性的宣传与教育工作。这种工作，主要以发通讯与调查表、召开讲座的形式进行，目的是了解各机关对于联营计划的反应，并让各机关在原则上认识到联营书店的重要性与急迫性。[134]在大致完成前

---

130 《中华基督教出版协会 1950 年工作概况报告》（1950-1951），上档藏，U130-0-6-1，第 6 页。

131 《中国基督教联营书店的组织缘起和筹备经过》，《中国基督教联营书店关于送上"筹备经过"、"章程草案"的函》，上档藏，B1-1-1992-11。

132 胡愈之著，戴文葆编：《胡愈之出版文集》，北京：中国书籍出版社，1998 年 1 月第 1 版，第 142-143 页。

133 《中国基督教联营书店的组织缘起和筹备经过》，《中国基督教联营书店关于送上"筹备经过"、"章程草案"的函》，上档藏，B1-1-1992-11。

134 《中国基督教联营书店的组织缘起和筹备经过》，《中国基督教联营书店关于送上"筹备经过"、"章程草案"的函》，上档藏，B1-1-1992-11。

期准备后，出版总署开始和吴耀宗方面进行接触，以指导促进各基督教出版机关之间的调整工作。

1951 年 2 月 12 日，吴耀宗于北京青年会致信张伯怀。在信中，吴说是晚与出版总署胡愈之署长晤面，胡很关心基督教出版事业，"拟与我们谈"。吴还建议请张伯怀及胡祖荫、金炎青一并来京。吴本人的意见是出版机关今后需精简合作，出版方面要联合机构、统一计划，但出书仍可用自己名义。[135]吴在信中提及的张伯怀、胡祖荫和金炎青三人，分别代表中华基督教出版协会、广学会与中华浸会书局。

会面之后，出版总署于 2 月 24 日致函上海市人民政府新闻出版处。函件首先略述了 2 月 12 日出版总署和吴耀宗座谈的情形，大致和吴耀宗信中所写的内容一致。对于吴耀宗的建议，出版总署表示同意在 3 月中旬举行基督教出版机构主要负责人的座谈会，"但须待吴回国后由他来参加召开及帮助主持"。最后，出版总署要求上海市新闻出版处先进行对张伯怀、胡祖荫、金炎青三人的"初步了解及预为布置"，"并对改进这些出版机构提供初步意见"，待座谈日期决定后，再由上海市新闻出版处"派员偕行并协助他们办理来京手续"。[136]

根据出版总署的指示，上海市新闻出版处派出一位得力干部专门审查了广学会、中华基督教出版协会、中华浸会书局 3 家的材料，并于一段时间后向出版总署提交报告。报告有以下要点：首先，审查人认为张伯怀可以不必去京，而吴耀宗之所以建议张一同赴京，是因为张实际上很可能是广学会负责人胡祖荫的人马。其次，报告分析了广学会和中华浸会书局的经济情形。两家都有广大的财产，与不算少数的现金。但这些财产都不生利，譬如广学会大楼当时有 1 亿 3 千多万的房租收入，但管理房产的支出也达 1 亿 3 千万元，每年不过多余几百万元。这两家的营业额也都很大，广学会 6 亿多，浸会书局 2 亿多，但支出都超出了营业收入。其余依靠捐款收入，而捐款的大部分是外国教会。再者，报告指出基督教出版协会系各出版单位合组的联合上层机构，即外国方面来的宗教出版的津贴拨款集中由该会收受后，再由该会分派给各会员，由该会的账目可知各参加会员大都接受了该会的津贴。最后，报告提出这些出

---

135 《吴耀宗关于宗教出版机关精简合作计划的函》，上档藏，B1-1-1992-2。

136 《中央人民政府出版总署关于准备参加基督教出版机构主要负责人座谈会的函》，上档藏，B1-1-1992-3。

版机构要精简节约，有计划生产，加强整顿。尤为重要的是报告指出要组织一个总的机构，各单位都可参加，而以上海地区为限，通过这个机构加以领导控制，至于中华基督教出版协会则可以取消，但如果对方要保存也听之。[137]

从以上出版总署和上海市新闻出版处的往来函件中，可见在 3 月中旬举行基督教出版机构主要负责人座谈会之前，上海市新闻出版处已经初步摸清了赴京人员和 3 家机构的底细，同时提出初步处理意见。值得一提的是，报告对基督教出版协会所起作用的评价可谓一针见血，并认为该机构的存在已无多少实际价值，而应当另行组织一个以上海地区为限的、各单位参加的"总的机构"。那么，报告为何要提出这一设想？正如全国协进会曾是中国基督教最高当局，但最后还是被弃之不用，而是在 1951 年 4 月另行成立中国基督教抗美援朝三自革新运动委员会筹委会一样，基督教出版协会作为解放前延续下来的旧组织，在政治上已经失去其合法性，所以作为一种彻底革新的手段，必须成立一个新的组织。从后面来看，也确实照这样去操作。但这项意图的贯彻，当时仍离不开以基督教出版协会的名义而进行。

1951 年 3 月 16 日，基督教出版机构主要负责人的座谈会在京召开。关于这次会议的详情，4 月 7 日出版《天风》中的《基督教出版事业今后努力的方向》一文对此曾予以详细报导。文章大意如下：中央出版总署在京召开基督教出版会议，基督教出版界出席者有吴耀宗、张伯怀、胡祖荫、金炎青、孙恩三、陈建勋、李素良 7 人。会议由出版总署胡愈之署长主持，并有出版总署有关各司长、处长及京、津、沪、汉四地新闻出版处负责同志参加。会议听取了目前基督教出版界的工作情况，讨论并通过了《基督教出版事业今后努力的方向》，于 22 日胜利闭幕。《基督教出版事业今后努力的方向》主要是号召全国尚未停止接受外国津贴的基督教出版机关立即停止接受任何方式的外国津贴，彻底肃清帝国主义的一切影响并积极推进三自革新运动。这份宣言对基督教出版机关的根本性影响在于通过"团结并调整全国基督教出版事业，逐步走向统一经营"。[138]

但就是这篇文章，引起不小的波澜。因为出版总署于 2 月 24 日致上海市新闻出版处的函件中，曾明确说这次会议"但须待吴回国后由他来参加召开

---

137 《中央人民政府出版总署关于准备参加基督教出版机构主要负责人座谈会的函》，上档藏，B1-1-1992-3。

138 《基督教出版事业今后努力的方向》，《天风》，第 11 卷第 13 期，1951 年 4 月 7 日，第 1 页。

及帮助主持"。可是，《基督教出版事业今后努力的方向》一文中却说："会议由出版总署胡愈之署长主持，并有出版总署有关各司长、处长及京、津、沪、汉四地新闻出版处负责同志参加。"《天风》的这种说法，显然违背了出版总署的意图。因为《天风》是在上海出版的，所以上海市新闻出版处首先发现这一问题，并立即发文告知出版总署。出版总署收到来文后，即向吴耀宗查询。吴耀宗了解情况后，遂向出版总署承认《基督教出版事业今后努力的方向》一文所载与事实有出入，并称因《天风》编辑事先未将此项记载原稿交其过目，致有此错误，吴还答复出版总署这一错误将在《天风》第 260 期中自行更正。4 月 28 日，出版总署在下发上海市新闻出版处的文件中说明了事情处理经过，并抄附吴耀宗提交的更正稿一份，以供上海市新闻出版处参考。更正稿强调会议的几位基督教出版机关的负责人事先经由吴耀宗邀约，胡愈之只是在座谈会期间被请到场讲话而已，从而大大淡化了出版总署及胡愈之的作用。[139]而《天风》原先的文章登载座谈会不仅由胡愈之主持，而且报导在旁还有中央及地方的负责新闻出版事务的政府要员，等于提前暴露了出版总署试图通过吴耀宗等人统筹划一基督教出版机构的意图，既有损政府与基督教界人士的关系，也容易让基督教界内部产生嫌隙，不利于基督教出版协会出面去推动基督教出版机关的联营事业。尽管出版总署和吴耀宗及时采取了补救措施，但事后来看，《天风》的这一无心之失还是留下了不良影响。

3. 联营书店计划的酝酿

北京会议结束后，吴耀宗曾向出版总署去函，大意是在基督教出版事业联营之前，政府能否照顾解决各出版机关的经济困难问题。4 月 4 日，出版总署在给上海市新闻出版处的文件中作出答复，并请其代为口头转告吴耀宗。据答复可知，出版总署只在一定程度上予以协助，在不少事项上都不置可否，可以说给吴耀宗浇了一盆冷水。比如，针对基督教各出版单位目前遭遇经济困难，出版总署的意见是"可由个别自行设法解决"，等到联营基本告成，政府才能给予贷款；关于来自英国的接济款项，出版总署认为"当然不应接收"，"此事基督教本身应视为对三自运动的一种考验。"[140]基督教出版协会原本存在

---

139 《中央人民政府出版总署关于"天风"刊载吴耀宗关于基督教出版事业座谈会消息更正稿的函》，上档藏，B1-1-1992-9。

140 《中央人民政府出版总署转告吴耀宗关于基督教出版事业处理办法的函》，上档藏，B1-1-1992-7。

的一大目的就是为各会员单位争取资金。但在当时的环境下，基督教出版协会内得不到政府的及时资助，外又无法接收国外捐款，不免陷入内外交困的境地，无形中也大大降低了它之后在联营书店筹划中的号召力与凝聚力。

无奈之下，基督教出版协会不得不采取措施，酝酿联营计划。第一，请中国图书发行公司的负责人对于出席北京座谈会的代表们讲说他们的经验作为初步教育；第二，请上海新闻出版处代为搜集各联营书店的章程规则作为参考数据；第三，分别拜访上海各联营书店的负责人，以了解他们的实际情形；第四，约请上海各联营书店的负责人对本市基督教出版机构同人作报告演讲，以加强同人对联营书店的认识与信念。5 月 17 日，在基督教出版协会执行委员会第 52 次会议中，决议以首先决定参加的广学会、青年协会书局、浸会书局为基本单位，着手筹备，并推派吴耀宗、张仕章（青年协会书局）、胡祖荫、张仁镜（广学会）、金炎青（浸会书局）、张伯怀（基督教出版协会）为筹备委员，同时指定张伯怀、金炎青二人为正副筹备主任。接下来，新成立的筹备委员会依据各项参考数据与参加单位的实际情形拟具了一份联营书店的章程草案，此后数月内，又多次修改此草案。由章程草案可知，联营书店的作用是以发行基督教书刊为主要任务并可兼营一般性的出版物，而且各参加单位所出版的一切书刊均归本店统一发行；联营书店的总店设于上海，以后依照实际需要与能力，在全国各大都市设立分店；联营书店的最高主管机构是由 5 人组成的管理委员会，设主任委员 1 人，副主任委员 1 人，负责执行管理委员会的政策与议案。[141]

草案拟定后，筹备委员会曾数度努力争取中华圣经会与时兆报馆等机关参加为基本单位。筹备会的正副主任曾分别与各该机关的负责人员及管理机构举行座谈会交换意见。但是这些机关迟迟未作出正式决定。筹备委员会最后只好仍以广学会、青年协会书局、浸会书局为基本单位。最后是联营书店的营业政策、资金、人事与地点的协商。经过讨论，筹备委员会决定如下：以实事求是为基本营业政策，开办时由最小规模着手，避免一切的铺张浪费；资金总额定为人民币 2 亿元，广学会担任 1 亿，青年协会书局 5 千万，浸会书局 5 千万；开办时暂不设正副经理，其职责由管理委员会的正副主任委员兼任之；专任职工暂定为 5 人，由广学会现有职工中选聘 3 人，青年协会书局 1 人，浸会

---

[141]《中国基督教联营书店的组织缘起和筹备经过》、《中国基督教联营书店关于送上"筹备经过"、"章程草案"的函》，上档藏，B1-1-1992-11。

书局 1 人。由以上 5 人中指定 1 人为营业主任。在正副主任委员指导之下，负责一切营业事项；联营书店暂以广学会现在的门市部为地址。将来业务发达时，再依实际需要考虑扩充或迁移其他适当地点。[142]

对照上述的章程草案和事实上的筹备结果，不难发现即将成立的"中国基督教联营书店"存在名实不符的缺陷。所谓的"联营书店"，其实只是一家总店而已，资金规模小，职工少。最为关键的一点是，参加联营书店的出版机构始终只有广学会、青年协会书局、浸会书局 3 家，至于神学上较为保守的中华圣经会与时兆报馆，虽经数度争取，但始终不为所动。这无疑降低了联营书店存在的意义，使筹备委员会一班人颇为尴尬。

最终，经过 3 个多月的筹备之后的 8 月 28 日，中国基督教联营书店筹备主任张伯怀、副主任金炎青将"筹备经过"与"章程草案"各一份呈送上海市新闻出版处，请新闻出版处审核指示以便遵照进行组织，即申请备案。9 月 1 日，上海市新闻出版处对张伯怀和金炎青送来欲批准备案的呈文的初步意见是：基督教联合书店系遵照北京座谈会而筹建，原则上可予批准，但目前只有 3 家联合（主要的 3 家），其余都未加入，意义有限。是否可以采取暂不答复，一面与外事处总登记处、宗教事务处联系，得出结论后再复。9 月 3 日，新闻出版处副处长叶籁士批复同意这样办。随后，上海市新闻出版处分别向上海市外事处、上海市宗教事务处征求二者的意见，并向中央出版总署、华东新闻出版局请示处理方针。[143]9 月 20 日，中央出版总署回复称中国基督教联营书店可以核准成立。[144]10 月 15 日，上海市外事处处长黄华的答复是"本处无意见"，并建议向上海市宗教事务处联系决定。[145]

4. 转向"联合书局"及其夭折

由上述意见和批复可见，上海市新闻出版处对于联营书店只有"三家联合"一点是很不满意的。不过因为联营书店确实是根据北京座谈会精神而筹备的，故上海市新闻出版处原则上同意批准其成立，中央出版总署亦称"可以

---

142 《中国基督教联营书店的组织缘起和筹备经过》，《中国基督教联营书店关于送上"筹备经过"、"章程草案"的函》，上档藏，B1-1-1992-11。

143 《上海新闻出版处关于基督教联营书店成立如何处理的请示》，上档藏，B1-1-1992-25。

144 《中央人民政府出版总署关于基督教联营书店可以核准成立的复函》，上档藏，B1-1-1992-28。

145 《上海市人民政府外事处关于成立基督教联营分店的函》，上档藏，B1-1-1992-27。

核准成立"。但就在此时，联营书店突然被要求加快联合的进度。8 月底至 9 月初，第一届全国出版行政会议在北京召开。9 月 4 日，副署长叶圣陶在会议总结讲话时指出要加强对私营出版社的领导和管理。他希望代表们回去后就着手拟订计划，确定步骤，怎样让一些私营出版社走上联合出版或是公私合营的道路。[146]9 月中旬，上海市新闻出版处根据全国出版行政会议的精神，对基督教联营书店筹备委员会有所指示。该指示的要点即要将联营书店计划与联合出版计划并案办理。[147]显然，这个指示是为了改进联营书店前期筹备进展缓慢的状况。至此，联营书店虽原则上可以成立，但它必须在加快进度和充实内容的前提下方能成立，因此在接下来的一段时期内，"联营书店"开始向"联合书局"过渡。

　　形势的突变让筹备委员会一下子无所适从，左右为难，因为按照此前联营书店的实际筹备情况，联营尚且存在困难，只有三家基督教出版机构参加，何况现在立即改为两步并作一步。但是，上海新闻出版处的指示又不能不认真考虑。基督教出版协会就此事先展开内部讨论。10 月 3 日，张伯怀和涂羽卿谈话之后，又同胡祖荫、金炎青、缪秋笙及其他委员分别报告并征求意见，4 日上午 10 至 12 时他又约请涂羽卿、胡祖荫、金炎青及应元道、余牧人举行座谈会交换意见。在座谈会上，涂羽卿认为联合出版重于联营书店，因为货色不继，则无书可营，并且联营的初期当以《天风》、《青年》、《田家》等几种宗教期刊为主要出版刊物，至于长篇巨著可不必急于求效；胡祖荫也认为彻底联营为解决个别问题的唯一办法，但广学会自身实无力革新其内部。从涂、胡的发言来看，二人是倾向于彻底联营的。但会上想必还有其他人表示不同的意见，只是张伯怀没有明说而已。这次座谈会最后决定由张伯怀与新闻出版处约定时间，大家共同去谈一次。就在 4 日下午 4 时，涂羽卿、胡祖荫、金炎青、张伯怀 4 人准时到达上海市新闻出版处。就联合计划，4 人提出如下建议：1. 假使能限期促成联合出版社，是否就可以根据以往计划先成立联营书店？2. 假使必须彻底联合，是否可以等吴耀宗先生回国后再运作？3. 假使必须即刻进行，是否可以先在各出版机关内展开学习，进行检讨，以待时机成熟时再行拟具联合计划？对此，上海市新闻出版处的回复直截了当：1. 彻底联合既为政府新决

146 中国出版科学研究所、中央档案馆编：《中华人民共和国出版史料（1951 年）》，北京：中国书籍出版社，1996 年，第 315 页。

147 《中华基督教出版协会工作概况》（1951 年 2 月 20 日起至 9 月 30 日），上档藏，U130-0-6-1。

意贯彻的政策，绝无再分两步进行的必要。2. 联合既势在必行，就各单位的情形说，也不宜拖延太久，故当尽先着手筹备。3. 普遍学习与具体计划可以同时进行，双管齐下，不必分为几个阶段。[148]

可见，上海市新闻出版处的意见是要求尽速解决彻底联合一事，而且要求各基督教出版机关都参加联合，"普遍学习与具体计划可以同时进行"。眼见上海市新闻出版处的态度如此坚决，4 人也不好再说什么。接下来，是讨论关于彻底联合的筹备人选。上海市新闻出版处指示仍由联营书店筹备委员会负责，但 4 人"提议请三自革新委员会指派"。这里的三自革新委员会，即"中国基督教抗美援朝三自革新运动委员会筹委会"。4 人的提议，有出于减轻原筹备委员会压力的考虑。最后双方的意见是除原有委员外，请三自革新委员会正式加派刘良模、沈德溶二人。[149]刘、沈二人都是中国基督教抗美援朝三自革新运动委员会筹委会的常务委员，让他俩加入的目的是充实领导力量，减少联合阻力。

10 月 5 日，张伯怀致信吴耀宗，报告前几日就加速联合一事和上海市新闻出版处的商谈情形。10 月 9 日，吴耀宗复信张伯怀。在信中，吴耀宗首先表示自己同意上海市新闻出版处的意见，指出目前基督教出版机构已然失去"至少在暂时还有继续存在的可能"，并说明先前的联营之所以失败，主要是"缺乏经济，缺乏领导"。接着，吴耀宗就彻底合并提出建议。吴耀宗认为，这个合并计划自然应当在三自革新筹委会领导下进行。关于筹备人选由联营书店筹备委员会负责并请三自革新会加派刘良模、沈德溶，吴耀宗表示都同意。在信中，吴耀宗所提出的合并计划的核心是筹设一个以基督教出版协会为联合机构的新组织，名称改为"中国基督教联合出版社"，恢复并推进从前在成都的组织，并按照新的需要，将出版协会改组。将来参加这个新组织的各基督教出版机构，要经过人事的调整，经济的处理，并将房屋、物资、书籍等移交新组织，最终完全融化于这个新组织，这就意味着旧的出版机构将彻底消失。[150]诚如吴耀宗自己所言，建议里的"中国基督教联合出版社"和 1942 年

---

148 《张伯怀致吴耀宗的信》（1951 年 10 月 5 日），《张伯怀关于送上吴耀宗先生报告联营书店情况的函》，上档藏，B1-1-1992-29。

149 《张伯怀致吴耀宗的信》（1951 年 10 月 5 日），《张伯怀关于送上吴耀宗先生报告联营书店情况的函》，上档藏，B1-1-1992-29。

150 《吴耀宗致张伯怀的复信》（1951 年 10 月 9 日），《张伯怀关于送上吴耀宗先生报告联营书店情况的函》，上档藏，B1-1-1992-29。

在成都建立的"基督教联合出版社"有颇多相似之处。只是世易时移，产生两者的外部环境已不可同日而语，所以尽管两者初看类似，实质则大相径庭。

吴耀宗旗帜鲜明的表态加速了彻底联合的进度。11月16日中午，基督教出版机关联合问题座谈会在四川路青年会第二分会召开。出席者为涂羽卿、张仕章（青年协会书局），胡祖荫、余牧人、应玫芬（广学会），金炎青、任大龄（浸会书局），沈德溶（三自革新委员会），缪秋笙、张伯怀（基督教出版协会）。刘良模因事缺席。对于联合的步骤问题，大家一致拥护新闻出版处最近的指示，即联合营业与联合出版同时进行，不再分为两个步骤，为了促成彻底联合，应尽先着手掌握各参加单位的实际情况。11月19日，金炎青、张仕章、余牧人、张伯怀4人又根据16日座谈会的结果，拟定了具体筹备步骤，由上述4人分头去落实。其中，张伯怀负责拟具联合机构的计划与章程草案。[151]

11月25日至29日，全国出版行政会议传达大会在福州路召开。这次大会名义上由上海市书业同业公会筹委会主办，实际领导者则是华东新闻出版局和上海市新闻出版处。会议主要目的是学习贯彻全国出版行政会议精神，从而改进上海市的出版工作。大会将上海出版界分为8组，其中之一就是宗教组。参加宗教组的出版单位除了4家来自佛教界，其余10家全是来自基督教界[152]。宗教组的召集人和正组长都是张伯怀。在29日的总结大会上，张伯怀代表宗教组发言。他说，这次会议让我们认识到宗教界的出版发行工作也是一种政治工作，宗教出版界要存着"戴罪图功"的心情，彻底检讨并改造自己及其工作。基督教出版界要努力实现酝酿已久的联合出版和联合发行计划，并积极推动从业人员的思想改造和业务学习。张伯怀的发言得到了新闻出版处处长陈虞孙的肯定。[153]按理说，此次全国出版行政会议传达大会的召开是有利于推动上海基督教出版业的联合进程的，但事实并非如此。

---

151 《上海新闻出版处关于基督教出版机关联合问题座谈会》，上档藏，B1-1-1992-34。

152 这10家单位分别是广协书局、中华圣经会、天风社、青年协会书局、广学会、中华浸会书局、中国主日学合会、福音书房、时兆报馆、救恩书店。经过1951年的外资津贴登记，4家出版单位（中华基督教出版协会、宣道会、静修日程社、灵修日程社）自动停止了出版业务。6家期刊中有5种，包括知名的《时兆》、《福幼报》、《女锋》、《基督教丛刊》等都自动停刊。37种教会内部刊物除极少数外，其余绝大部分也都自动停刊。

153 《上海书讯》第七期，《上海新闻出版处关于召开出版工作座谈会传达全国出版行政会议精神和决议情况的报告》，上档藏，B1-1-1939-85。

　　1952 年 1 月 21 日，张伯怀向上海市新闻出版处呈送 5 份文件，其中最重要的一份是《关于筹备"基督教联合书局"的初步意见》。张的目的如同去年 8 月 28 日一样，仍是请新闻出版处审核指示以便遵照进行组织，即申请备案。新的联合组织名称并非吴耀宗信中所建议的为"中国基督教联合出版社"，而是拟定名为"基督教联合书局"。由文件可见，计划建立的"基督教联合书局"以中国基督教抗美援朝三自革新运动委员会筹备委员会为领导机构，其目的是"以完成全国所有基督教出版机关的彻底联合，提高出版质量，促进中国基督教会的三自革新为目的"。凡参加单位，应将其全部财产、业务完全并入联合机构。关于成立的步骤，还是先由性质相近而思想准备比较成熟的 3 个机构——青年协会书局、广学会、中华浸会书局——开始组织成立，待基础稳固以后，再分别考虑其他机构加入。文件还提出要进行民主改革，由参加单位选请筹备委员若干人组织筹备委员会，并设立房产及财务组、发行业务组、编辑出版组 3 个小组分头进行筹备工作。文件还规定了筹备的进度与计划：1. 争取于 1952 年春季在上海正式成立总店。2. 争取于 1952 年夏季基本上完成上海各单位的大联合。3. 争取于 1952 年内基本完成全国各单位的大联合。同时文件公布了筹备委员及各组组长的提名名单。筹备委员为：吴耀宗、刘良模、沈德溶、金炎青、胡祖荫、郑勉之、任大龄、余牧人、张仁镜、林祖明、徐怀启、应元道、张伯怀。各组组长为：房产财务组，提名郑勉之任组长；发行业务组，提名金炎青任组长；编辑出版组，提名沈德溶任组长。[154]

　　应该说，这份文件相较于同年 8 月 28 日提交的"章程草案"已有很大的"改进"，操作上也基本遵照上海市新闻出版处和吴耀宗的最新指示。但是，这份文件还是暴露出一个致命的旧缺陷，即参加联合书局的基督教出版机构仍然只局限于青年协会书局、广学会、中华浸会书局 3 家。可见，尽管后面有刘良模和沈德溶的加入，但基督教出版协会组织的筹备委员会在"基督教联合书局"的筹备工作中，仍无实质性的突破，只在形式上有较大改变而已。这实际上大大降低了联合书局存在的意义，颇有换汤不换药的味道。在政府看来，这种不具有全面性和彻底性的所谓联合，实际意义并不大。

　　就在这一时期，政治形势又悄然发生新变化。1951 年底至翌年初，全国规模的"三反"、"五反"运动相继开展，上海成为运动的中心。1952 年 1 月

---

154 《关于筹备"基督教联合书局"的初步意见》，《张伯怀关于筹备基督教联合书局的初步意见》，上档藏，B1-1-1992-37。

24 日，黄华致信新闻出版处处长陈虞孙。此信可以说是基督教出版事业联合工作的一大转折点。在信中黄华从贯彻落实党的宗教政策层面出发，认为目前基督教出版机构上层反动力量大[155]，下层也无良好的群众基础，因此"早联合不如晚联合"，要在内部有一清理，上层人事上有所准备，对方又能接受才好联合。因此，黄华建议陈虞孙考虑暂不进行联合，首先进行反贪污偷盗等工作，清除一些反动力量，进步力量能够插脚，再同意他们联营。黄华表示他可以通过进步份子在内部提出三反问题。[156]早年就读于燕京大学的黄华对基督教可谓相当熟悉，他在上海市委于 1951 年 1 月 8 日成立的处理接受美国津贴的文化、教育、救济机关及宗教团体委员会里还担任委员和副书记。应该说，黄华的建议是有足够分量的。至此，基督教联合书局的筹备计划在短期内已无实现可能。

在接下来的运动中，广学会深受影响。早在 1951 年 10 月 4 日的基督教出版协会内部座谈会上，广学会负责人胡祖荫虽然倾向于彻底联营，但又提出广学会自身实无力革新其内部。胡祖荫的这个说法也同时证明他是没有能力或胆量去领导广学会内部的革新运动的，体现出机构上层领导力量的思想保守性。就在 1952 年"三反"运动时，广学会职工中有人揭露胡祖荫经济上有贪污行为，且在生活作风上也有问题，最后胡不得不提出辞职。吴耀宗决定由刚从国外回来的丁光训牧师赴广学会接任总干事之职。[157]广学会的这种内部革新及领导变动可以说印证了此前黄华信中提出的设想，为今后的进一步联合扫清了障碍。

5. 中国基督教联合书局的成立

1953 年，上海基督教出版业的联合工作又开始启动。是年 8 月 21 日的

---

155 此处的"上层反动力量大"，应当给予公允的理解，不能简单推论某些教会团体和机构的领袖政治态度恶劣，拒不执行党和政府的政策。某些教会团体和机构的领袖之所以会在理解与执行政府政策上有偏差，往往和他们在教会国家关系中所扮演的双重角色有关，既要执行政府的相关政策，又要照顾平衡教会团体和机构内部的情绪或利益。参见陶飞亚、王德硕：《美国亚洲学会年会中的中国基督教史研究》，《东岳论丛》，2014 年第 1 期，第 76 页。

156 《黄华致陈虞孙的信》（1952 年 1 月 24 日），《上海市军事管制委员会外侨事务处关于建议暂不进行基督教出版机构统一实行联营的函》，上档藏，B1-1-1992-1。

157 沈德溶：《在三自工作五十年》，上海：中国基督教三自爱国运动委员会、中国基督教协会，2000 年，第 57 页；马佳：《爱释真理——丁光训传》，香港基督教文艺出版社，2006 年，第 78 页。

《天风》预告，广学会、中华浸会书局、青年协会书局及中国主日学合会将联合出版 1954 年的中国基督教抗美援朝三自革新运动年历表、月份牌、中国基督徒革新日记、圣诞贺年片。[158]10 月 19 日《天风》里的广告称：各地教会同道，凡在 11 月 30 日以前来函预约上述四种出版物，并付足订费者，可享受优惠价。[159]紧接着，这四家基督教出版社更进一步成立联合编辑委员会，共同编辑了陈崇桂牧师的《布道六讲》，由广学会于翌年 1 月底出版发行。[160]这些联合工作是在三自革新筹委会宣传组（组长刘良模、副组长沈德溶）领导推动下进行的。[161]应该说，1953 年的这次联合既抓住了"联合编辑"这一关键，在方法步骤上与前次的急躁冒进相比又要稳妥许多，没有追求毕其功于一役。

1954 年起，上海采取"坚决、迅速、稳步前进"的方针，开始大力开展对私营出版业的社会主义改造。全年处理了私营出版社 172 家（另外取缔了未登记的 11 家非法的投机出版社不在内），1955 年处理了 67 家，1956 年 1 月又处理 2 家，这样私营出版业只留下了 11 家宗教出版社（另外还有 2 家未登记的宗教出版社亦未处理，故宗教出版社实际留存 13 家）[162]，基本上完成了社会主义改造任务。[163]可见，处理改造宗教出版业实际上要等到 1956 年 2 月以后。政府领导部门之所以迟迟未对宗教出版业作出处理，主要是因为这涉及

---

158 《天风》，1953 年第 32、33 期，第 24 页。

159 《天风》，1953 年第 41 期，第 16 页。

160 《天风》，1954 年第 4 期，第 5 页。

161 井谷：《中国基督教联合书局始末》，《出版史料》，1988 年第 2 期，第 40 页。早在 1951 年 10 月吴耀宗答复张伯怀的信件中，吴耀宗就认为基督教出版业的合并计划应当在三自革新筹委会领导下进行，并提出要按照新的需要，将基督教出版协会改组。次年 1 月张伯怀向上海市新闻出版处呈送的文件里则明确了这一要求。1954 年 5 月 28 日，中华基督教出版协会正式宣告结束。

162 当时基督教方面尚在出书的出版单位有 8 家，其中出版期刊的 1 家（《天风》）。在 8 家基督教出版单位中，内中有 7 家领有出版许可证。除《天风》已改为"中国基督教三自爱国运动委员会"的机关刊物外，其余是广学会、中华浸会书局、青年协会书局、中国主日学合会、福音书房、中华圣经会，另外一家中华基督徒布道会文字部（设立于 1953 年，未经登记，擅自经营出版业务）未予发证。此外，经常发行的基督教各教会系统出版的教会内部刊物有 7 种（实际上可能还要多一些），即《协进》、《同工》、《公报》、《通讯》、《圣工》、《恩言》、《牧声》。参见《上海市历年来宗教书籍与自然科学书籍出版状况》，上档藏，A22-2-346。

163 《上海市人委出版事业管理处关于对上海私营出版业社会主义改造的总结报告》，上档藏，B3-2-91-1。

到党的宗教政策，需要花时间另外专门研究。早在 1954 年 2 月 10 日，出版总署关于整顿上海私营出版业方案的意见复华东新闻出版局函中就已明确指出，对宗教出版机构的社会主义改造应当与一般私营出版社不同，要求华东新闻出版局与华东文委宗教事务处进行研究，提出办法，再经中共中央华东局宣传部、统战部审核后报来中央。[164]8 月 15 日，中央宣传部同意并批转出版总署党组关于整顿和改造私营出版业的报告。但在出版总署的报告中，宗教出版业的处理被暂时搁置，因为这涉及宗教关系，"须与文委宗教事务处等有关部门，另做专门研究"。[165]1955 年 1 月 13 日，文化部出版事业管理局[166]在当年工作计划中也提到：出版方面要基本上完成除宗教出版业以外的私营出版业的社会主义改造，在第 3 至 4 季时调查研究宗教出版业的情况，提出改造的意见。[167]

1955 年 11 月，上海市出版事业管理处在明年工作计划中提出对宗教出版社的处理意见。意见认为，宗教出版社目前均以自己出版、自行发行的方式进行工作，税务机关亦不以营利事业看待，因此可否采取将原由企业性质的机构改为宗教团体内部出版机构的方式处理，这样宗教出版物只允许在宗教团体内部发行，不公开发售。[168]随后，上海市出版事业管理处派人赴北京文化部开会听取指导意见。文化部要求上海宗教出版单位按一种宗教并为一家，即基督教一家、佛教一家，经济类型可以仍保留私营性质，这样便于管理。钱俊瑞副部长在总结时称，宗教出版单位也要在明年改造完毕，至于如何改造，正与宗教领导机关商量中。[169]可见当时文化部仍没有给出具体的处理办法，但已经明确大致方向。同时，文化部也否定了将宗教出版机构改为宗教团体内部出版机

---

164 中国出版科学研究所、中央档案馆编：《中华人民共和国出版史料（1954 年）》，北京：中国书籍出版社，1999 年，第 80 页。

165 宋原放主编：《中国出版史料（现代部分）》第三卷上册，济南：山东教育出版社，2001 年，第 135 页。

166 1954 年 11 月 30 日，出版总署正式结束，其原有工作移交给文化部，由文化部设置出版事业管理局，办理出版行政业务。相应的，上海市新闻出版处改为上海市出版事业管理处。

167 中国出版科学研究所、中央档案馆编：《中华人民共和国出版史料（1955 年）》，北京：中国书籍出版社，2001 年，第 15-16 页。

168 《上海市出版事业管理处关于 1955 年上海市私营出版业社会主义改造工作总结及 1956 年工作的计划》，上档藏，B167-1-15-62。

169 《上海市出版事业管理处关于文化部负责同志对上海出版工作中有关问题的意见和需要解决问题的综合报告》，上档藏，B167-1-15-80。

构的处理意见。1956 年 3 月 30 日，经与国务院宗教事务局研究，文化部下达关于处理宗教出版业的通知。通知提出以下重要意见：

> 由教会或宗教团体开办的出版社、杂志社和书店，不适宜采取对一般私营工商业的社会主义改造方法。对这些单位今后应由政府宗教事务管理机关通过教会或宗教团体加强领导和管理，主要地是要掌握出版的书刊内容。某些地方教会或宗教团体所举办的出版社很多，可以推动教会或宗教团体，将这些出版社，适当地按不同宗教或不同条件，实行联营，以减少出版单位，便于加强领导和管理。各地文化局只在需要协助解决纸张、印刷等问题时，予以必要的协助。并且应该责成他们向当地文化局定期填报统计数字和缴送样本，以便于监督。[170]

至此，多年来悬而未决的对于宗教出版业的处理方针正式确定。该处理方针一方面要求加强对宗教出版业的领导和管理，另一方面也是最根本的一条是将宗教出版业和其他私营工商业区别对待，视前者的改造为一个宗教问题，而非一个所有制问题，不必也不能一味追求化"私"为"公"。按照通知所提意见，像上海这样当时仍存有多家基督教出版社的地方，势必会"实行联营"，化"多"为"一"。同时，按照去年底文化部的意见可以推断，联营后的基督教出版社仍然属于私营性质，可以公开发售出版物。

此时，上海市私营出版业的社会主义改造已经基本结束，只剩下宗教出版机构尚待完成，因此按照文化部的意见，基督教出版机构的联合必然要加快进行。同时经过几年来的酝酿和在编辑工作上的合作，广学会、中华浸会书局、青年协会书局、中国主日学合会这 4 个单位感到仅仅在编辑工作上联合，已远不能适应当时形势的需要。因为这几个单位的编辑、发行力量除广学会外，其他都不太强，而且工作对象和范围也有不少重复之处，因此大家同意应进一步联合。[171]1956 年 12 月 5 日，中国基督教联合书局董事会召开第一次会议。黎照寰当选为联合书局董事会主席，贾玉铭、李天禄、戚庆才当选为副主席。黄培永为书记，江文汉[172]为总干事，副总干事有杨绍唐、缪秋笙、张伯怀、沈德

---

170 中国出版科学研究所、中央档案馆编：《中华人民共和国出版史料（1956 年）》，北京：中国书籍出版社，2001 年，第 56 页。

171 井谷：《中国基督教联合书局始末》，《出版史料》，1988 年第 2 期，第 41 页。

172 江文汉长期担任中华基督教青年会全国协会的副总干事。1954 年底经上海市人民委员会宗教事务处与三自爱国会研究，派去广学会担任董事工作，1955 年 1 月起

溶、任大龄、周盛康等 6 人。4 个单位联合后的业务与行政由联合书局统一安排，但门市与出版书刊仍保留各单位原有的名称。联合书局除发售参加 4 单位的原有图书，根据参加各单位的业务特点继续出版有关书籍外，并将本乎信仰上相互尊重的原则，对各种爱国爱教的图书，不分宗派，进行代印代销。[173]由 4 个单位的联合方案可见这次是较为彻底的联合，同时也体现出信仰上的和融，但也适度保留了原有单位的名号。特别值得一提的是，中国基督教联合书局的内部治理模式仍然采取资本主义企业最常用的董事会制度，而非当时政府着力推行的党委领导下的厂长（经理）负责制，体现出经济类型上的特殊性和管理权上的相对独立性。

联合书局下设出版部（主任由张伯怀兼任，副主任为任大龄）、发行部（主任由缪秋笙兼任）、总务部（主任由周盛康兼任）3 个部门，干事、职员和工友加起来有 50 多人，一时声势颇盛，在 1957 年和 1958 年出版和销售了不少宗教书籍。但因为"左"的路线影响，1958 年以后就没有出版过什么书籍，在"文革"前的三、四年间，仅靠出售存书度日。1966 年 8 月 23 日，红卫兵上街"扫四旧"，联合书局招牌被砸烂，不少书籍被销毁，并被红卫兵封闭，从而结束了其短短数年的历史。[174]

6. 结论

1949 年以后，"人民出版事业"成为全国出版业的发展方向，但在最初几年内上海的私营出版业仍有相当的活跃性，直到 1956 年初才最终被纳入到国家的计划出版体制。与此同时，上海出版业也完成了由"全国性"向"地方化"的转变。[175]这一时期，作为上海私营出版业有机组成部分的基督教出版业虽然在数量和规模上都大幅度下滑，但从"联营书店"到"联合书局"计划的筹备及停顿，以及联合编辑委员会的组成再到中国基督教联合书局的较晚成立，都暗含了基督教出版业的某种"抵制"，体现出新旧体制之间很强的内部张力。不过，实行联合，化"多"为"一"的改造结果也隐示了上海基督教出版业原有的"全国性"乃至"国际化"特征的消退。

兼任广学会总干事。参见《广学会关于申请改变负责人登记的函》，上档藏，B167-1-66-32。

173 《中国基督教联合书局成立》，《天风》，1957 年第 3 期，第 4 页。

174 井谷：《中国基督教联合书局始末》，《出版史料》，1988 年第 2 期，第 42 页。

175 参见周武：《从全国性到地方化：1945 至 1956 年上海出版业的变迁》，《史林》，2006 年 06 期。

　　从 1950 年酝酿联营到 1956 年完成联合，基督教出版业的联合之路可谓波澜起伏，相当复杂，前后明显可分为两个时间段。基督教出版业之所以不能及早实现联合，是内外部多重因素合力造成的结果。从内部而言，虽然早在抗战后期基督教联合出版社就已成立，但战后很快改组成为基督教出版协会。相较前者，基督教出版协会的组织功能实际上被有意弱化，这背后的深层次原因主要是神学上的宗派主义作祟。新中国成立以后，一方面基督教出版协会的组织合法性存在很大危机，资金筹措能力也因为三自革新运动而急剧下降，另一方面基督教出版业内部神学观点上的差别在此后相当长的一段时期内无法消弭。这种无力感和分散性导致基督教出版协会缺乏对其会员单位的实际控制力，阻碍了联合计划的推进，也意味着其历史使命即将结束。尤其是神学基础不一致的问题，对联合的广度和深度都会直接造成不利影响。

　　从外部而言，党和政府对基督教出版业的处理实际上经历了由急到缓、重新认识并定性的曲折过程。从 1950 年的第一届全国出版会议再到 1951 年的全国出版行政会议，政府方面要求加速联合的趋势越来越明显。对于政府的意图，吴耀宗、张伯怀等人积极加以配合，但参加联合书局的基督教出版机构只局限于 3 家，这大大偏离了政府预定的目标。这种状况的发生，和当时上海市新闻出版处尚未完全掌握基督教出版业内部情况就着急去推动联合的做法不无关系。[176]到后面，政府对各家基督教出版机构的政治态度有了明确的判断，实际上对它们的神学立场也有了相当了解，明白"拉郎配"既不可行也无必要。[177]上海私营出版业的社会主义改造工作开展之时，宗教出版业被有意留到最后处理，且被视为是一个宗教问题，期间政府领导机构内部有一个反复斟

[176] 这种情况也无意中暴露出中共接管上海后在做大城市工作过程中所存在的一些长期性和根本性的问题。比如当时采取的许多城市政策，只是出于策略的权宜之计，前后难免缺乏稳定性和连续性，同时党内始终有着搞阶级斗争的"左"倾偏好。相关讨论参见王海光、李国芳：《走向城市：中共从农村到城市的历史转折》，《东岳论丛》，2014 年第 7 期。

[177] 在 1955 年底的一份文件里，上海市出版事业管理处曾专门述及各基督教出版单位的政治立场：青年协会书局和广学会是比较进步的，中华基督徒布道会文字部与福音书房两家是落后乃至反动的，其出版物大多假借教义反对基督教三自爱国运动，并对新中国怀有恶意，中国主日学合会、中华浸会书局、中华圣经会三家则是中间性的，其中中华浸会书局又比较好些。根据这些出版单位的政治倾向可以解释联合工作的局限性。一般而言，政治上落后的基督教出版机构在神学上较为保守，它们和其他出版机构很难相互合作，更不大可能愿意参加联合工作。参见《上海市历年来宗教书籍与自然科学书籍出版状况》，上档藏，A22-2-346。

酌、协商讨论的决策过程。中国基督教联合书局的产生正是处理改造宗教出版业和贯彻落实党的宗教政策相结合的结果，因为所谓的联合仍带有一定程度的不彻底性甚至特殊性。以上海为中心的基督教出版业复杂的联合过程为理解新中国成立初期私营出版业变迁的"差异化"以及党的宗教政策的"在地化"增添了新的历史维度。

五、革新后的吃饭问题——以基督复临安息日会为例

1. 裁员事件

基督复临安息日会中华总会于 1951 年夏季开始反帝爱国革新运动，推翻了旧中华总会，并于 11 月 1 日成立了三自革新筹委会。此后的两年多时间内，三自革新筹委会陆续简化了原有的组织系统，将医院、学校、报馆等附属事工剥离出教会，"服务于广大工农兵"，在革新筹委会之下设立常务委员会，在常委会之下设立办公室，下分传道、宣教、总务三组以主持各部门工作。[178]如此大规模的自我"瘦身"，一大目的是为实现自养，其结果必然是要在人事方面进行精简分流，说得不好听就是裁员。但就在裁员期间，出现了人事问题。

1952 年 4 月 17 日，上海市劳动局收到中华总会三自革新筹备委员会的来函：

> 我会自经控诉与革新后，即对旧机构留下的许多不合理制度进行改革。过去美帝国主义在中国为了进行文化侵略，在中华总会内设立许多部门，又附设时兆圣经函授学校、福音广播部，大量吸收工作人员在内替美帝服务，经过控诉运动后，中华总会职工一般都已认清美帝阴谋，且已停止传播美帝毒素。现为求此般人员能走上生产岗位并使我会革新工作顺利推展起见，拟精简过去不合理之庞大人事，初步解雇职工三十四名，此事已于四月十七日宣布，并定于四月二十二日前办理解雇手续，今将解雇办法及名单呈你局备案，望予鉴核是荷。[179]

由函件可知，最初被解雇的职工主要来自时兆圣经函授学校、福音广播部这两个部门，在控诉运动中，这两个部门过去的工作也被定为是"替美帝服

---

178 顾长声：《基督复临安息日会中华总会三自革新筹备委员会两年来工作概况》，《牧声》，第一期，1954 年 2 月，第 2 页。

179 《中华总会三自革新筹备委员会关于报送解雇办法的函》，上档藏，B128-2-982-14。

务"，"传播美帝毒素"，自然今后不宜再继续这样的工作，而是应该走上"生产岗位"。另外，函件中没有提及但彼此心知肚明的一个事实是，此时的中华总会已无足够的经济能力供养冗余人员。从材料中可见，这两个部门的全部职工人数为 78 名，而解雇人数达 34 名，占总人数的 43.5%，精简力度还是很大的。这 34 名被解雇职工包括王福原、王名川、李登林、樊艳雪、赵汝娟、邱美静等人。对于这批解雇职工的解雇办法是：1. 自 5 月份起解雇，发给解雇费 3 个月，特别照顾费两个月；2. 为了照顾解雇人员一时不易觅到住处，故准住总会房屋至本年 8 月底，5 月起免收房租，但水电、煤气自付，在此期内，愿接受筹委会对房屋的任何调配；3. 职工在 1951 年 11 月以前之欠账有力偿还者应偿还，11 月后职工欠账应偿还，如有个别困难者可协商。向革新筹委会所借之物品应如数归还；4. 接受解雇后革新筹委会在可能范围内应协助转业。[180] 从这个解雇办法可以看出，中华总会三自革新筹委会对于这批解雇职工给予了一定的经济补偿，也作了些过渡性安排。但根据此办法，解雇职工在是年 8 月之后就必须寻得新的住处，同时革新筹委会也没有承诺一定会介绍新的工作，只是说"在可能范围内应协助专业"。这样一来，解雇职工以后的生活一下子失去着落。因此，不少解雇职工对这样的安排"坚不同意"，并提出不少"过高的要求"。面对内部压力，中华总会三自革新筹委会只好寻求政府部门协同帮助解决这一棘手问题。

4 月 21 日，华东军政委员会文化教育委员会宗教事务处兼上海市人民政府宗教事务处向上海市劳动局第三处发函称将派宗教事务处的萧志恬前来洽谈基督教安息日会中华总会三自革新筹委会解雇职工问题，请第三处接洽。萧志恬与劳动局有关人员的洽谈内容尚不知晓，但可以推测萧志恬的主要目的是替中华总会三自革新筹委会说话，希望得到劳动局的大力支持。

4 月 23 日，萧志恬与安息日会中华总会三自革新筹委会主席南祥谦商谈此事，结果如下：第一，基督教安息日会中华总会在三自革新中占重要地位，该会与美帝断绝经济后，经费存在困难，故必须解雇冗员，宗教事务处支持这一意见。第二，该会解雇职工 34 人，系属广播部及函授学校部人员，以前切属"反动组织"，为美帝收集情报并散播宗教毒素，这批人中"大部分在政治上落后，少数人且有政治问题"。另外，筹委会给发被解雇人员三个月解雇费

---

180 《中华总会三自革新筹备委员会关于报送解雇办法的函》，上档藏，B128-2-982-14。

和二个月特别照顾费，在房屋问题上也特予照顾，"但解雇人员坚不同意"，并提出不少"过高的要求"。对此，宗教事务处认为解雇是必要的，"不解雇无法自给，将影响革新事宜"。第三，宗教事务处经研究并请示后，先请三自革新筹委会了解哪些人"在其中坚不同意，并煽动其它人员提出过高要求，并了解其历史及其意图目的"，"再由宗教事务处配合处理"。第四，宗教事务处经与民政局社会团体科联系，该科表示"如双方不能解决，民政局愿与宗教事务处配合处理之"。[181]

因为缺少经费、机构多余等因素，一些原本规模较大的教会必然会产生很多冗员，教会养不起他们就只好解雇。这其实涉及到革新后中国教会如何自养的问题。实现自养，不外乎政府补助、裁汰人员、简化机构或劳动生产等几个方面。放在今天，这是一起正常的"裁员"事件。但在当时解雇事件却上升为政治事件，广播部和函授学校的这些人被视为在政治上是落后的甚至是有问题的，他们坚不同意筹委会的解雇办法，提出一些所谓的过高要求，被认为是在阻碍革新运动。最后，宗教事务处要求筹委会查清这些人中的"顽固分子"的"历史问题"，再加以民政局社会团体科的力量，准备加以处理，可以想见这些人今后的命运。

2. 从东北到西北

那么，中华总会三自革新筹备委员会下面的各地方教会在革新之后的自养情况又是如何呢？因为中华总会自从成立三自革新筹备委员会之后，忙于学习及调整内部工作，故少有机会去访问外地教会。过去一段时期，各处教会情况及革新动态，主要是从各项报导及书信中了解一些，可是不够全面和深入，因此常委会考虑派人去全国各联区会作一次重点的访问。从 1953 年 10 月开始，单英民与程步云二人用了近两个月的时间到东北、华北、及西北三个联合会作了一次访问。

10 月 12 日，二人起程先到东北联合会作革新后的第一次访问。东北联合会原有辽河、松江两个区会，辽河区会和联合会的总部都在沈阳，松江区会的总部设在长春，共有 24 个地方教会。因为去沈阳必须在天津换车，所以二人有机会在天津停留两日。安息日会的天津教会属于河北区会，有自己的会堂与工人住宅，当时在那里有刘庸章牧师及宿耀堂教士负责传道工作，经常聚会的

---

181 《中华总会三自革新筹备委员会关于报送解雇办法的函》，上档藏，B128-2-982-14。

有四五十人，经济方面靠信徒捐献可以自养。

随后，二人抵达沈阳。沈阳原有的北陵疗养院及皇寺西分院均已交政府接办，东北联合会也已参加沈阳市的三自革新委员会，原会长刘常礼牧师是该会的第二副主任委员。自 1952 年起，联合会用自己所有少数的一点资本成立了两个生产部门：草织部及缝纫部。当时草织部已有 6 架草绳机，1 台草制机出产草绳、草垫；缝纫部有两部缝纫机，另外工人自己还带来 10 部，出产工作手套，及代人做加工。原在沈阳的每一位联区会工作人员及一部分家属都投入了生产。16 家工人就靠了这样简单的生产工具与方式维持了生活。在生产过程中，因为资金缺少，技术不精，停工待料等，两部门遇到不少困难。当二人到时，他们正准备结束草织部，改作比较省体力的沙布沙纸。因为这种生产在锦州安息日会已经有纯熟技术经验和广大的销路。

在沈阳原有 3 处地方教会：皇寺西教会、北门里教会、和平区教会。当时由于房屋困难，和平区教会同道暂时分别到上两处会堂聚会。皇寺西教会和北门里教会的信徒奉献可以维持教会的开支，聚会人数前者每安息有四五十人，后者每安息有 60 人左右。[182]

之后，二人转至哈尔滨。安息日会在哈尔滨有 3 处教会。在道外教会，经常聚会者有四五十人，经济方面靠信徒奉献尚可维持。会堂为租来，为节省开支，已由楼下移至楼上。安息日会还有一处俄侨教会，教会在南岗，南岗过去是俄侨住宅区。俄侨教会会堂建筑相当好，由柯思金牧师负责主持，安息日聚会约 90 人，靠奉献自养。

接着，又访问长春。安息日会长春教会在三马路，原为东北松江区会所在地。会长徐棠清牧师，司库李占元，还有一位边子丰。当时由于经济问题，不能再如以往领导松江区各教会。同时当地信徒奉献亦不多，所以不能自养。徐棠清、李占元、边子丰三人都在外为人记账，一方面照顾教会，有时徐棠清还要自己出钱垫付会堂费用。会堂为自建。当二人去时，长春市基督教在宗教事务处领导下，正在筹备举行全市三自革新大会工作，徐棠清是忙于筹备工作的人员之一。在二人的印象中，长春是一个社会主义工业化的都市，"市区逐渐向四郊扩展，大同路已改为著名的斯大林大街，那是一条使人不能忘记的美丽动人的道路。"[183]

---

182 单英民：《从东北到西北（一）》，《牧声》，第一期，1954 年 2 月，第 3-4 页。

183 单英民：《从东北到西北（二）》，《牧声》，第二期，1954 年 3 月，第 1 页。

访问完东北联合会，二人又转往北京，开始考察华北联合会。华北联合会下面有河北、山东、山西三个区会，当时河北区会有 11 个教会，山东区会还有 3 个教会，山西区会则有 10 个教会。联合会已于 1951 年改组成为华北联合会三自革新委员会。华北联合会革新后，曾依照政务院的命令，主动将华北三育研究社请政府接办，同时保存了原有织布工厂部分，作为革新后的生产事业。这个织布工厂在丰台，时称三育织布工厂，职工约 20 人，由王悟非教士负责。程步云和单英民专程到丰台参观这家工厂，发觉这个工厂和沈阳教会的生产事业相比，前者规模比较大，可是参加工作与生产的除了王悟非是教会工作人员外，还有两三位信徒，其它的都是请来生产的工人。而沈阳生产事业则由全体工作人员自己参加劳动生产。

但是，工厂本身虽可自养，不过对于革新会尚不能有所帮助。既然如此，革新会又如何实现自养？首先是简化人事，联合会方面只有 3 位受薪的负责人及 1 位工友。各地方教会则实行完全自养，有的地方教会传道人收入比革新会几位负责人还要好些。

在考察过程中，二人发现在华北，尤其北京的在职与离职的同工们对于饲养乳牛乳羊，搞得很不错，"由于丰富的经验，所以成绩大都不坏，而且收入也很可观"。其时，关于"过渡时期总路线"的讨论已经渐成气候，[184]预示着今后的农业要逐步走上合作化道路，因此单英民认为，这些饲养户"不过只都是单干户，尚没有走向合作化的道路"。

安息日会在北京有两个教会，在地安门里的是北堂，在朝阳门里的是东堂。其中，东堂是自建的礼拜堂，每安息聚会约五六十人，靠奉献可完全自养。北京市曾于 1952 年和 1953 年先后举办两届集体性基督教工作人员学习班，安息日会的牧师也先后参加。在北京，二人曾特地去参观燕京协和神学院，该院新院址将要修理完竣。程步云和单英民在从王梓仲院长的谈话和参观中，感到确实是需要有高度政治觉悟及圣经知识的爱国爱教的人去担负传道工作。

---

184 1953 年 12 月 28 日，中共中央批准并转发了经毛泽东两次修改过的中央宣传部编写的《为动员一切力量把我国建设成为一个伟大的社会主义国家而斗争——关于党在过渡时期总路线的学习和宣传提纲》。这个提纲形成了对过渡时期总路线的完整表述。从这时起，便在全国全党掀起学习和宣传总路线的热潮。但单英民二人访问北京时，还没进入 12 月份，上述提纲尚未出来。从单英民的所思所想来看，总路线的宣传造势已经有很长一段时间，单英民本人应该也是支持总路线的。

接着，二人又从北京到了太原。此时的太原，人口正迅速增加，旧城已逐渐拆除，成为一个重工业的城市。太原是山西区会所在地，当时太原已有全省的基督教三自革新委员会，山西区会也有自己的革新组织。相比河北区会，山西区会在组织上对下面教会的领导较强。所有教会的经济，都由山西区会实行统筹办法，方法是凡能自养之教会，传道人薪水一律是 330 斤小米，凡捐款多于此者即汇交区会，区会平均分配于不能自养之教会。[185]

之后，二人从太原到石家庄。安息日会在石家庄的传道工作，在 20 年以前已经开始，后来一度停顿，当时的会堂是于 1950 年新置的。负责传道工作的是赵扶东教士，因教会捐款不足自养，他自己曾用了很少的资本，开办了一个小型奶场，其时已有一头乳牛和几只乳羊，可以维持一家生活。

离开石家庄，二人奔赴西安。西安是安息日会陕西区会所在地，区会时任负责人是贾泰祥牧师，区会已于 1953 年元月成立陕西三自革新联席委员会，代替原有的区会委员会。区会原办有三育研究社一所，解放后已交政府接办，原有织布厂留下为生产之用，由于客观原因，经营不善，对区会自养并无多大作用。区会还办有一个养鸡场，由于饲料困难，亦不能依靠自养。此外，区会又曾协助南郑教会开办了一个磨坊，协助宝鸡教会开办了一个奶场。在贾泰祥牧师的作陪下，二人又来到宝鸡。安息日会的宝鸡教会是自置的，有礼堂有传道人住宅，时任负责人是李天喜。他在教会经济断绝之后，即由区会及地方教会合资开办奶场以资生产自养，当时的资本是三百余万元，经营不到两年全部生产总值达三千余万元，每天可出奶五六十磅。贾泰祥牧师看过之后，很希望宝鸡教会的生产事业能够对区会的自养起些作用。程步云和单英民也同意这种看法。[186]

接下来的一站是兰州。因为程步云身体欠佳，而当时西北天气已近初冬，二人所带衣服又不够，故由单英民先行独自访问兰州，而贾泰祥牧师在护送程步云转回西安后再返兰州。就由宝鸡走天兰铁路到兰州。兰州的安息日会也曾开展控诉与革新运动，成立了三自革新委员会，原有的西北联合会及甘青区会已无形中解体。因为兰州教会过去是西北联合会所在地，有西北卫生疗养院及研究社，所以院子相当大。不过当时医院已交政府接办，改为人民医院二部，小学亦交政府接办，剩下一部分工人住宅及礼堂归教会自用。作为革新委员会

185 单英民：《从东北到西北（三）》，《牧声》，第三期，1954 年 4 月，第 2 页。

186 单英民：《从东北到西北（四）》，《牧声》，第四期，1954 年 5 月，第 3 页。

委员的张子虔牧师谈到自从西北联会和总会断绝联系后，曾组织过水车送水（因兰州市场尚无自来水，市民皆吃黄河水，故有专营运水出售生意），磨坊等生产，但结果都不甚好，革新后由政府协助开了一家三自百货商店，由3位教会工作人员共同经营，每月尚有相当利润可以自养。[187]

以上可见，在近两个月的时间里，程步云和单英民一路经过东北、华北和西北地区，先后探访了天津、沈阳、哈尔滨、长春、北京、太原、石家庄、西安、宝鸡、兰州等大中城市的安息日会教会，给我们提供了一幅反映三自革新后中国教会面貌的全景图。透过单英民的笔端，能闻到一股新中国除旧布新、努力发展的时代气息。相较过去，当时的中国社会安定，国民经济初步好转，交通设施大大改善，中苏友谊泛发着芬芳，过渡时期总路线即将正式提出。因此，程单两人虽风尘仆仆，内里却是舒心开怀的。

通过这些大环境、大气候，再来观察教会的前途命运。程步云和单英民所到访的各地教会，无不经过了三自革新，大部分地区的教会还成立了革新委员会，旧有的组织已经改头换面，美国的味道也无影无踪。革新之后，教会工作人员和信徒数量都有所减少，区会和下面教会的联系也有待加强，不过信徒仍能过比较正常的宗教生活。此外，国家政治对各地教会的影响渗透可谓无处不在，美差会的控制早已消失不见，教会已被纳入政府的日常管理轨道，许多地方的教会工作人员都要参加学习，在传道人的选择上也要强调政治标准。总体上而言，当时的政治气氛对教会的影响还算正常。

在单英民娓娓道来的记述中，给人印象最深的是安息日会各地教会的自养情形。这个问题，以往已经讨论过无数次。自养，是教会实现"三自"的关键，革新前的安息日会有美差会的经济支持，但革新后，基本上是自谋出路。在单英民的笔下，各地教会为实现自养，可谓穷尽办法。被动的一面，在前文已经述及，比如裁减人事、附属事业交由政府、归并崇拜地点，乃至个人去做记账的兼职等，安息日会各地教会亦未能免俗。山西区会实行统筹办法，则是个案。值得注意的是，各地教会为实现自养而发展的小规模个体经济：位于沈阳的东北联合会成立了草织部及缝纫部，之后又准备结束草织部，改作更有销路的沙布沙纸；丰台的三育织布工厂，大约20个工人中，除三四位是基督徒之外，其它的都是请来的工人；北京的在职与离职的同工们还搞起了饲养乳牛乳羊，具有可观的收入；石家庄的赵扶东教士用了很少的资本，开办了一个小

---

187 单英民：《从东北到西北（四）》，《牧声》，第四期，1954年5月，第3-4页。

型奶场，可满足家庭温饱；宝鸡教会开办了一个奶场，算是经营有方，颇有盈余；兰州教会则在经过各种失败后，在政府帮助下开了一家三自百货商店。虽然这些个体经济原始资本很小，且多是养殖手工业，在开办过程中也经受各种困难，但不能不说是当地教会为实现自养而作出的可贵创新，而且这些创新还是在和上海总会基本失去联系之下摸索实践的结果。这些创新，如果日后能加以照顾，并不断总结得失上的经验，必然还会有新的发展和突破。但是，程步云和单英民作此次访问旅行的期间，恰是过渡时期总路线呼之欲出的时候，在从新民主主义社会提前走向社会主义社会的历史摆渡中，国家工业化是重中之重，农业即将走上合作化道路，上述的个体经济也将接受改造。从此之后，中国教会的历史又将颠簸进入另一道"长江三峡"。

第六章　在华美国传教士的撤退与反思

一、传教士的撤离及再布置

关于在华美国传教士的数量及动向，和中国国内政治环境、中美关系的变动息息相关。结合上文可知，从 1948 年的下半年开始，华北的美传教士就开始了转移的进程，多数奔赴相对安稳的南方，部分则前往台湾、香港、日本及东南亚地区。但这种大规模的转移并没有持续很长时间，到 1949 年的春季就已基本停止。1949 年 9 月，美在华传教士的总人数大约为 1000 人。[1]在新中国成立前的数月内，传教士人数的递减情况也已稳定下来。当时人数减少的主要原因是一些传教士退休或休假回国，新的传教士没来得及代替他们。同时，一些人还准备或是已经返回中国。[2]而在上述的 1000 名传教士中，大部分属于为人熟知的美差会。根据葛惠良的统计，大致如下：[3]

差会名称	当时在华人数
北浸礼会	19
公理会	54
基督会	18
卫理公会	162

1　China-68, October 20, 1949, p.5.

2　China-77, January 3, 1950, p.16.

3　China-75, December 29, 1949, p.1.

北长老会	147
南长老会	20
圣公会	69
安息日会	89
青年会	12
总计	590

当时，在美国的各个海外宣道部的基本立场是希望传教士继续留在中国。葛惠良透露：根据调查，11 个较大的宣道部之中的 10 个都鼓励其传教士坚守岗位，宣道部将继续提供财政支持，但是传教士本人可以决定是留守还是转移到中国周边地区，抑或是返美。[4]

对于宣道部的这种立场，美国国务院的态度又是如何呢？1950 年 5 月 9 日，美国国务院的中国事务主任（Director for Chinese Affairs）施博思（Philip D.Sprouse）在给寇润岚的信中，曾详细解释当时美国政府对在华或欲返华传教士的护照续签或新签发问题。首先，对于已经在华的美国人，因为美国外交官业已撤出中国，美国政府委托英国在华领事馆照顾美国在华利益，所以在华美国传教士的护照如果要续签或新签发，要通过英国在华领事馆。但是，美国政府并不希望美国公民（包括传教士）继续留在中国，因为可能会有潜在的危险，而且美国政府已经无法直接保护在华美国公民。其次，对于欲返华的美国公民的护照签发问题，国务院将会细致审查申请人返华的必要性，国务院不赞成家属或无关紧要的美国公民返回中国。但是，国务院并不希望拒签美国差会或商业机构的重要人士返回中国，以便其完成必要的人事替换。在个人提交申请时，申请人所在的机构也要同时写信给国务院，说明此次旅行的必要性。[5]这说明，虽然美国务院不赞成传教士继续留在或前往中国，但若有十分充分的理由，仍然可以补签或新签护照。

但是，美国宣道部和美国国务院的意见，都是次要的。重要的是，当时身处中国的传教士的真实感受。因为新中国实行"一边倒"的外交政策，中美两国政府敌意加深，传教士在华处境日益不妙。根据前文，传教士在新中国很快失去其话语权，人身自由受到限制，而且在教会或机构中不能再承担行政管理的职责——他们似乎显得无足轻重。在最初的几个月，他们还能看到些许留在

4　China-75, December 29, 1949, p.5.
5　China-85, May 11, 1950, pp.1-2.

中国的希望。随着三自革新运动的发起和朝鲜战争的爆发，美传教士在中国的前景愈发渺茫，申请离开的人增多。

卫理公会差会的安迪生（Sidney R.Anderson）与康爱兰夫妇就是在 1950 年 7 月 25 日坐火车离开上海，27 日早晨到达天津，再于 8 月 11 日乘船转往香港的。

在天津时，市民对安迪生的态度还是相当友好的。安迪生曾将一架打字机交给一个店铺修理，店里头的人问他："你是中国人吗？"安迪生说："是的，一半是中国人；一半是美国人。"他们不让安迪生付修理打字机的钱。于是安迪生说："你们一定要让我付，你们是做这种生意的，而我是一个外国人，请你们不要再客气了。"他们却说："不，你是我们的朋友！"[6]但是，安迪生的心绪无法安宁。当船驶离塘沽南行之时，水平如镜，安迪生西望中国海岸，看见"伸出一片北戴河的沙滩"，他又不禁联想起西南的牯岭，"又想起许多青年曾在普陀的山阴道上奔跑，还有当年在溪口快乐的一群"，但当他东望朝鲜时，又仿佛看到烽烟弥天，听见杀声遍野，"令人心痛"。[7]9 月上旬，安迪生夫妇基本是在从香港至美国加州横渡太平洋的轮船上度过的。安迪生说，船上有无线电，一位播音员讲起朝鲜战地的消息，里头还夹杂着枪声和炮响。可惜没有上海的消息，无法获悉在沪好友的情况。9 月 11 日清晨，两人到达加利福尼亚。[8]安迪生的心中，弥漫着一股黯然惆怅的复杂情绪。

在 8 月 23 日的美国《基督教世纪》杂志上，刊有一篇描述在华传教士未来前景的文章。作者认为，虽然目前尚有许多传教士在中国，但他们的作用逐渐弱化，中国本土领袖走上前台的日子已经为期不远。文章说，"美国人是受到怀疑的，因为他们是美国人，而不是因为传教士的身份。中国基督徒发现和外国人过于接近是不明智的，只会徒生尴尬。随着'一边倒'政策的强化，传教士对中国教会来说更像是一种累赘，而不是一笔优良资产。"但是，"许多传教士，特别是老一辈传教士，已经将他们的生命与传教事业融为一体。因此，他们不愿意离开，感觉这好像是在做一名逃兵，他们的人生哲学是：我会一直

---

6 《安迪生牧师旅途通信之一》，《消息月刊》，第二卷第九期，1950 年 9 月 1 日，第 10 页。

7 《安迪生牧师旅途通信之二》，《消息月刊》，第二卷第十期，1950 年 10 月 1 日，第 22 页。

8 《安迪生牧师旅途通信之三》，《消息月刊》，第二卷第十一期，1950 年 11 月 1 日，第 39 页。

待到被赶走为止。"另一方面，对于许多中国基督教领袖来说，让他们亲口告诉昔日的西方同工必须走也是很为难的事。他们不想那一刻这么快来临，但偏偏就在眼前。[9]

进入 9 月，情势又急转直下。9 月 23 日，《人民日报》全文发表三自革新宣言及《基督教人士的爱国运动》的社论；10 月 7 日，美军越过三八线；[10]10 月 19 日，志愿军第一批部队正式入朝作战。紧接着，抗美援朝运动在全国兴起。这一系列事件的结果就是各地反美爱国运动高涨，中共开始全面肃清基督教领域内的美帝国主义影响力，美传教士在政治上也被全面塑造成为帝国主义分子、文化侵略的先锋等负面形象。

随着局势的逆转，中国教会领袖开始向差会表达传教士应离开中国的建议。卫理公会的江长川会督于 1951 年初明确表示，希望传教士尽早办理出境手续。他不讳言，美国传教士的继续存在，将会引起不愉快的事件。[11]同时，美国差会总部也开始考虑撤回其在华传教士。1951 年 1 月，美国北浸礼会海外宣道部（The American Baptist Foreign Mission Society）的威尔逊博士（Jesse Wilson）说：总部并没有命令还留在中国的 24 位传教士返回，但确实"建议"他们回来的时刻已经到了，"我们估计他们正在按照这个建议去做"。美国北长老会海外宣道部（the Foreign Missions Board of the Presbyterian Church U.S.A.）鲁兰博士说："尽管眼下我们还没有建议这么做，但我们希望到 2 月底的时候有一半的在华传教士撤出中国。"美国圣公会和公理会（Congregational Churches）也发出了撤退的指示。[12]

---

9 "Inside Communist China", *The Christian Century*, August 23, 1950, p.996.

10 史迈士曾忆述美军越过三八线这一事件对金陵大学知识分子美国观的影响。当时学校约有 70 位中国教师和 5 位外国教师。当 6 月朝鲜战争刚刚爆发时，大多数中国同事都说战争与他们无关。一直到 8 月 1 日建军节，外头已是纷纷扬扬，但中国同事对史迈士他们仍然友好地说："有人上门动员我们去参加反美示威游行，但我们并不反美。"但是当以美国为首的联合国军越过三八线之后，情况就急转直下，大街上到处贴满了宣传画，内容是一个很大的红色箭头从朝鲜直指南京和上海，言下之意就是美国要以朝鲜为跳板侵略中国，给当时的人们以很大的教育与启发。这时史迈士走在校园里遇见熟识多年的中国教授，对方会质问："为何美国要准备侵略中国？"学校里 90% 的中国知识分子开始转为批判美国的这种行为。参见 Lewis S.C.Smythe, *China Missionaries oral history collection* [microform],pp.62-63.

11 邢福增：《基督教在中国的失败？——中国共产运动与基督教史论》，香港：道风书社，2008 年，第 235-236 页。

12 Religion: Exit, *Time*, Monday, Jan.15, 1951.

传教士作大规模撤退之际，中国政府也制定出相关的处理办法。1951 年 4 月 16 至 21 日，处理接受美国津贴的全国基督教团体会议在北京举行。联系前文，这次会议的一大特色是发起了控诉运动。同时，会议还通过了政府提出，经代表们讨论修正的《对于接受美国津贴的基督教团体处理办法》。而在会议期间的 4 月 17 日，《人民日报》发表社论《彻底割断基督教与美帝国主义的联系》。社论对美国差会及传教士下了逐客令，要求美国差会"停止在中国的活动，并撤出中国国境"，中国基督教的传教工作"应该完全由中国教士来担负"。不过，《对于接受美国津贴的基督教团体处理办法》一直到同年 7 月 24 日才正式由政务院公布。该"处理办法"中有两项直接涉及美差会及传教士。其中，第二条规定，在教会及团体中工作的美国人员应按下列原则处理："（一）有反人民政府言行者应予撤职，其犯有罪行者，报请政府依法惩办；（二）自愿离开者准其返国；（三）无反动言行而教会及团体认为有需要留下并愿供给其生活者，可以续留，但不得担任教会及团体的行政职务。"第四条规定："外国差会如自愿将其在中国的财产（不包括土地）捐赠给中国基督教教会及团体，经政府审核批准后，中国基督教教会及团体得接受其全部或一部，但此项捐赠不得附有任何条件。"[13]第二条规定实际上为美在华传教士设定了三种结局。虽然这条规定的第三点说明在需要时传教士可以续留，但在控诉运动如火如荼之际，很少有传教士有勇气作出这一决定。第四条规定则推翻了此前美差会和中国教会之间达成的财产协议，即中国教会只有差会财产的使用权，并无所有权。

虽然从内战至今，传教士一直因各种原因陆续离开中国，但 1951 年无疑是最后的高峰。曾是在华传教士的加拿大友人文幼章（James G.Endicott）在 1951 年 4 月 7 日的《天风》发表评论说：1951 年将是西方传教士从中国总撤退的一年。虽然这已不是历史上的第一次撤退，但 1951 年可以说是最后的一次，它宣告"外国"的差会已经到了末日。[14]彼时，大概还有 150 至 200 位美国新教传教士留在中国大陆。[15]一直到 1951 年 8 月，美国传教士和来自其它国家的传教士还在经罗湖撤到香港。这些"多国部队"，有时只有一两个人，

---

13 《对于接受美国津贴的基督教团体处理办法》，《公报》，第二十三卷第八期，1951 年 8 月 1 日，第 1 页。

14 文幼章：《西方传教士在中国的失败》，《天风》第十一卷第十三期，1951 年 4 月 7 日，第 9 页。

15 China-106, April 12, 1951, p.3.

有时又是成群结队，多达40人甚至更多。他们因从中国内地长途跋涉而来，都显得筋疲力尽，面容疲惫。[16]至1952年4月，约有40名美籍传教士未能成功取得出境许可，其中11人被囚在监牢。[17]

　　这一阶段离境的美传教士，可谓尝尽了人间冷暖。在1950年底局势骤变后，传教士被戴上各种各样的"帽子"，但在他们离开以前，仍有不少中国同工对他们表达了相当的敬意。前面提到的美圣公会传教士艾伦夫妇离开中国时，已是1951年1月之后。夫妇俩从汉口出发，过江前往火车站时，张海松主教坚持一路相陪。当时渡轮上非常拥挤，三人只好站着，船上其他乘客都能看到他们。夫妇俩担心这样对张海松主教影响不好，所以请求他去找个位子坐下来或是站到其它地方，不要让别人觉得一个中国人怎么与外国人关系如此密切。张主教说不必，他说其他传教士离开汉口他不会去送，但艾伦夫妇如果离开，他一定会送。[18]友爱会传教士艾克沛（Ernest L.Ikenberry）则是1951年2月离华的。他回忆说，自己永远也无法忘记在上海的那次饯别会。刚开始是他的一位最好的中国朋友请艾克沛偕同他的妻子一起来吃顿简单的午餐。夫妇俩到了就餐地点后才发现，中华基督教会全国总会、中华基督教青年会全国协会、全国协进会的多位中国领袖都在场。饭后，他们小心环顾四周，以确定没人盯梢，方对艾克沛夫妇讲出心里话："我们知道中国教会和西方教会将会断绝联系，但请你们回去之后转告美国教会的领袖，我们将继续前进，中国教会也必会存在。"[19]燕京大学的范天祥一家在4月21日方动身前往香港，在离开家门前，屋内挤满了前来送别的人，严景耀也在其中。范天祥很高兴见到严景耀，因为"他是左派唯一前来道别的人"。[20]

　　也有少数美传教士离开中国时并不光彩。这其中既有个人原因，也有政治原因。例如，在长沙的美国雅礼会驻华总代表俞道存（Dwight Rugh），原本很

---

16 Religion: The Missionaries Leave, *Time*, Monday, Aug.20, 1951.

17 邢福增：《基督教在中国的失败？——中国共产运动与基督教史论》，香港：道风书社，2008年，第240页。

18 Mrs.Netta Powell Allen, *China Missionaries oral history collection* [microform]. Mrs.Netta Powell Allen, 美国圣公会在华传教士，主要在汉口文华中学（Boone School）教书，也在上海活动。她的丈夫 Arthur Jones Allen 也是传教士，起初是青年会干事，后来也作为圣公会传教士，也在文华中学教书，但主要职责是差会的司库。

19 E.I.Ikenberry, *China Missionaries oral history collection* [microform], p.25.

20 〔美〕范燕生著，李骏康译：《颖调致中华：范天祥传》，香港：基督教文艺出版社，2010年，第277页。

早就可以离境，但在 1950 年 11 月 7 日长沙市公安局工作人员前往雅礼中学检查其准备带走的行李时，发现一个绿色保险箱子内放有中国古代钱币数百枚，随后又在他住屋楼上陆续发现周、西汉、东汉、唐、五代、宋等朝代的陶瓷器共 18 箱 200 多件。于是，俞道存被羁押，配合相关调查。[21]一直拖到 1951 年 5 月 22 日，俞道存被驱逐出境，其非法匿藏的收报机和试图盗运的文物也被全部没收。[22]在控诉运动发起后，许多美传教士遭到昔日中国同工、教徒的集体控诉，被揭发各种"罪行"，在心理上需要承受相当大的打击。比如在 1951 年 6 月 4 日的青岛基督教各教会团体代表会上，各代表纷纷揭发了美北长老会女传教士范爱莲的"帝国主义分子的反动面目"，并一致通过决议要求政府予以严惩。那次会后，在 6 月 24 日、28 日、30 日、7 月 3 日、5 日、7 日，数千基督徒及基督徒学生又在各区分别聚会，听取大会传达，进一步的揭发和控诉了范爱莲的"罪行"。最后，青岛市公安局于 8 月 18 日将范爱莲驱逐出境。[23]卫理公会女传教士文安思（Edward Jones Winans）的离境经历则折射出反美爱国运动的深入人心。文安思在华西协和大学从事妇女教育将近 30 年，她于 1952 年初才离开成都前往香港，当时一起同行的是三个人，除了她自己，还有华西协和大学的一位英国男教师，另外一位则是法国天主教传教士。一路上有专人遣送他们 3 人至广东。他们旅途第一晚住在四川德阳的一间旅社，在吃晚饭时，来了一群满怀好奇的学生。其中一位学生要求文安思告诉她美国的糟糕情形，特别是关于美国劳动人民的悲惨境况。另外一位学生则说："当你回国后，你一定要把杜鲁门给枪毙了。"[24]学生们的这些话，让她哭笑不得。

　　个别美传教士因为受到"间谍"等罪名的指控，被中国政府长期羁押。比如，广东连县的美北长老会医药传教士白可慕（Dr.Homer Vernon Bradshaw），第一次申请离境还是在 1950 年 9 月，但一直没有得到批准。1951 年 3 月 3 日晚，白可慕被逮捕。他被捕的最直接原因是他此前在军队的经历。

21　《美籍教员盗运我国文物》，《天风》第十一卷第二期，1951 年 5 月 20 日，第 12 页。

22　《长沙美教员被驱逐出境》，《天风》第十一卷第二十一期，1951 年 6 月 2 日，第 16 页。

23　《驱逐帝国主义分子范爱莲处境》，《公报》第二十三卷第九期，1951 年 9 月 10 日，第 8 页。

24　Pearl Fosnot Winans, *China Missionaries oral history collection* [microform], p.27.

在中共看来，他并不是一位单纯的医药传教士，而是以医生的身份作掩护，实际是个美军特务。虽然知道他过去的许多中国同仁和朋友并不这样看。[25]白可慕确实和美军曾有过密切联系。1941年，他因为休假返回美国，不久因为太平洋战争爆发不能再像往常那样返回传教站，但他和妻子都想帮助中国驱逐日本人，于是夫妇俩就在美国报名参军，结果只有白可慕本人被招入美国空军，最后派往中国。他隶属于陈纳德的"飞虎队"，先是在昆明随队做了18个月的航空军医，然后辗转桂林，在空军医院做基地军医，主要为美军飞行员服务。1945年12月，他随部队返回美国，在北卡罗来纳州的一家大型军医院呆了5个月，采访了在那里的"巴丹死亡行军"（the Bataan Death March）的幸存者。1946年5月，他退役。1947年1月至5月，他在军队资助下在杜兰大学专门学习了热带医药的课程。是年10月，白可慕再次返回广东连县。[26]白可慕的服役经历，在当时特殊的政治环境下相当敏感，也很难解释或调查清楚。于是，白可慕继续被关押在中国，一直到1955年底被逐出境。他的这种遭遇，并非孤例。

以上事实说明，美差会及传教士退出中国大陆已是铁的事实。但是，这并不意味着美国对中国大陆的传教使命就此宣告终结。在1951年8月15日的美国《基督教世纪》杂志上，有专文讨论这一问题。文章认为，中国大陆虽然已经进不去，但应该认识到在东南亚及附近的岛屿中也有很多华人，可以先在那里传教。同时，应该更关注在美国及其它西方国家的中国留学生和华裔居民的孩子。文章还坚信中国迟早会开放传教的大门，因此有必要提前准备好一支熟悉汉语的学者队伍，他们可以教年轻人汉语，还能将基督教的英文书籍翻译为汉语。此外，在传教策略上也需勇敢改变，要像一百年前向儒家信徒传教那样向共产党员传教。教会应该学会向一切受到共产党控制或影响的地区宣教，不能简单认为共产党员不可能信教，因为许多人内心深处未必有共产党的信仰。文章透露，去年美国纽约协和神学院已经组织了一个研究小组，小组成员都是富有经验的传教士，来自超过12个国家。研究小组的使命是处理教会在受到共产党控制或威胁的地区可能遇到的布道或教育问题。文章认为，这样的研究小组规模应该继续扩大，而且有望继续去中国传

---

25 Dr.Homer Vernon Bradshaw, *China Missionaries oral history collection* [microform], pp.26-28.

26 Dr.Homer Vernon Bradshaw, *China Missionaries oral history collection* [microform], pp.16-19.

教的教会人士要被吸收在内。因为，"对于共产主义最好的响应是更强更好的基督教。"[27]

从美国在华传教士撤出中国大陆后的去向上，也可以看出上述意图。1952年，来自美国卫理公会海外宣道部的一份报告显示了139位曾在华的卫理公会传教士最新的去向。其中，21位在美国本土工作：一位在美国军队；一位在美国红十字会；13位在宣道部的各个办公室或是高校做老师；4位在美国本地教会；一位在美国医院；还有一位没有接受新的安排。余下的128位则去了其它国家和地区：23位去了马来亚，那里一半人口是华人；日本，18位；婆罗洲，13位；印度，12位；菲律宾，9位；苏门答腊岛、缅甸，各6位；非洲、巴基斯坦，各5位；香港、南罗得西亚（津巴布韦的旧称），各4位；利比里亚，3位；古巴、拉丁美洲、哥斯达黎加、墨西哥，各2位；比属刚果、韩国，各1位。[28]这张传教士的分布地图，说明二战后美国的海外宣教疆域是如此之广。同时，这些传教士去的国家和地区大多经济落后，生活水平低下，展现出传教士善于吃苦奉献的精神。这些去海外的传教士大部分都身处东北亚、东南亚及南亚一带，几乎是从海洋方向对着中国大陆作弧形状排开，这表现出美国教会的战略性安排，即守望中国门户，时刻做好重新进入中国的准备。

此外，曾经的服务对象主要是中国的一些联合性机构也并未完全放弃其对华基督教使命。前文屡屡出现的"联董"，于1955年改组为"亚洲基督教高等教育联合董事会"（the United Board for Christian Higher Education in Asia，简称亚联董），有100万美金的预算以及一如既往的热情。在和中国大陆断绝联系后，它转向了美国和加拿大地区的基督徒学生。经过5年的发展，这种需要已经消退，于是亚联董又将大量预算投向中国大陆的"大门口"，即着力建设台湾的东海大学和香港的崇基学院，少部分资金则用来支持亚洲的其它机构，如位于印度尼西亚雅加达的基督教高校。该机构还在亚洲开展一系列其它项目，包括提供书籍、设立奖学金、编撰中国大陆13所教会大学的校史、语言培训等。[29]

---

27 "China Blow Not Final", *The Christian Century*, August 15, 1951, p.935.

28 "Where have the China missionaries gone?" *The Christian Century*, November 26, 1952, p.1372.

29 Creighton Lacy, "The Missionary Exodus from China", *Pacific Affairs*, Vol.28, No.4(Dec., 1955), pp.312-313.

二、一个传教士间谍

1950 年感恩节后的礼拜天晚上，卫理公会传教士卓伟（F.Olin Stockwell）在重庆求精中学校园内的家里，刚吃完晚饭，突然间有四男两女的一班警察带来拘捕令，将其拘捕。刚被捕时，卓伟并不在乎，他带着被褥和气垫，肩上揹着几件衣服离开屋子，以为两天后就可以回来。但事实是，他在重庆的公安局被囚 14 个月，接着因反革命的罪名在市郊监牢被囚 9 个半月。[30]当时重庆市军管会查办卓伟的根据主要有以下几点：1. 重庆刚解放后曾隐藏并分散"农复会"物资，其中有吉普车 3 辆、通讯器材 1 部；2. 收听"美国之音"后，用打字机记录，广为散布；3. 在他寄给外地信件中，极力"诋毁"人民政府，并从事情报活动。此外在抗战胜利前后，曾与美军顾问团及美国新闻处均有密切联系，美军撤退后新闻处电台等器材由他保管。[31]在今天看来，卓伟的这些所谓"罪行"并不需要如此上纲上线。但卓伟被捕时正值抗美援朝运动兴起，他的上述行为很容易被认为是在从事间谍活动。值得一提的是，卓伟的各项"罪行"是被重庆市教会人士和沙坪坝学生检举的——这些人应该是平时熟悉他生活的人。

在几乎长达两年的监狱生涯里，这位 1929 年就来华的美传教士又有怎样的独特经历呢？他最初被关押的地方是一间 10 尺见方的单人牢房，有小床、桌子、凳子和痰盂。他在狭小的房间里踱步、祈祷、构思诗作和研究圣经。冬天的监牢里又冷又湿，在最冷的时候，他身上穿了 8 件衣服，下面穿了两三条裤子，每过半个钟头就要在地面来回走一趟暖和身体。他写了几句打油诗：

> 现在我明白爱斯基摩人，
>
> 为什么把自己缝在衣服里；
>
> 即使有点异味，有点龌龊，
>
> 总比给冻僵的好。[32]

卓伟吃的饭菜还不错，是普通中等人家的中国菜。早餐吃粥，午餐和晚餐有白饭和小碟蔬菜和肉。他又写了几句聊以自慰的诗句：

---

30 〔美〕卓伟著，许纯欣译：《又一个奇迹》，香港：基督教文艺出版社，1973 年，第 74-75 页。

31 《重庆教会人士检举美特》，《天风》第十一卷第三期，1951 年 1 月 27 日，第 12 页。

32 〔美〕卓伟著，许纯欣译：《又一个奇迹》，香港：基督教文艺出版社，1973 年，第 77 页。

我们吃白饭，热气腾腾，

还有豆腐、青菜、及少许猪肉；

有味道的汤，

属于东方式调味，

因为守卫总是将手指头插进汤里。[33]

　　在单独被关押期间，卓伟还曾和隔壁的基督徒犯人暗中相互传递消息，他后来回忆说："有一次我轻声哼起了'God Be With You Till We Meet Again'，突然隔壁牢房的一位家伙也小声哼了起来，这非常有趣。尽管我不知道他是谁，但正是他偷偷的从气窗那里传递给我一张小字条，我才发现我以前的秘书关在我楼下的牢房。于是我也以同样的方法给隔壁的那位传话。后来一张内容更长的纸条传了进来，这张纸条来自我的前秘书，告诉我的妻子、孩子以及朋友都已经离开中国，所以我很可能是华西地区最后一个卫理公会传教士。接下来，在圣诞节的时候，他又偷偷传给我一张他自己亲手做的圣诞卡片。但是，这种事情都必须很小心，要是一旦被狱方发现就很麻烦，所以我很快就会毁掉所有传给我的东西。"[34]值得注意的是，这一时期的卓伟在面对关于间谍和阴谋的指控时，都予以坚决否认。

　　在领略了 14 个月的孤寂独处的生活以后，卓伟又被迁往重庆边境反动分子监狱。在那里与他一同被囚禁的还有另外 7 个囚犯，都是中国人，8 个人就挤在一间 10 尺见方的囚房里。他们坐在地上，睡在地上，吃也在地上，在地上打发日子。这里，卓伟接受了所谓的思想改造教育。

　　狱里有一间堆满杂志和书籍的藏书室，里面都是用中文写的宣传品。这个藏书室事先受过彻底的检查，里面的书籍和杂志绝不含有"资本主义毒素"。有时候狱方工作人员给他们一篇文章，读了之后，他们会问卓伟对文章的意见，刚开始他的意见总是错的。于是，他们就会不停的追问，帮助他在某些特别问题上把思想弄清楚。有一次，他们问卓伟："你怕战争吗？"卓伟说："当然怕，我们美国人憎恨战争也怕战争。"对方告诉他："这证明你是一个资本主义者。资本家怕战争却又要战争。他怕战争，因为如果他不作战，他的经济状况立即陷于瓦解。他要战争，因为战争使他有所进益。他们既怕战争又爱战争。

33　〔美〕卓伟著，许纯欣译：《又一个奇迹》，香港：基督教文艺出版社，1973 年，第 78 页。

34　F.Olin Stockwell, *China Missionaries oral history collection* [microform], pp.28-29.

我们共产党既不怕战争亦不爱战争。如果你们迫到我们头上来了，我们一定起来自卫。我们与爱好和平维护世界和平的国家站在统一战线。"于是，下一次他们问卓伟怕不怕战争时，他说，"不怕，但既不怕战争也不爱战争。"[35]

一天夜里，一位主审人问卓伟这些年在中国做什么。卓伟回答说自己一向做福音工作，帮助学校里的学生和医院里的病人，同时还分派救济金给中国人。主审人听后认为卓伟说的不是实话，让他先回囚房反省一段时间。卓伟回到囚房后如坠云雾里，不清楚主审人葫芦里卖的什么药。同室的中国囚犯启发他说："你们当然讲不通。你谈话的出发点是基督教的意识形态。他无法了解。你应该在有见地的共产党指导下向前进，用我们的眼光去评价你已往二十年间的行为。然后你就会明白，你在中国所做的并没有帮助中国人，反而害了他们。每一次你赢得一个人皈依基督教，或者说你每次在中学或大学里或医院里帮助了一个学生（或病人），你不仅只让他们成了基督教团体里的朋友，同时也叫他们成为美国的朋友。只要他们对美国表示友善，他们就是反共。"这位同囚的朋友继续打比方说："大学里有一个学生，他遭遇了经济上的困难。你聘用他做你的秘书和助手，教你中文，替你写中文信，这样他就赚到钱交学费。如果你当时不请他帮你，他可能放弃读书的念头，可能就此离开学校到华北去参加共产党了。他可能已经成为共产党领袖。所以你明白你这些年来所作所为，实际上是建立了对抗共产主义的藩篱。你对我们所造成的灾害比拿起枪杆出去射击共产党徒更甚。你是个罪犯，这就是你被囚的原因了，非要你明白这一点，你是不会了解被囚的理由，也不会低头认错。"卓伟听后，恍然大悟。后来主审人再次问他同一个问题时，卓伟回答说："我在中国推动美国的资本主义与帝国主义思想。"主审人说："你的表现不错。你的观点真的改变了，你终于看清楚事情的真相了。"[36]

就这样，卓伟逐渐意识到共产党需要的并不仅仅是让其供认"罪行"，而是他信仰上的彻底转变，学会接受一种新的世界观。最后，他决定给他们所需要的并赢得自己的自由。卓伟学会了随声附和马克思主义的观点，并承认他的传教士经历是对共产党政府的挑衅。[37]卓伟后来回忆说："在我被关押的第二

---

35 〔美〕卓伟著，许纯欣译:《又一个奇迹》，香港：基督教文艺出版社，1973 年，第 81-82 页。

36 〔美〕卓伟著，许纯欣译:《又一个奇迹》，香港：基督教文艺出版社，1973 年，第 82-84 页。

37 Religion: The Missionary Who Lied, *Time*, Monday, May 18, 1953.

个阶段，他们最后告诉我是一名间谍，他们说'你住在中国这么多年，写了那么多信，拍了那么多照片，不是间谍是什么呢？'我说'如果这就是间谍的工作，那我就是间谍。'他们接着说'这件事情，肯定还存在一个组织，没有一位间谍是单独工作的，他一定会和其它人一起工作。'于是我要么说实话，要么就编造事实，只有这样曾经和我共事的中国牧师才能不被他们所注意，我把所有的责任都推到我自己身上，还有另外一位已经离开中国的传教士身上，这样就算是有组织了。后来，他们告诉我那位我供述的传教士坦白交代的速度比我还快。但我知道他们是对我在说谎，我也在对他们说谎。所有在正常情况下应该坚持的诚实以及其它所谓的原则，在这里并不适用。"[38]卓伟在承认全部"罪行"之后，被判驱逐出境。他在两名卫兵押送之下，与5名天主教修士及押送他们的卫兵一同搭船到汉口，再从汉口搭了一天两夜的火车到达广州。[39]他于1952年11月17日在香港边界被释放。[40]

就这样，卓伟成为最后一位离华的卫理公会传教士，但当时还有其它新教差会的传教士留在中国。在卓伟离开重庆监狱时，还有一位美国南浸信会传教士关在那里，因为卓伟一眼认出了他放在牢房门口的军用鞋。卓伟认为这位传教士非常保守，要让他承认错误很难，因为他一直确信美国政府和上帝正联合一致对抗共产党。[41]

卓伟于1952年12月初返回阔别已久的美国。[42]当时朝鲜战争尚未结束，卓伟做梦也没有想到，他这个当过共产党囚徒的人会有这么大的名气。各地的电台、电视台、教会等纷纷邀请他前去演讲，来阐明共产党怎样对待美国宣教士。于是，卓伟购置了一辆车，以后两年"几乎马不停蹄的在美国公路上驰骋"。有人还期望他加强反共意识，证明美国防范中国政府的一切措施是正确的。卓伟曾收到一位以反共闻名的国会议员的信，希望他加入反共阵线。但卓伟的回信相当冷淡。此后，他没有再收到这位国会议员的信。[43]

卓伟回到美国后，有教会人士批评他对共产党太软弱，认为他不应该承认

38　F.Olin Stockwell, *China Missionaries oral history collection* [microform], p.29.

39　〔美〕卓伟著，许纯欣译：《又一个奇迹》，香港：基督教文艺出版社，1973年，第75页。

40　Religion: Last Methodist Out,*Time*, Monday,Dec.08,1952.

41　F.Olin Stockwell, *China Missionaries oral history collection* [microform], p.30.

42　Religion: Last Methodist Out,*Time*, Monday,Dec.08,1952.

43　〔美〕卓伟著，许纯欣译：《又一个奇迹》，香港：基督教文艺出版社，1973年，第102页。

所谓的"罪行"以换取个人自由。在 1953 年 3 月 6 日的《基督教世纪》杂志上，曾在昆明家里遭软禁长达 7 个半月之久的美北长老会传教士肯尼思·弗尔曼（Rev.Kenneth J.Foreman）撰文抨击卓伟的这种违背宗教原则的"罪行"。在文中，肯尼思·弗尔曼指责卓伟在重庆监狱期间的一系列行为是存在问题的，主要是依靠编造谎言、承认"罪行"以换取自由，同时还向其它狱友积极宣传共产主义路线。作者还以英国循道会传教士沃农·斯通（Vernon Stones）的例子来反讽卓伟的这种行为是"背弃真理"，因为前者在 1950 年底也在华西被中国政府指控犯有各种"罪行"，但他坚决予以否认。作者在文末还挖苦卓伟：你作为传教士可以用谎言认罪来离开中国，那么中国基督徒又该如何行事，如果他们知道你的这种行为，心里又会作何感想？[44]

卓伟在同一期杂志回应了肯尼思·弗尔曼提出的质询。他说他无意替自己辩护，只是想指出肯尼思·弗尔曼遗漏掉的一些事实。第一，他说自己在刚开始的 14 个月被单独囚禁期间，也像沃农·斯通一样坚持真理。但他的诚实并没有保护任何中国基督徒，也无法换得自由。第二，他说后来之所以作"伪供"，不是为了保住自己的性命，而是为了救受牵连的中国基督徒朋友。因为当时有一位中国牧师出卖了他，捏造了一份密码电报，并以他的名义邮寄。因此政府认为他就是间谍组织的头头，许多和他共事的中国同工受到牵连。政府不可能接受他简单的否认，因为他拿不出有力的证据说明自己是清白的。因此，他当时唯一的办法是承认那份密码电报是自己发的，不得不编一个故事将所有的罪名按在自己以及一两位已经离开中国的传教士身上。第三、肯尼思·弗尔曼在文中假定传教士都是对的，中共都是错的。卓伟认为事情未必如此简单。卓伟说："难道我还要替蒋介石政权说尽好话？难道美国政府在中国就从来没干过坏事？作为一位美国人及传教士，难道我要继续对美国曾犯下的罪过无动于衷，洗刷干净蒋介石的所有丑恶，并向我的中国朋友灌输这种态度，从而使他们继续对旧中国的社会不公和罪恶容忍下去吗？"他接着说："我固然没有中共所认为的那些罪行，但是通过他们或是耶稣的视角来看待社会的种种弊病时，我当然也需要认真的悔罪。"[45]——在冷战的背景下，美国朝野上下对共产党中国都抱有一种恐惧排斥的态度，在回国的传教士群体中间也存在这种现象。面对肯尼思·弗尔曼的指责，卓伟

---

44 Kenneth J.Foreman, "A More Excellent Way", *The Christian Century*, May 6, 1953, p.537.

45 "F.Olin Stock well's Reply", *The Christian Century*, May 6, 1953, p.538.

的回答还是较为实事求是的。

卓伟回国后，有人想要将他打扮成为"反共斗士"，但卓伟没有接受这一称号，他保持着思想上的警惕，但这样做别人就会不高兴；有人则是从宗教教义上否定卓伟，却没有考虑卓伟所处的实际环境。这些情况反映出，当年的美国在反共反华议题上呈现出某种极端的一体化特征，宗教层面保守主义回潮。卓伟在新中国所接受的思想改造，其实是中共的思想政治理论，而当他返回美国后，又得面对相反的意识形态的"洗礼"，他自己被夹在中间。难能可贵的是，卓伟并没有因为自己被中国政府关押近两年就去刻意反共，以换取声名。通过在监狱里的一系列学习，再结合自己以往在中国的经历，卓伟对中共为何能取得胜利有了更为理性的认识。上文中批评卓伟的肯尼思·弗尔曼尽管也是一位在华传教士，但其实他年纪轻轻，1949 年才来到中国，之后又被软禁在家，1951 年离境，[46] 所以他在华的时间很短，看待许多问题只能停留于表面。相反，卓伟早在 1929 年就来华，历经中国的各种革命和动乱，在理解中国问题上自然比前者更深刻。"卓伟现象"告诉后人，所谓"绝对正确"的意识形态或宗教道德，只会让自己的眼睛蒙尘。

三、集体性的总结与反思

美差会及传教士于 1951 年最终撤出新中国，标志着持续一个多世纪之久的美国新教在华宣教事业被迫划下句点。面对失败，美传教机构开始对在华差会所采取的政策与策略作认出反思，总结经验教训。就在传教士陆续撤出中国大陆时，"全美基督教协进会"的海外宣合会中国委员会（the China Committee of the Division of Foreign Missions）[47] 着手开展一项相关的大型研究。当时，中国委员会成立一小型的研究委员会直接指导此项研究的进行，该委员会成员包括麻海如（Harold S.Matthews，前文提到的麻安德的父亲）、寇润岚、梅尔文（这两位都是中国委员会的干事），以及毕尔（R.Pierce Beaver，他是 Research in Foreign Missions of the Central Department of Research and

---

46 G.Thompson Brown, *Earthen Vessels and Transcendent Power-American Presbyterian in China, 1837-1952*, New York: Orbis Books Marynoll, 1997, p.283.

47 1950 年，北美国外宣教事业协会和"美国基督教联合委员会"（the Federal Council of the Churches of Christ in America，成立于 1908 年）一起改组加入新成立的"全美基督教协进会"。原先的北美国外宣教事业协会中国委员会也就成为隶属于全国基督教协进会的海外宣合会中国委员会。

Survey 的主任）。该研究委员会中，至少前三位已在前文中多次出现，他们都称得上是"中国通"。

　　研究委员会准备了以下三个问题：1. 在华宣教所获得的教训中，你认为哪些因其有负面性而应该为其它宣教工场所废止？2. 你认为哪些教训是具有正面性而可以被其它宣教工场所参考？3. 你是否还回中国传教，（为适应新的传教环境）你又会在个人的生活和工作中作何改变？研究委员会将三个问题发给许多刚从中国回来的传教士，结果收到 152 个有用的答复，代表 22 个不同的海外宣道部。研究委员会在对这些答复进行总结归纳之后，最后于 1951 年 8 月完成一份名为《从中国传教运动所获得的经验教训》（Lessons to be Learned from the Experiences of Christian Missions in China）的研究报告。

　　值得注意的是，这份报告的基调不是"沮丧颓废的"，其作用也不是单单作为文件而置于海外宣道部办公室的案头之上，而是希望所有的海外宣道部在全世界各地的宣教工作中能消化利用正反两方面的经验教训，成为由思想到行动的催化剂，"以使基督教会对人类生活产生更好的影响"。因此，该报告的内容是关于在华宣教的经验总结，但制作报告的目的是成为当时正在海外其它地区工作的传教士的"行动手册"。

　　报告正文第一部分是针对上述三个问题的答复所作的总结。在总结中，为了更好地保留传教士回答中的个性色彩，多直接引用传教士的话语。首先是对差会提出建议。在差会的组织机构上，报告认为，差会在工作方式及方向上应避免过于西方化，要尽可能将自身融合进中国本地的教会机构，以建设中国本地教会作为持续的目标；差会不能相信大力倡导医药、教育及社会服务工作就能建立教会；差会不应该随便设立地区性的、省际的乃至全国性的教会机构，除非中国基督徒确实感到需要，同时得到他们足够多的支持。在差会的权力行使问题上，报告认为，差会不可将权力抓在手里太久，要及早培养出本地领导力量，差会应该多辅助并从属于本地教会。在合一问题上，报告认为差会不应太强调宗派性，要尽可能推动中国教会的合一。在传教士的派遣上，报告认为，差会总部不应只考虑派出的传教士是否受过专业训练，还要考虑这些传教士的灵修生活如何，同时差会总部也不应派来缺乏合作能力、不肯居于下位，不乐见本土基督教领导力量壮大的传教士。在差会推行的项目计划上，报告认为教育、医药类项目和福音布道类项目之间要有合理的比例，须知前者始终是实现后者的工具。在财政上，报告认为差会不能总是设法弥补本地教会的财政赤字，而在资金的管理分配上要有中国同工的参与。[48]

接着，报告对传教士提出建议。传教士来中国前的先期准备，报告认为传教士要想应付中国的复杂形势，不仅要有专业方面的良好受训，也要求他对这个国家的历史人文背景有基本的理解，另外他要对促使世界发生变动的社会运动的基本缘由有深入的了解，对为何产生民族主义和共产主义有所思考，这样当他面对问题时才能有更好的视角。那么，传教士到中国后究竟采取何种态度？报告认为，传教士要避免家长制作为的存在，要学会与中国基督教领袖平等共事，甚至甘于接受他们的领导，不要总是具有某种优越感。报告认为，传教士不能总是在中国同工面前说我们在美国是怎么办的，同时传教士应该放手让中国同工去担负责任，中国教会应该可以选择自己所需的传教士。至于传教士的生活条件，报告认为传教士的生活标准应该接近于他的中国同工，要防止传教士和他们的中国同工及基督徒之间在居住、休假和其它福利方面产生过大的鸿沟。在政治问题上，报告认为传教士要对这一问题谨慎处理，传教士最好不要和美国政府有任何正式的或非正式的关系。在传教的方法、政策及工具上，报告中列举的具体建议可谓见仁见智，不过其出发点是如何加强传教工作的有效性。[49]

关于如何培育中国教会，报告认为中国教会要早日实现自养、自治和和自传；在组织地方教会时，一定要等到当地基督徒能相应地承担责任之时；教会的信徒人数不是唯一目的，而是要多强调信徒的灵性；在发展教会时，要多利用家庭崇拜、邻里崇拜等小型化的发展模式。在产业问题上，报告认为差会所有的产业应逐步移交给中国教会，同时差会必须掌握购置产业的速度和规模，不然中国教会接手后容易引起纷争或者难以维持。在资金使用上，报告也提出很多建议，总的来说就是在资金来源和分配上都要更加公开透明，差会在经济上补助中国教会的最终目的是希望其实现自养，资金要多用在为中国教会培养优秀的人才上面。从报告来看，传教士对中国教牧人员及平信徒的整体素质并不满意，比如前者中的许多牧师总是想着'坐头把交椅'，因为有固定收入就失去工作的动力，后者对基督教义一知半解，两者都存在缺乏足够的教育培

---

48 Harold S. Matthews(Compiler), *Lessons to be learned from the Experiences of Christian Missions in China*, Aug.31, 1951, Bates Papers, Yale Divinity School Library, RG10, Box 29, Folder 406, pp.1-3.

49 Harold S.Matthews(Compiler), *Lessons to be learned from the Experiences of Christian Missions in China*, Aug.31, 1951, Bates Papers, Yale Divinity School Library, RG10, Box 29, Folder 406, pp.3-9.

训的严重问题，有待于进一步加强提升。[50]

报告正文第二部分则以表格的形式，量化说明所谓的经验教训在传教士群体中间的认同程度。这实际上弥补了报告第一部分所存在的缺陷，因为回答问题的每一位传教士都拥有不同的传教经验，所以面对同一个问题，每个人意见的侧重点也会很不一样。以下是三张具体的表格。

1. 负面教训的总结表：[51]

序号	人　数	A	B	C	D	负面教训
1	120	65	48	6	1	对自养说得多做得少
2	119	60	44	12	3	在机构规模和领导素质方面，教育和医药工作已超过教会工作
3	124	48	52	18	6	外国所有产业过多，差会居住区的大房子与世隔绝
4	123	44	62	7	10	教会在帮助农民或工人方面所做甚少
5	126	46	46	15	19	有太多传教士不懂中国语言、习俗、文化、哲学
6	118	47	43	15	13	有太多传教士喜欢控制机构、资金、政策、工作方法及活动
7	123	44	46	21	12	教会仍然在崇拜仪式、建筑和活动上不够本土化
8	116	47	42	9	18	基督教文字工作缺乏实际效用
9	118	46	43	15	11	过于重视调整组织机制，却忽视教会及其成员的精神生活
10	105	33	47	14	11	钱过多花在工作的某一个阶段
11	120	30	46	24	20	在基督徒和西方文明之间多有混淆之处
12	122	36	41	18	17	基督教工作过于集中于大城市、中心集镇等地区
13	109	31	34	11	33	在布道上不够重视
14	116	12	22	30	52	传教工作与西方殖民主义、商业剥削关系过于紧密
15	114	2	30	27	53	教会工作会导致产生一个脱离贫苦百姓的中产阶级

50　Harold S.Matthews(Compiler), *Lessons to be learned from the Experiences of Christian Missions in China*, Aug.31, 1951, Bates Papers, Yale Divinity School Library, RG10, Box 29, Folder 406, pp.9-13.

51　Harold S.Matthews(Compiler), *Lessons to be learned from the Experiences of Christian Missions in China*, Aug.31, 1951, Bates Papers, Yale Divinity School Library, RG10, Box 29, Folder 406, pp.15-16.

| 16 | 122 | 10 | 28 | 31 | 53 | 传教士通常和官员、知识分子、富人走得更近 |
| 17 | 117 | 11 | 37 | 39 | 30 | 年轻传教士被束缚于传统及现状，如反对老传教士就有麻烦 |

（传教士给出的评价排序 A：非常重要；B：重要；C：无足轻重；D：无效）

2. 正面教训的总结表：[52]

序号	人　数	A	B	C	D	正面教训
1	121	90	30	1	0	在妇女和孩童教育方面，传教士往往是先驱，贡献良多
2	120	92	27	1	0	我们积极培养华人领导力量，推进平信徒培训，是很有益的
3	120	94	24	0	2	自1927年由华人充任各级学校校长的作法是很有价值的
4	118	79	38	1	0	医药服务和公共健康工作是帮助中国人的有效手段
5	120	83	34	1	2	近年来让中国基督教领袖民主参与决策教会资金使用和传教士调配等被证明有重要价值
6	116	83	32	1	0	基督徒所具有的高尚道德在无数中国人身上得以体现
7	117	67	48	2	0	集体崇拜、性灵相交及祷告对中国基督徒的生活产生重要意义
8	115	77	37	1	0	多年的耐心坚持换来中国基督徒虽历经磨难但矢志不渝的结果
9	114	64	49	1	0	城市及乡村服务、大众教育、农业改进项目都是符合中国民众的需要的，在洪水、饥荒及战事所开展的救济也是有益的
10	115	88	24	2	1	圣经翻译及分发，教会（spiritual）文字材料的准备是有价值的
11	114	78	30	4	2	许多中国基督徒对国家都产生了无与伦比的影响
12	117	59	51	3	4	各级教会教育对培养信徒、为教会提供人才、塑造基督徒及非信徒的人格、对国民生活产生潜移默化的影响等方面作用很大
13	114	39	58	14	3	培养团队合作精神，无论是体育还是管理上，都已取得实效

（传教士给出的评价排序，A：非常重要；B、重要；C、无足轻重；D、无效）

---

52 Harold S.Matthews(Compiler), *Lessons to be learned from the Experiences of Christian Missions in China*, Aug.31, 1951, Bates Papers, Yale Divinity School Library, RG10, Box 29, Folder 406, pp.17-18.

3. 不易定性（或好或坏）的经验调查表：[53]

序号	人数	A	B	C	D	经验要点
1 [54]	59	25（20 好）	34（26 好）			在各级教育中予以奖学金的支持
2	55	27（20 好）	28（26 好）			让中国人赴美留学培训
3	51	15（11 好）	36（31 好）			对各类基督教机构的大量津贴
4	50	18（全坏）	25（23 坏）	6（全坏）	1（坏）	为基督徒或其亲戚介绍工作
5	46	10（全坏）	35（19 好）	1（好）		津贴当地教会，作为牧师薪水等
6	56	19（全坏）	31（23 坏）	6（4 坏）		不经商量，传教士就金援其门徒
7	53	20（全坏）	28（26 坏）	5（全坏）		同工招募标准不是因其能力，而是对收入的需要程度
8	44	11（全好）	32（29 坏）	1（坏）		传教士与个别或少数中国基督徒过从甚密，而忽视其它人
9	49	21（全坏）	23（21 坏）	5（1 坏）		传教士住房豪华，居住区与其它小区相隔
10	44	15（13 坏）	23（21 坏）	6（2 好 2 坏）		大型建筑的数目与日俱增

（传教士给出的评价排序，A：非常重要；B：重要；C：无足轻重；D：无效）

　　这三张表格更像是征询传教士对相关教训意见的调查汇总表。这些经验教训无论是正面的、负面的，还是意见不一的，确实都反映出传教士对在华传教运动经验得失的诸多看法。但到底某种意见能得到多少传教士的支持或反对呢？这种意见到底是少数传教士的个人偏见或是凸显了宗派色彩，还是具有一定的普遍性？这就涉及到如何量化这些流行意见的问题，因此研究委员会对这些收回来的意见进行价值判断分类。对比第一张和第二张表格，会发现传教士群体对负面教训的认识或评价很容易产生内部分化，而对正面教训的认识或评价则更容易趋于一致。有意思的是，第三张表格中的经验，研究委员会没有将其简单地归类为正面或是负面的，而是将其作为传教运动中的"中间地带"，甚至有点类似于"潜规则"。但传教士群体仍然按照个人体会做出

53　Harold S.Matthews(Compiler), *Lessons to be learned from the Experiences of Christian Missions in China*, Aug.31, 1951, Bates Papers, Yale Divinity School Library, RG10, Box 29, Folder 406, p.20.

54　对于第一项中的"25（20 好）"，不能武断认为这 25 个人中的另外 5 个人的评价肯定是"坏"，只能说他们认为不是"好"的。

了明确的判断。仔细对照第三张表格和第一、第二表格的差别，就会发现第三张表格中给出的都基本是一种事实描述，是一种经验（experience），不做定性，也几乎不带有感情上的倾向性，而前面两张是一种教训（lesson），带有很强的感情上的倾向性。另外一个明显区别是参与人数上的差别，第三张的参与人数为 50 位左右，远低于前面两张的参与人数。

报告正文第三部分名为"对中国教会的思考"。这部分内容其实是 1951 年 6 月在纽约州斯托尼·波因特（Stony Point）召开的一次会议的结论。这次会议为期三天，与会者大多是刚从中国回来的传教士，还有几位是中国基督徒和海外宣道部的执行干事，以及美国全国基督教协进会海外宣合会的工作人员。会议的结论，也即所谓的思考，又是综合了正文前两部分的调查总结所得，着眼于中国教会的未来发展，但也有供美国海外其它宣教地区借鉴参考的意味。

在这部分报告的绪言中，谈到有必要从在华传教士的经验中获得一些指导。绪言说，"在中国我们业已失败，一个时代即将宣告落幕。一个新的时代已经来到，我们在其它地区又该如何行事？"此处讲得比较隐晦，但实际上是暗指中国的共产主义革命的胜利对传教运动来说是个灾难，基督教有必要通过加强宣教工作，阻止世界其它地区受到共产主义的影响。所以报告的第三部分带有一定的意识形态色彩。

接着，这部分报告的正文在对中国教会的过往进行深刻反思的基础上，提出四大要点。

第一，要以教会为中心。报告承认美国差会在培育中国教会的过程中犯有很多大的错误，比如宗派主义，对农村和农民的忽视，对平信徒训练和使用上的不足，经济支持不符合中国现实等。报告认为中国教会在实现合作与合一的道路上已经取得重要进展，也认识到中国教会自身具有主动性，有作出选择的能力。报告说，只要中国有需要，"我们仍随时准备好与中国教会重新建立合作关系"，"但我们所做的任何对中国有益的事情都不能再以西方传教事业为中心，而是要继续坚持以中国教会为中心。"[55]

第二，教会需要不断滋养。报告再次承认以往的差会工作存在许多不足，比如有时信徒受洗后很少顾及其后续发展，有时差会将教会作为其自身的一

55 Harold S.Matthews(Compiler), *Lessons to be learned from the Experiences of Christian Missions in China*, Aug.31, 1951, Bates Papers, Yale Divinity School Library, RG10, Box 29, Folder 406, p.21.

个肢体，有些被动与自满。报告指出，在中国基督徒之间还存在广泛的信仰不坚定，需要对他们进行灵性上的培养，让他们学会对基督徒生活的全心奉献。但是，传教士以往既没有充分调动牧师去教导他们的教友，也没有完全满足教牧人员不断学习提高的需求，同时在崇拜、基督化家庭、儿童青年工作、文字工作等方面都存在不足之处。接着，报告发出呼召：每一位基督徒都有责任去建设一个崇拜型的、救赎性的基督徒共同体，关心这个共同体的所有生活，并不断通过传福音扩展共同体的规模。这项工作不能仅仅依靠牧师，而是需要敢于奉献和受过培训的广大教友的不懈努力。

第三，教会必须响应社会需要。报告总结了基督教的教育、医药和社会服务事业对中国社会的重要贡献，同时又承认其中还存在很大缺陷。这种缺陷，主要体现于以下几个方面：首先，基督教的社会关怀尽管在开始时具有革命性，但最后发展成为如正规学校和城市医院这样标准模式的却并不普遍；其次，没有及时去响应广大农民和城市工人的迫切需要，而是过于关注中产阶层；再者，总是强调对于个体的关怀，但忽视了对于代表中国社会基本单位的家庭、邻里、亲族及村庄的基督化工作，"我们总是满足于慈善工作和零碎的善举，却疏于用行动去面对黑暗以建立公平的社会秩序。"最后，差会及传教士以前总是相信，基督教的机构团体和社会服务会充满福音精神，它们将和教会一起实现对称性地发展，而且前者必定会和教会相关。但实际上，到头来许多机构团体所开展的各项服务会占用大量的人员和精力，而总的资源又是有限的，于是大大限制了教会的进步。[56]报告号召差会及传教士在今后的工作中，要努力克服上述缺陷，使得基督教的社会关怀能真正契合当地社会的发展需要。

第四，传教运动需要重新定位。报告承认，传教士身上保留着传统的家长制作风以及固有的倾向性，喜欢以自己的方式做事，会把美国教会的一套经验照搬给中国教会，传教士的许多做法总是脱离中国社会的实际。报告认为，以往差会总是不自觉的依赖于产业、资金和设备，但现在看来其实这些未必有利于基督教在中国这个新环境的植根。报告还认为，许多传教士都将大量时间投到了管理工作上，这一方面弱化了中国教会的主动性和中国基督徒的领导力，另一方面也使传教士无法从事自己原本喜欢的事业。在作出上述反思以后，报

---

56 Harold S.Matthews(Compiler), *Lessons to be learned from the Experiences of Christian Missions in China*, Aug.31, 1951, Bates Papers, Yale Divinity School Library, RG10, Box 29, Folder 406, p.22.

告对传教士提出几点建议：传教士在培训、居住条件和生活方式上都要贴近于当地人民；管理权的下放和差会产业的移交工作也应当及时进行；为了保证教会和差会的社会志愿团体的角色，任何一个美国教会团体都不应该从美国政府那里接受资助，传教士要对自己作为美国公民所需承担的责任和在传教地区作为客人之间可能发生的矛盾保持警惕。[57]

57　Harold S.Matthews(Compiler), *Lessons to be learned from the Experiences of Christian Missions in China*, Aug.31, 1951, Bates Papers, Yale Divinity School Library, RG10, Box 29, Folder 406, p.23.

结　语

美国基督新教的入华与建基是近代西力东渐于宗教层面的体现。美国新教能够在晚清中国站稳脚跟，离不开武力和不平等条约的保护。而且，在不平等条约的签订过程中，也不乏美国传教士忙碌的身影。传教特权的获得推动了美国新教在华传教事业的快速发展，美差会及传教士的福音传播范围逐渐从沿海深入内地，由刚开始的几个点到后来连成片。美差会及传教士所创办的教育、医疗、文字等世俗事业推动了中国的近代化。随着美国国力的增长，到了20世纪初期，美国新教在华实力开始赶超英国。这种特征在一战以后更加显著。新文化运动、五四运动、非基运动以及国民革命的相继爆发，使中国进入一个新时代，基督教面临的外部局势变得愈加复杂和难以预料。从20世纪20年代开始，美国新教在华传教事业逐步进行自我调整，美差会及传教士慢慢从前台走向幕后，试图让基督教对外契合新的思想潮流和政治要求，对内则变得更为团结合作与本色化。从30年代开始，美国差会及传教士和国民党之间的关系转向友好，但和中共之间的关系却一直较为对立。与此同时，日本帝国主义对美国新教在华传教事业的不利影响愈加显著。

抗战全面爆发使美国新教在华传教事业受到严重打击。当战争态势走向明朗化之际，美国教会和中国教会就开始合作谋划战后中国的教会事工。这是美国新教在华传教事业战后复员的开端。美国传教士试图在战争结束前就重返中国，但效果不大，直至战后两年才大规模返华。在国民政府高层的支持下，战后美国传教士迅速展开对沦陷区教产的接收工作。美国教会办理的教会大学和教会医院也出现复兴的征兆。美国教会通过经济支持乃至政治保护等手段大大加强了对中国教会的控制。中国教会的主体性地位不断受到冲击和削弱，不仅在经济上高度依赖美国教会，而且在国共内战期间政治上也倾向于亲美亲蒋、反对共产主义。美国新教在华传教事业的一家独大已经严重妨碍了中国教会走向独立自主。

对于抗战后的国共纷争，美国传教士一开始的主流意见是支持国民党战胜共产党，希望国民党通过自身改良消除腐败，美国政府也应该继续对国民党提供各项援助。内战前期，战事虽给美国传教士带来生命财产方面的威胁，但美国在华差会仍选择低调处理、继续观望。到了 1948 年，中共中央适时提出关于如何处理在华传教士问题的最新政策方针，强调要保护传教士的生命财产安全及宗教信仰自由，这增强了差会及传教士继续留华的信心。在新形势下，美国传教士对国民党的态度发生转变。在美国总部的支持下，大部分差会及骨干传教士坚持留在中国大陆，不过其传教力量的分布也作了调整，表现出既准备迎接新政权的到来，又对新政权不乏疑惧的特征。同时，中国教会内部也发生明显的分化。

美国差会及传教士做出上述抉择，是深思熟虑的结果，绝非心血来潮。每在历史转折关头，美国传教士出于维护自身在华传教利益的考虑，总是能适时调整传教政策。这当中最根本的一条，就是选择与最能保证中国稳定的政治力量合作。从晚清政府到北洋政府，再到国民政府，历次政权的更迭并没有让美国新教在华传教力量衰亡，其影响力反而不断增强。因此，面对国共内战所带来的危机，他们在审时度势后做出了非常现实的决定。但这并不代表他们就定到了留在新中国的"座位票"。首先，以往美国传教士和中国政府之间的所谓交好，实际是有中国政府承认其传教特权这一前提。中共作为一个马克思主义的革命政党，向来以反对帝国主义、争取国家独立为使命，所以要让中共今后永久承认美国新教在华传教利益的存在，可能性本来就不大。而且在当时国际冷战的背景下，国共内战造成基督教的"政治化"，使宗教与意识形态竞争挂钩。美国传教士对中共一直抱有的疑虑以及差会在重新部署传教力量之时的"两手"做法都证明了这一点。再加上美国传教士长期以来把控中国基督教，使中国基督教逐渐"美国化"，缺乏独立自主性。这些状况都是不能被中共所容忍的。以上因素相互叠加，增加了美国差会及传教士能否留下来的不确定性。

进入新时代，中共中央外交上的"一边倒"政策让美国传教士留华的前景趋于黯淡。紧接着，由中共中央亲自引导推动的三自革新运动让广大宗教界人士加入反帝爱国运动的浪潮。抗美援朝运动的开展则给提前肃清基督教界的美国影响力带来了良机。中国政府对基督教及其附属事业提出了处理方针，同时在教会内部发动控诉运动。最终，中国教会全面割断与美国教会的联系，美国差会及传教士彻底退出中国大陆。此后，美国差会及传教士对在华传教运动的得失进行了较为深刻的反思。虽然美国差会及传教士从此无法再进入中国大陆，但这并不意味着美国新教对华传教使命的完全结束。

通过考察美国新教在华传教事业的结束过程，可以发现其中始终存在着三组变量，即政教关系、差教关系，以及教会内部关系，它们之间相互作用和影响。从抗战结束后到新中国建立之初，中国教会面临的一大问题就是究竟该如何处理自己与美差会及传教士的关系。中国教会内部以吴耀宗为代表的一派主张肃清帝国主义在中国基督教内的不良影响，另一派的意见则是在加强教会本身自立性的同时，继续和以美国为首的西方差会及传教士保持联系。一开始，吴耀宗一派在教会内部居于弱势地位，但是政治力量的强力介入使得局势发生根本变化，打破了差教关系和教会内部关系的原有态势。最终，中国教会内部完成一次大的权势转移，中国教会割断与美差会及传教士的一切联系。关于美传教士和中国教会的历史叙述被逐步置于一种"敌友分明"的政治话语体系中，美传教士也被污名化为"美帝国主义的工具"，其本来的历史面目反而模糊不清。可见，政教关系是上述三组变量中的主导力量。

如何对上述的政教关系作进一步的理解？在中国历史上，政治与宗教的关系向来是"政主教从"。晚清以来基督教凭借国家力量和传教特权而强势扩张的这一状况，既改变了中国宗教传统的"儒释道"格局，又打破了以往处理政教关系的固有模式。基督教与中国政治的互动似乎总是在一架天平的两端左右摇摆，一头是从晚清频发的教案到民国的"非基运动"，另一头则是教会和政府之间逐步达成相互妥协与合作的局面。从根本上而言，这是因为近代中国长期处于内忧外患，弱势的中央政府无法将这种外来的宗教完全纳入正常的国家治理轨道的结果。这种状况，在中共执政后发生了本质上的改变。在当时复杂的国际国内环境下，美国新教在华传教事业作为美国国家利益与西方意识形态的组成部分，势必成为中共欲加限制乃至改造的对象。在中共看来，中国教会必须勇于革新，脱离美国教会的控制，去真正实现"中国化"。这不仅是一个宗教问题，更是一个政治问题，是中共作为一个马克思主义政党追求民族国家独立解放的自然彰显。新中国成立后，中共通过对基督教采取社会改造和思想改造的双重手段，不仅肃清了教会内部的西方影响力，而且成功地实现了对基督教的国家管理。

美国新教在华传教事业的"落幕"，客观上使得中国教会走上独立自主的道路。随着差会的退出，中国教会固有的宗派性特征也渐渐消弭。此后，中国基督教又呈现出几大特点。首先是"domestication"的特点，它既表示"驯化"的意思，也带有"国内化"的含义。"驯化"表明中国基督徒缺乏对宗教自由的真正体认，很难从信仰出发批评现存的政治秩序，"国内化"则意味着中国基督教普世性价值的缺失。其次，中国教会的"分裂"特点。之所以发生分裂，很大程度上是三自革新运动留下的后遗症，以至于产生官方教会和地下教会之别。再者，中国教会近乎于"裸教"。因为建国初基督教的教育、医疗、社会慈善事业与教会分离，教会很难作为志愿者团体参与社会服务事业，致使教会自身在神学上趋于保守。这几大特点不能说是全新的，但的确代表了1949年后中国基督教会的发展趋向，影响至今。

参考文献

一、档案

耶鲁大学神学院档案馆：

1. Harold S.Matthews (Compiler), *Lessons to be learned from the Experiences of Christian Missions in China*, Miner Searle Bates' Paper, RG10.

2. China (microform), New York: Foreign Mission Conference of N.A, Far Eastern Joint Office, China Committee, 1947-1951, Film S37.

香港中文大学崇基图书馆：

3. Cyrus H.Peake& Arthur L.Rosenbaum (ed.) *China Missionaries oral history collection* [microform], originally published as the Oral History program of Claremont Graduate School, FMS 699.

上海市档案馆：

4. 《基督教出版协会关于中国基督教联营书店筹备经过与章程划案的报告、上海市新闻出版署的意见及中央出版总署的批文》，档案号：B1-1-1992。

5. 《中央政务院关于外国津贴及外资经营的文化教育救济机关及宗教团体登记实施办法及上海市贯彻执行情况》，档案号：B1-1-1996。

6. 《华东军政委员会新闻出版局关于转发中央人民政府新闻总署关于报刊协助基督教扩大自治、自养、自传运动指示的通知》，档案号：B92-1-52-8。

7. 《中华总会三自革新筹备委员会关于报送解雇办法的函》，档案号：B128-2-982-14。

8.《上海市青年联合会关于基督教男女青年会当前情况及急待解决的几个意见》，1952 年，档案号：C23-2-105-6

9.《中共容许宗教自由》，《群众》，第 54 期，档案号：D2-0-727-13。

10. 中华基督教会全国总会编：《中华基督教会全国总会第十届理事会扩大会议记录》，南京，1946，档案号：U102-0-18。

11.《全国中国浸会代表美南浸信会西教士讨论团契大会记录》，1946，档案号：U106-0-2-[2]。

12. *The Church* Vol.1-2, Chongqing, 1945-1948，档案号：U102-0-123.

13.《中华圣公会江苏教会第三十四届、三十五届议会报告书》，上海，1947、1948 年，档案号：U104-0。

14.《致中华圣公会同道书》，档案号：U104-0-12。

15. 杜桂林编：《中华基督教卫理公会华东年议会记录》，江苏松江：基督教教育部发行，1950.3，档案号：U107-0-23。

16.《齐鲁大学医学院教务长杜儒德（Ernest B.Struthers）写给该校毕业学生的一份信》，档案号：U119-0-5。

17.《中华基督教青年会全国总干事座谈会记录》，上海：中华基督教青年会协进会印行，1950.6，档案号：U120-0-33。

18. 葛惠良（Dr.Frank.T.Cartwright）编，林永俣译：《中国战后教会事工研讨会议报告书》，1944.11.24-25，档案号：U123-0-8-[2]。

19. Overseas Newsletter of the N.C.C of China（海外时事通讯，即北美国外宣教事业协会中国委员会信件(CEA)），No.1-49, New York, 1942.7-1949，档案号：U123-0-124。

20. 林永俣编：《普世基督教协进会简介及其活动概要》（The World Council of Church），1936-1957，档案号：U123-0-139。

21. 全国基督教会议筹备委员会编：《全国基督教会议筹备情况报告》，第一至二号，上海，1950.6-7，档案号：U123-0-145-[3]。

22. 中国基督教教育协进会编：《中华基督教教育协进会战后第一届全国大会手册》，上海，1949.10.29-31，档案号：U124-0-13-[1]。

23.《中华基督教出版协会的缘起与略史》，档案号：U130-0-5

24.《中华基督教出版协会 1950 年工作概况报告》，1950-1951，档案号 U130-0-6-[1]。

二、主要期刊

1. 《鄂湘通讯》

2. 《大公报》

3. 《公报》

4. 《华东消息》

5. 《华中卫理半月刊》

6. 《基督复临安息日会中华总会公报》

7. 《浸会通讯》

8. 《两广浸信联会会刊》

9. 《牧声》

10. 《圣公会报》

11. 《上海青年报》

12. 《人民教育》

13. 《人民日报》

14. 《天风》

15. 《田家半月刊》

16. 《协进》

17. 《信义报》

18. 《消息月刊》

19. 《新华日报》

20. 《中国基督教会年鉴》

21. 《中华归主》

22. *Bulletin of the Council of Christian Medical Work*

23. *Far Eastern Survey*

24. *Pacific Affairs*

25. *The Christian Century*

26. *International Bulletin of Missionary Research*

27. *The Chinese Recorder*

28. *The International Review of Missions*

29. *The Pacific Review*

30. *The Presbyterian Outlook Time*

31. *The Public Opinion Quarterly*

三、人物传记

1. 梁小初：《未完成的自传》，香港：基督教文艺出版社，1969年。

2. 〔美〕章文新著，陈锡麟译：《岁月如流》，香港：基督教文艺出版社，1969年。

3. 〔美〕卓伟著，许纯欣译：《又一个奇迹》，香港：基督教文艺出版社，1973年。

4. 王国显：《行过了死阴的幽谷》，香港：晨星书屋，1981年。

5. 〔美〕戴维·艾德理著，罗锡为译：《他必保守》，香港：香港基督徒学生福音团契，1981年。

6. 〔美〕韩宾墂著，潘燕译：《韩婆婆传——不同凡响的一生》，台北：校园书房出版社，1985年。

7. 江渭清：《七十年征程——江渭清回忆录》，南京：江苏人民出版社，1996年。

8. 沈德溶：《在三自工作五十年》，上海：中国基督教两会出版部，2001年。

9. 张大中：《我经历的北平地下党》，北京：中共党史出版社，2009年。

10. 〔美〕司徒雷登著，常江译：《在华五十年》，海口：海南出版社，2010年。

11. 〔美〕范燕生著，李骏康译：《颖调致中华——范天祥传》，香港：基督教文艺出版公司，2010年。

四、选集、汇编

1. 中共中央统一战线工作部编：《统一战线工作》，1951年。

2. 中共中央统一战线工作部、中共中央文献研究室：《周恩来统一战线文选》，北京：人民出版社，1984年。

3. 中共中央文献研究室：《建国以来毛泽东文稿》（第一册），北京：中央文献出版社，1987年。

4. 南京大学高校研究所校史编写组编：《金陵大学史料集》，南京：南京大学出版社，1989年。

5. 毛泽东：《毛泽东选集》，北京：人民出版社，1991年。

6. 中央档案馆编：《中共中央文件选集》，北京：中共中央党校出版社，1992年。

7. 江苏省政协文史资料会编：《江苏文史资料集粹·教育卷》，南京：江苏省政协文史编辑部，1996年。

8. 胡愈之著，戴文葆编：《胡愈之出版文集》，北京：中国书籍出版社，1998年。

9. 吴梓明、梁元生编：《中国教会大学史文献目录》第一至第五辑，香港：香港中文大学崇基学院宗教与中国社会研究中心，1998年。

10. 上海市政协文史资料委员会编：《上海文史资料存稿汇编》，上海：上海古籍出版社，2001年。

11. 范基民、方兆麟等主编：《文史资料存稿选编》（社会卷），北京：中国文史出版社，2002年。

12. 马长林、吴小新主编：《中国教会文献目录：上海市档案馆珍藏数据》，上海：上海古籍出版社，2002年。

13. 陶文钊主编：《美国对华政策文件集（1949-1972）》（第一卷上)》，上海：世界知识出版社，2003年。

14. 中共中央文献研究室：《建国以来刘少奇文稿》（第一册），北京：中央文献出版社，2005年。

15. 中国基督教两会编：《吴耀宗文选》，上海：中国基督教两会出版部，2010年。

五、专著、编著

1. 〔美〕麻海如：《华北公理会七十五年》，天津：华北公理会，1935年。

2. 潘玉保编：《家——基督徒家庭手册》，上海：广学会出版社，1949年。

3. 〔美〕赖德烈著，陈郁译：《早期中美关系史（1784-1844)》，上海：商务印书馆，1964年。

4. 杨森富：《中国基督教史》，台北：商务印书馆，1968年。

5. 赵君影：《漫谈五十年来中国的教会和政治》，台北：中华归主协会，1981年。

6. 赵天恩：《中共对基督教的政策》，香港：中国教会研究中心，1983年。

7. 顾长声：《从马礼逊到司徒雷登——来华传教士评传》，上海：上海人民出版社，1985年。

8. 顾长声：《传教士与近代中国》，上海：上海人民出版社，1985年。

9. 中共中央文献研究室编：《周恩来年谱（1898-1949）》，北京：中央文献出版社，1989 年。

10. 查时杰：《民国基督教史论文集》，台北：宇宙光出版社，1993 年。

11.〔美〕费正清：《剑桥中国晚清史》（中译本），北京：中国社会科学出版社，1993 年。

12. 赵天恩：《洞烛先机：中国宗教政策及三自会论评》，台北：中国与福音出版社，1993 年。

13. 高时良：《中国教会学校史》，长沙：湖南教育出版社，1994 年。

14. 梁家麟：《吴耀宗三论》，香港：建道神学院，1996 年。

15. 王立新：《美国传教士与晚清中国现代化——近代基督教传教士在华社会活动和教育活动研究》，天津：天津人民出版社，1997 年。

16. 沈志华：《中苏同盟与朝鲜战争研究》，桂林：广西师范大学出版社，1999 年。

17.〔美〕柯约翰著，马敏、叶桦译：《华中大学》，珠海：珠海出版社，1999 年。

18.〔美〕苏卫廉著，刘家峰译：《基督教高等教育在变革中的中国（1880-1950）》，珠海：珠海出版社，1999 年。

19.〔美〕文乃史著，王国平、杨木武译：《东吴大学》，珠海：珠海出版社，1999 年。

20.〔美〕队可勋著，刘家峰译：《之江大学》，珠海：珠海出版社，1999 年。

21.〔美〕德本康夫人、蔡路得著，杨天宏译：《金陵女子大学》，珠海：珠海出版社，1999 年。

22.〔美〕罗德里克·斯科特著，陈建明、姜源译：《福建协和大学》，珠海：珠海出版社，1999 年。

23.〔美〕郭查理著，陶飞亚、鲁娜译：《齐鲁大学》，珠海：珠海出版社，1999 年。

24.〔加〕黄思礼著，秦和平、何启浩译：《华西协和大学》，珠海：珠海出版社，1999 年。

25. 吴义雄：《在宗教和世俗之间——基督新教传教士在华南沿海的早期活动研究》，广州：广东教育出版社，2000 年。

26. 姚民权、罗伟虹：《中国基督教简史》，北京：宗教文化出版社，2000 年。

27. 黄光域编：《近代中国专名翻译词典》，成都：四川人民出版社，2001 年。

28. 耿升等主编：《多元视野中的中外关系史研究：中国中外关系史学会第六届会员代表大会论文集》，延吉：延边大学出版社，2007 年。

29. 段琦：《奋进的历程——中国基督教本色化》，北京：商务印书馆，2004年。

30. 杨大春：《晚清政府基督教政策初探》，北京：金城出版社，2004 年。

31. 何凯立著，陈建明、王再兴译：《基督教在华出版事业（1912-1949）》，成都：四川大学出版社，2004 年。

32. 当代中国研究所编：《中华人民共和国编年史》（1949 年卷），北京：当代中国出版社，2004 年。

33. 〔美〕海波士著，王立诚译：《沪江大学》，珠海：珠海出版社，2005 年。

34. 〔美〕华惠德著，朱峰、王爱菊译：《华南女子大学》，珠海：珠海出版社，2005 年。

35. 〔美〕艾德敷著，刘天路译：《燕京大学》，珠海：珠海出版社，2005 年。

36. 〔美〕费玛丽著，王东波译：《圣约翰大学》，珠海：珠海出版社，2005 年。

37. 雷立柏编：《基督宗教在华历史词典》，北京：宗教文化出版社，2005 年。

38. 罗义贤：《司徒雷登与燕京大学》，贵阳：贵州人民出版社，2005 年。

39. 陶飞亚编：《边缘的历史——基督教与近代中国》，上海：上海古籍出版社，2005 年。

40. 〔美〕吴小新著，张晓明译：《北京辅仁大学——天主教本笃会时期的个案研究》，珠海：珠海出版社，2005 年。

41. 当代中国研究所编：《中华人民共和国编年史》（1950 年卷），北京：当代中国出版社，2006 年。

42. 当代中国研究所编：《中华人民共和国编年史》（1951 年卷），北京：当代中国出版社，2007 年。

43. 中华续行委办会调查特委会编，蔡咏春等译：《1901-1920 年中国基督教调查史料（修订）》，北京：中国社会科学出版社，2007 年。

44. 王治心：《中国基督教史纲》，上海：上海世纪出版集团，2007 年。

45. 陈建明、刘家峰主编：《中国基督教区域史研究》，成都：巴蜀书社，2007 年。

46. 沈志华：《毛泽东、斯大林与朝鲜战争》，广州：广东人民出版社，2007 年。

47. 刘家峰：《中国基督教乡村建设运动研究（1907-1950)》，天津：天津人民出版社，2008年。

48. 邢福增：《基督教在中国的失败？——中国共产运动与基督教史论》，香港：道风书社，2008年。

49. 姚西伊：《为真道争辩：在华基督教新教传教士基要主义运动（1920-1937)》，香港：宣道出版社，2008年。

50. 当代中国研究所编：《中华人民共和国编年史》（1952年卷)，北京：当代中国出版社，2009年。

51. 〔美〕赖德烈著，雷立柏等译：《基督教在华传教史》，香港：汉语基督教文化研究所有限公司，2009年。

52. 陶飞亚、杨卫华：《基督教与社会研究入门》，上海：复旦大学出版社，2009年。

53. 肖会平：《合作与共进——基督教高等教育合作组织对华活动研究（1922-1951)》，济南，山东教育出版社，2009年。

54. 杨奎松：《中国人民共和国建国史研究》，南昌：江西人民出版社，2009年。

55. 沈志华、杨奎松：《美国对华情报解密档案（1948-1976)》，上海：东方出版中心，2009年。

56. 〔美〕T·克里斯托弗·杰斯普森著，姜智芹译：《美国的中国形象（1931-1949)》，江苏人民出版社，2010年。

57. 高华：《革命年代》，广州：广东人民出版社，2010年。

58. 杨天宏：《救赎与自救：中华基督教会边疆服务研究》，上海：三联书店，2010年。

59. 李传斌：《基督教与近代中国的不平等条约》，长沙：湖南人民出版社，2011年。

60. 林美玫：《追寻差传足迹——美国圣公会在华差传探析（1835-1920)》，桂林：广西师范大学出版社，2011年。

61. 邢福增主编：《大时代的宗教信仰——吴耀宗与二十世纪中国基督教》，香港：基督教中国宗教文化研究社，2011年。

62. 陶飞亚：《中国的基督教乌托邦研究：以民国时期耶稣家庭为例》，北京：人民出版社，2012年。

63. Strong, William E., *The Story of American Board*, Boston, 1906.

64. MacGillivary, D., *A Century of Protestant Mission in China, 1807-1907*, Shanghai, The American Presbyterian Mission Press, 1907.

65. Martinson, Harold H., *Red dragon over china*, Minneapolis: Augsburg Publishing House, 1956.

66. Chu, Clayton H., *American Missionaries in China, Books Articles & Pamphlets Extracted from the Subject Catalogue of the Missionary Research Library*, Cambridge, Mass., Harvard University Press, 1960.

67. Jones, Francis P., *Documents of the Three-Self Movement: Source Materials for the Study of the Protestant Church in Communist China*, New York: National Council of the Churches of Christ in the U.S.A., 1963.

68. Liu Kuwang-ching (edited), *American Missionaries in China*, Papers from Harvard Seminars, Published by the East Asian Research Center, Harvard University, 1966.

69. Philips, Gliton J., *Protestant American and the Pagan World, Background of American Foreign Missions*, Published by Harvard East Asian Research Center, Distributed by Harvard University Press, 1969.

70. Lutz, Jessie G, *China and the Christian Colleges 1850-1950*, Cornell University Press, 1971.

71. Ahlestrom, Sydney E., *The Religious of the American People*, Yale University Press, 1973.

72. Fairbank, John K., *The Missionary Enterprise in China and America*, Harvard University Press, 1974.

73. Varg, Paul A., *Missionaries, Chinese, and Diplomats, The American Protestant Missionary Movement in China, 1890-1952*, New York, 1977.

74. Brown, G. Thompson, *Chrisitanity in the People's Republic of China*, Georgia: John Knox Press, 1983.

75. Crouch, Archie R., *Christianity in China: a Scholar's Guide to Resources in the Libraries & Archives of Unites States*. Armonk, New York: M.E.Sharpe, 1989.

76. Wickeri, Philip L., *Seeking the Common Ground: Protestant Christianity, the*

Three-Self Movement, and China's United Front, Maryknoll NY: Orbis Books, 1989.

77. George Hood, *Neither Bang nor Whimper: The End of a Missionary Era in China*, Singapore: The Presbyterian Church in Singapore, 1991.

78. Shaw, Yu-Ming, *An American Missionary in China: John Leighton Stuart and Chinese-American Relations*, Cambridge, Mass，Harvard University Press, 1992.

79. De Jong, Gerald F., *The Reformed Church in China*, 1842-1951, Grand Rapids, Michigan, Wm.B.Eerdmans Publishing Co, 1992.

80. Bays, Daniel H. (edited), *Christianity in China, From the Eighteen Century to the Present*, New York, 1996.

81. Brown G.Thompson, *Earthen vessels and transcendent power-American Presbyterians in china, 1837-1952*, New York: Orbis Books Maryknoll, 1997.

82. Tiedemann, R.G.ed. *Handbook of Christianity in China. Vol.2: 1800 to the Present. Leiden*, Boston: Brill, 2010.

83. Bays, Daniel H., *A New History of Christianity in China*, Chichester, West Sussex, A; Wiley-Blackwell, 2011.

六、期刊论文

1. 霍世亮：《论杜勒斯的和平哲学及其和平变革说》，《美国研究》，1990 年第 1 期。

2. 王立新：《近代美国基督教新教在华传教述略》，《历史教学》，1991 年第 4 期。

3. 陶飞亚：《抗战时期中共对基督教会的新政策》，《文史哲》，1995 年第 5 期。

4. 王波：《宗教与美国政治——对美国实行政教分离的剖析》，《南京师大学报（社会科学版）》，1999 年第 1 期。

5. 聂资鲁：《百余年来美国的基督教在华传教史研究》，《近代史研究》，2000 年第 3 期。

6. 陶飞亚：《"文化侵略"源流考》，《文史哲》，2003 年第 5 期。

7. 沈志华：《冷战史新研究与档案文献的收集和利用》，《历史研究》，2003

年第 1 期。

8. 杨奎松：《新中国"镇压反革命"运动研究》，《史学月刊》，2006 年第 1
   期。

9. 刘家峰：《近代中国基督教运动中的差会与教会关系概论》，《宗教学研
   究》，2006 年第 3 期。

10. 汪思涵：《1934-1937 年间的新生活运动与基督教——以〈教务杂志〉为
    中心》，《中国社会经济史研究》，2007 年第 4 期。

11. 赵晓阳：《美国学生海外传教运动与中华基督教学生立志传道团》，《宗教
    学研究》，2008 年第 3 期。

12. 赵晓阳：《割断与帝国主义的联系：基督教三自革新运动初始》，《中共党
    史研究》，2009 年第 3 期。

13. 赵晓阳：《基督教新教传教士文字事业在中国的最后命运》，《宗教学研
    究》，2009 年第 3 期。

14. 刘建平：《〈中共中央关于天主教、基督教问题的指示〉时间考》，《当代中
    国史研究》，2009 年第 6 期。

15. 沈志华：《从西柏坡到莫斯科：毛泽东宣布向苏联"一边倒"——关于中
    苏同盟建立之背景和基础的在讨论（之二）》，《中国党史研究》，2009 年
    第 4 期。

16. 陶飞亚、杨卫华：《改革开放以来的中国基督教史研究》，《史学月刊》，
    2010 年第 10 期。

17. 章华明：《沪江大学末任校长凌宪扬》，《档案春秋》，2011 年第 5 期。

18. 刘建平：《三次谈话与三自爱国运动——从周恩来与基督教界民主人士的
    三次谈话说起》，《中国宗教》，2011 年第 4 期。

19. 刘建平：《"大旱望云霓"：新中国成立初期的基督教访问团》，《世界宗
    教研究》，2011 年第 4 期。

20. 刘建平：《周恩来与建国初期中国基督教反帝爱国运动的发起》，《宗教学
    研究》，2012 年第 1 期。

七、未刊学位论文

1. 麦炳坤：《中国基督教会与社会主义运动：基督教知识分子的反应与调试
   之路（1945-1954）》，博士学位论文，香港中文大学，1996 年。

2. 薛朝广：《20世纪前半期来华新教传教士群体探析》，硕士学位论文，吉林大学，2006年。

3. 刘建平：《红旗下的十字架：新中国对基督教和天主教的政策演变及其影响（1949-1955）》，博士学位论文，华东师范大学，2008年。

4. 万娟娟：《信仰与政治的角逐：对中华全国基督教协进会后期历史的审视（1945-1950）》，硕士学位论文，华中师范大学，2012年。

5. Creighton Lacy, *Protestant Missions in Communist China*, Yale University, Ph D., 1953.

6. Ose, Roger Keith, *a History of The Evangelical Lutheran Church of America's Mission Policy in China, 1890-1949*, New York University, Ph D., 1970.

7. Suelflow, Roy Arthur, *the Mission Enterprise of the Lutheran Church-Missouri Synod in Mainland China 1913-1952*, the University of Wisconsin, Ph.D., 1971.

8. Greenawalt, Bruce Stephan, *Missionary Intelligence from China American protestant Reports, 1930-1950*, The University of North Carolina, Ph D., 1974.

9. Paul Voninski, Reciprocal change: the case of American Protestant missionaries to China, Syracuse University, Ph D., 1975.

10. Heininger, Janet E., *the American Board in China: The Missionaries' Experience and Attitudes, 1911-1952*, the University of Wisconsin, Ph D., 1981.

11. Chang, Chung-Ping, *The United Board for Christian Higher Education in Asia in the Development of TungHai University in Taiwan, 1955-1980*, Southern Illinois University at Carbondale, Ph D., 1982.

12. Handel Luke, *A History of Seventh-Day Adventist Higher Education in the China Mission, 1888-1980*, Andrews University, Ph D., 1982.

13. Chiow, Samuel Hsueh-hsin, *Religious education and reform in Chinese missions: the life and work of Francis Wilson Price (1895-1974)*, Saint Louis University, Ph D., 1988.

14. Trexler, Jeffrey Alan, *Education with the soul of a church: the Yale Foreign Missionary Society and the Democratic ideal*, Duke University, Ph D., 1991.

15. Cliff, Norman Howard, *A History of the Protestant Movement in Shandong*

Province，China， 1859-1951, University of Buckingham, Ph D.,1994.

16. Liao Kang, M. Litt, *Pearl Buck: a cultural bridge across the Pacific*, West Virginia University, Ph D., 1995.

17. Zaccarini, Maria Cristina, *The Sino-American Friendship as Tradition and Challenge: Dr. Ailie Gale In China, 1908-1950*, State University of New York, Ph D., 1998.

18. Waelchli, Mary Jo, *Abundant life: Matilda Thurston, Wu Yifang and Ginling College, 1915-1951*, The Ohio State University, Ph D., 2002.

19. David Luesink, *"Christian Physicians for China": The Professionalism & Self-Sacrifice of Cheeloo Medical Graduates, 1917-1980*, University of Alberta (Canada), Ph D., 2004.

20. McCoy, Janet Rice, *Through the missionary's lens: one woman's rhetorical strategies to promote China*, Bowling Green State University, Ph D., 2004.

21. Selles, Kurt D., *"Many points of contact": the story of Christianity in Rugao, 1921-1966*, Vanderbilt University, Ph D., 2005.

22. Mao, Joyce, *Asia First: China and American Conservatism, 1937-1965*, University of California, Berkeley, Ph D., 2007.

后　记

　　拙作是在博士论文的基础上修改而成的。上海大学五年的硕博连读生活，在我的人生旅途上必然属于厚重的一笔，奠定了我今后追求的学术志趣。现在我在杭州居住和工作，有机会就回上大校园看看。漫步校园，上大的一草一木仿佛与我声气相通。后来因为疫情，去上大就少了。

　　引领我走进学术大门的是导师陶飞亚先生。至今我还清晰记得 2008 年 9 月首次进入"陶门"的场景，细节不必赘述，不过先生所言的"学术就像一场慢跑"让我回味至今。我深知本科四年，只看过一些杂书，毕业后又赴江西兴国县做了两年的基层公务员，故道行太浅，根基不厚。如果将自己比作刚入学的童子，那么陶老师就是一位严厉上心的私塾先生，正是他手把手教我治学所需的各项必备技能。2010 年 9 月，我以硕博连读生的资格开始攻读博士学位。我明显感觉到，读博和读硕是两个不同性质的概念。陶老师给予我及时而又必要的指导。特别是在毕业论文的选题上，陶老师让我先自己思考，之后我报出几个题目，结果大家都不太满意。最后，陶老师将自己钟情的这个题目给我去做，当时我一听认为这是一个好题目。好的选题往往是成功的一半，要做出色却并非易事。最大的不易之处，在于对论文整体框架和核心观点的凝聚提升上。对此，陶老师一方面以过来人的经验鼓励我，另一方面则不时敲打"逼问"——你的论文究竟要讲什么问题？在他面前，我会做些阐释，许多时候又会怔住无语。博与约，加和减，我们往往善于做前者，却忽略了后者。就在这无数次的往来之间，我得以进步，论文也如打草鞋，越打越像。

　　读博是清苦的，无论是物质上还是精神上都需承担不小的压力。这句话早已是老生常谈，但个中况味，唯有亲身经历才能感受真切。但是，学术和生活不是对立的。这一点，越到后面越有体会。因此，我要感谢在我读博期间带给我不同感受和快乐的人。在文学院，如授过课的朱学勤、徐有威、陈勇、刘长林等诸位老师，还有曾军、张勇安、郭红、赵益民等院领导，另外包括经常抬头不见低头见的郑丽、聂林媛、帅萍、秦菲菲、杜晓艳等各个岗位上的老师，或许关系有亲疏，交流有多少，但与你们的交集，确实丰富了我的博士生活。在同门中，各位师兄师姐、师弟师妹，与你们走在一起，共同交流提高，是我的荣幸。另外值得特别感谢的是羽毛球小团体的铁杆成员，包括肖清和、杨雄威、杨卫华三位青年才俊，以及许俊琳博士。当时每周一次的羽毛球锻炼，不仅有益我的身心，而且提升了本人的球技。一起挥舞球拍，一起大汗淋漓，一起吃饭喝酒，一起天南地北，实为博士生活中的一大快事。

在博士论文的材料收集和写作过程中，我还得到了多家机构和个人的协助，对于他们的慷慨和热情，我要表示由衷的感谢。首先是上海市档案馆、上海图书馆本馆及所属的徐家汇藏书楼，里面的服务水平以及资料的丰富性，都给我留下深刻的印象。黄薇和徐锦华在上图工作多年，给我查找资料带来一定的便利。2011 年 7 月，我有幸前往香港中文大学崇基学院暑期班。香港中文大学和浸会大学的图书馆，是我流连忘返之地；邢福增教授还惠赠于我宝贵的研究资料；当时一起查找资料的复旦大学的袁旸和华中师大的硕士生万娟娟，在资料方面也曾给予我大力协助。此外，当时尚在华中师范大学任教的刘家峰教授、美国耶鲁大学神学院图书馆的马莎女士、曾在福州传教的美国公理会传教士麻安德先生等人都曾在资料方面给我各种各样的帮助。在此期间，对我有过帮助的人应该还有不少，恕我不能一一提及。在论文的同行专家评阅阶段，华东师大的杨奎松教授、复旦大学的徐以骅教授和章清教授、上海市社科院的晏可佳教授、上海大学的许正林教授，都提出了大量中肯的意见，他们对后进的鼓励和鞭策，给我以莫大的动力。

在论文准备和写作过程中，曾得到 2012 年度美国旧金山大学利玛窦中西文化历史研究所"马爱德"奖学金、2012 年度上海市大文科学术新人项目等的资助。此后，本论文还获得 2014 年度台湾政治大学举办的"第三届思源人文社会科学博士论文奖"历史学门优等，2014 年上海市研究生优秀成果（学位论文）等荣誉，在此表示由衷的感谢！

但是，因为在校时写作和修改论文的时间比较紧促，论文本身仍存有很多问题。毕业后，我一直想抽出时间来修改，无奈自己一直没有从论文中走出来，无法做到像一位旁观者那样冷静地动手，这样的心态延续了好长时间。2015年，论文又申报成功浙江省哲学社会科学规划后期资助课题（项目编号：15HQZZ002）。借着这个机会，再加上此后我参加一些学术会议，听取他人的意见，又一章一章地修缮，删繁就简，缩小了体量，提炼了主题。就正文字数而言，陆续削减了十万字左右，自认为显得更为精当一些。这个修改的过程是超越自我的过程，让我对学术写作有了更深入的心得体会。期间，部分章节先后发表于《历史教学问题》、《中共党史研究》、《东岳论丛》、《宗教与历史》等学术刊物。但是，在此我也要说明，论文从写好到现在，已将近十年。限于本人的时间和精力，在修改过程中没有再去吸纳学界新的相关成果。我也相信，论文从材料、主体架构、主要观点以及文笔来看，还是有所创新，尚可站得住脚。最后，在出版问题上，我要郑重感谢花木兰文化事业有限公司给予我的大力支持。

以上就是拙作的由来。就像我的研究主题一样，它既是一个终点，又是一个起点。它让我长吁一口气，然后继续前行。我深知，拙作出版以后能否体现出一定的学术生命力，仍有待于同行和时间的检验。如果可以，我希望自己的著作能成为他人研究成果的脚注。

陈铃　杭州

2022.6.29

《基督教文化研究丛书》

主编：何光沪、高师宁

（1-9编书目）

初 编 （2015 年 3 月出版）

ISBN：978-986-404-209-8　　　　　　　定价（台币）$28,000 元

册　次	作　者	书　名	学科别（／表示跨学科）
第 1 册	刘　平	灵殇：基督教与中国现代性危机	社会学／神学
第 2 册	刘　平	道在瓦器：裸露的公共广场上的呼告——书评自选集	综合
第 3 册	吕绍勋	查尔斯·泰勒与世俗化理论	历史／宗教学
第 4 册	陈　果	黑格尔"辩证法"的真正起点和秘密——青年时期黑格尔哲学思想的发展（1785 年至 1800 年）	哲学
第 5 册	冷　欣	启示与历史——潘能伯格系统神学的哲理根基	哲学／神学
第 6 册	徐　凯	信仰下的生活与认知——伊洛地区农村基督教信徒的文化社会心理研究（上）	社会学
第 7 册	徐　凯	信仰下的生活与认知——伊洛地区农村基督教信徒的文化社会心理研究（下）	
第 8 册	孙晨荟	谷中百合——傈僳族与大花苗基督教音乐文化研究（上）	基督教音乐
第 9 册	孙晨荟	谷中百合——傈僳族与大花苗基督教音乐文化研究（下）	

册次	作者	书名	学科别
第 10 册	王媛	附魔、驱魔与皈信——乡村天主教与民间信仰关系研究	社会学
	蔡圣晗	神谕的再造，一个城市天主教群体中的个体信仰和实践	社会学
	孙晓舒 王修晓	基督徒的内群分化：分类主客体的互动	社会学
第 11 册	秦和平	20 世纪 50－90 年代川滇黔民族地区基督教调适与发展研究（上）	历史
第 12 册	秦和平	20 世纪 50－90 年代川滇黔民族地区基督教调适与发展研究（下）	
第 13 册	侯朝阳	论陀思妥耶夫斯基小说的罪与救赎思想	基督教文学
第 14 册	余亮	《传道书》的时间观研究	圣经研究
第 15 册	汪正飞	圣约传统与美国宪政的宗教起源	历史／法学

二 编　（2016 年 3 月出版）

ISBN：978-986-404-521-1　　　　　　定价（台币）\$20,000 元

册 次	作 者	书 名	学科别（／表示跨学科）
第 1 册	方耀	灵魂与自然——汤玛斯·阿奎那自然法思想新探	神学／法学
第 2 册	刘光顺	趋向至善——汤玛斯·阿奎那的伦理思想初探	神学／伦理学
第 3 册	潘明德	索洛维约夫宗教哲学思想研究	宗教哲学
第 4 册	孙毅	转向：走在成圣的路上——加尔文《基督教要义》解读	神学
第 5 册	柏斯丁	追随论证：有神信念的知识辩护	宗教哲学
第 6 册	李向平	宗教交往与公共秩序——中国当代耶佛交往关系的社会学研究	社会学
第 7 册	张文举	基督教文化论略	综合
第 8 册	赵文娟	侯活士品格伦理与赵紫宸人格伦理的批判性比较	神学伦理学
第 9 册	孙晨荟	雪域圣咏——滇藏川交界地区天主教仪式与音乐研究（增订版）（上）	基督教音乐
第 10 册	孙晨荟	雪域圣咏——滇藏川交界地区天主教仪式与音乐研究（增订版）（下）	
第 11 册	张欣	天地之间一出戏——20 世纪英国天主教小说	基督教文学

三　编　（2017 年 9 月出版）

ISBN：978-986-485-132-4　　　　　　　　定价（台币）$11,000 元

册　次	作　者	书　名	学科别（／表示跨学科）
第 1 册	赵　琦	回归本真的交往方式——托马斯·阿奎那论友谊	神学／哲学
第 2 册	周兰兰	论维护人性尊严——教宗若望保禄二世的神学人类学研究	神学人类学
第 3 册	熊径知	黑格尔神学思想研究	神学／哲学
第 4 册	邢　梅	《圣经》官话和合本句法研究	圣经研究
第 5 册	肖　超	早期基督教史学探析（西元 1~4 世纪初期）	史学史
第 6 册	段知壮	宗教自由的界定性研究	宗教学／法学

四　编　（2018 年 9 月出版）

ISBN：978-986-485-490-5　　　　　　　　定价（台币）$18,000 元

册　次	作　者	书　名	学科别（／表示跨学科）
第 1 册	陈卫真高　山	基督、圣灵、人——加尔文神学中的思辨与修辞	神学
第 2 册	林庆华	当代西方天主教相称主义伦理学研究	神学／伦理学
第 3 册	田燕妮	同为异国传教人：近代在华新教传教士与天主教传教士关系研究（1807~1941）	历史
第 4 册	张德明	基督教与华北社会研究（1927~1937）（上）	社会学
第 5 册	张德明	基督教与华北社会研究（1927~1937）（下）	
第 6 册	孙晨荟	天音北韵——华北地区天主教音乐研究（上）	基督教音乐
第 7 册	孙晨荟	天音北韵——华北地区天主教音乐研究（下）	
第 8 册	董丽慧	西洋图像的中式转译：十六十七世纪中国基督教图像研究	基督教艺术
第 9 册	张　欣	耶稣作为明镜——20 世纪欧美耶稣小说	基督教文学

五 编 （2019 年 9 月出版）

ISBN：978-986-485-809-5 定价（台币）$20,000 元

册 次	作 者	书 名	学科别（／表示跨学科）
第 1 册	王玉鹏	纽曼的启示理解（上）	神学
第 2 册	王玉鹏	纽曼的启示理解（下）	
第 3 册	原海成	历史、理性与信仰——克尔凯郭尔的绝对悖论思想研究	哲学
第 4 册	郭世聪	儒耶价值教育比较研究——以香港为语境	宗教比较
第 5 册	刘念业	近代在华新教传教士早期的圣经汉译活动研究（1807～1862）	历史
第 6 册	鲁静如 王宜强 编著	溺女、育婴与晚清教案研究资料汇编（上）	资料汇编
第 7 册	鲁静如 王宜强 编著	溺女、育婴与晚清教案研究资料汇编（下）	
第 8 册	翟风俭	中国基督宗教音乐史（1949 年前）（上）	基督教音乐
第 9 册	翟风俭	中国基督宗教音乐史（1949 年前）（下）	

六 编 （2020 年 3 月出版）

ISBN：978-986-518-085-0 定价（台币）$20,000 元

册 次	作 者	书 名	学科别（／表示跨学科）
第 1 册	陈倩	《大乘起信论》与佛耶对话	哲学
第 2 册	陈丰盛	近代温州基督教史（上）	历史
第 3 册	陈丰盛	近代温州基督教史（下）	
第 4 册	赵罗英	创造共同的善：中国城市宗教团体的社会资本研究——以 B 市 J 教会为例	人类学
第 5 册	梁振华	灵验与拯救：乡村基督徒的信仰与生活（上）	人类学
第 6 册	梁振华	灵验与拯救：乡村基督徒的信仰与生活（下）	
第 7 册	唐代虎	四川基督教社会服务研究（1877～1949）	人类学
第 8 册	薛媛元	上帝与缪斯的共舞——中国新诗中的基督性（1917～1949）	基督教文学

七 编 （2021 年 3 月出版）

ISBN：978-986-518-381-3　　　　　　　定价（台币）$22,000 元

册 次	作 者	书 名	学科别（／表示跨学科）
第 1 册	刘锦玲	爱德华兹的基督教德性观研究	基督教伦理学
第 2 册	黄冠乔	保尔.克洛岱尔天主教戏剧中的佛教影响研究	宗教比较
第 3 册	宾静	清代禁教时期华籍天主教徒的传教活动（1721～1846）（上）	基督教历史
第 4 册	宾静	清代禁教时期华籍天主教徒的传教活动（1721～1846）（下）	
第 5 册	赵建玲	基督教"山东复兴"运动研究（1927～1937）（上）	基督教历史
第 6 册	赵建玲	基督教"山东复兴"运动研究（1927～1937）（下）	
第 7 册	周浪	由俗入圣：教会权力实践视角下乡村基督徒的宗教虔诚及成长	基督教社会学
第 8 册	查常平	人文学的文化逻辑——形上、艺术、宗教、美学之比较（修订本）（上）	基督教艺术
第 9 册	查常平	人文学的文化逻辑——形上、艺术、宗教、美学之比较（修订本）（下）	

八 编 （2022 年 3 月出版）

ISBN：978-986-404-209-8　　　　　　　定价（台币）$45,000 元

册 次	作 者	书 名	学科别（／表示跨学科）
第 1 册	查常平	历史与逻辑：逻辑历史学引论（修订本）（上）	历史学
第 2 册	查常平	历史与逻辑：逻辑历史学引论（修订本）（下）	
第 3 册	王澤偉	17～18 世纪初在華耶穌會士的漢字收编：以馬若瑟《六書實義》為例（上）	语言学
第 4 册	王澤偉	17～18 世纪初在華耶穌會士的漢字收编：以馬若瑟《六書實義》為例（下）	
第 5 册	刘海玲	沙勿略：天主教东传与东西方文化交流	历史
第 6 册	郑媛元	冠西东来——咸同之际丁韪良在华活动研究	历史

第 7 册	刘影	基督教慈善与资源动员——以一个城市教会为中心的考察	社会学
第 8 册	陈静	改变与认同: 瑞华浸信会与山东地方社会	社会学
第 9 册	孙晨荟	众灵的雅歌——基督宗教音乐研究文集	基督教音乐
第 10 册	曲艺	默默存想，与神同游——基督教艺术研究论文集（上）	基督教艺术
第 11 册	曲艺	默默存想，与神同游——基督教艺术研究论文集（下）	
第 12 册	利瑪竇著、梅謙立漢注孫旭義、奧覓德、格萊博基譯	《天主實義》漢意英三語對觀（上）	经典译注
第 13 册	利瑪竇著、梅謙立漢注孫旭義、奧覓德、格萊博基譯	《天主實義》漢意英三語對觀（中）	
第 14 册	利瑪竇著、梅謙立漢注孫旭義、奧覓德、格萊博基譯	《天主實義》漢意英三語對觀（下）	
第 15 册	刘平	明清民初基督教高等教育空间叙事研究——中国教会大学遗存考（第一卷）（上）	资料汇编
第 16 册	刘平	明清民初基督教高等教育空间叙事研究——中国教会大学遗存考（第一卷）（下）	

九 编　（2023 年 3 月出版）

ISBN：000-000-000-000-0　　　　　　　定价（台币）$56,000 元

册　次	作　者	书　名	学科别（／表示跨学科）
第 1 册	郑松	麦格拉思福音派神学思想研究	神学
第 2 册	任一超	心灵改变如何可能？——从康德到齐克果	基督教哲学
第 3 册	劉沐比	論趙雅博基本倫理學和特殊倫理學之串連	基督教伦理学
第 4 册	王务梅	论马丁·布伯的上帝观	基督教与犹太教

第 5 册	肖音	明末吕宋之中西文化交流（上）	教会史
第 6 册	肖音	明末吕宋之中西文化交流（下）	
第 7 册	张德明	基督教五年运动与民国社会（上）	教会史
第 8 册	张德明	基督教五年运动与民国社会（下）	
第 9 册	陈铃	落幕：美国新教在华传教事业的终结（1945～1952）	教会史
第 10 册	黄畅	全球史视角下基督教在英国殖民统治中的作用——以 1841～1914 年的香港和约鲁巴兰为例	教会史
第 11 册	杨道圣	言像之辩：基督教的图像与图像中的基督教	基督教艺术
第 12 册	張雅斐	晚清聖經人物漢語傳記研究——以聖經在華接受史的视角	基督教艺术
第 13 册	包兆会	缪斯与上帝的相遇——基督宗教文艺研究论文集	基督教文学
第 14 册	张欣	浪漫的神学：英国基督教浪漫主义略论	基督教文学
第 15 册	刘平	明清民初基督教高等教育空间叙事研究——中国教会大学遗存考（第二卷：福建协和神学院）	资料汇编
第 16 册	刘平、赵曰北主编	传真道于中国——赫士及华北神学院百年纪念文集（第一册）	论文集
第 17 册	刘平、赵曰北主编	传真道于中国——赫士及华北神学院百年纪念文集（第二册）	
第 18 册	刘平、赵曰北主编	传真道于中国——赫士及华北神学院百年纪念文集（第三册）	
第 19 册	刘平、赵曰北主编	传真道于中国——赫士及华北神学院百年纪念文集（第四册）	
第 20 册	刘平、赵曰北主编	传真道于中国——赫士及华北神学院百年纪念文集（第五册）